# 城市轨道交通车辆构造

主　编　张　波　唐春林

副主编　黄德勇　丁勋勤

主　审　姚鸿洲

西南交通大学出版社

·成　都·

图书在版编目（CIP）数据

城市轨道交通车辆构造 / 张波，唐春林主编.
成都 ：西南交通大学出版社，2024. 9. -- ISBN 978-7
-5774-0085-3

Ⅰ. U270.3

中国国家版本馆 CIP 数据核字第 2024RW9517 号

-------------------------------------------------------------

Chengshi Guidao Jiaotong Cheliang Gouzao
**城市轨道交通车辆构造**

**主　编**／张　波　唐春林

策划编辑／吴　迪
责任编辑／张少华
责任校对／左凌涛
封面设计／吴　兵

西南交通大学出版社出版发行
（四川省成都市金牛区二环路北一段 111 号西南交通大学创新大厦 21 楼　610031）
营销部电话：028-87600564　028-87600533
网址：http://www.xnjdcbs.com
印刷：四川玖艺呈现印刷有限公司

成品尺寸　185 mm × 260 mm
印张　13.25　字数　295 千
版次　2024 年 9 月第 1 版　印次　2024 年 9 月第 1 次

书号　ISBN 978-7-5774-0085-3
定价　40.00 元

课件咨询电话：028-81435775

# 前　言

在城市化进程不断加速的今天，城市轨道交通以其高效、环保、准时的特性，日益成为缓解城市交通拥堵、提升城市生活品质的重要基石。作为现代城市公共交通系统的核心组成部分，城市轨道交通车辆的设计、制造与运维技术不仅代表了国家工业制造水平的高度，也直接关系到城市居民的日常出行体验和城市的可持续发展能力。因此，深入理解和掌握城市轨道交通车辆的构造原理，对于培养轨道车辆生产、运维人才，推动技术创新与产业升级具有重要意义。

本书内容结合城市轨道车辆的最新技术，简明扼要、通俗易懂。教材内容的编排上聚焦课堂教学本身，以学生为中心，对接岗位典型工作任务重构课程内容，有机融入“课程思政”，依托教材配套的数字化教学资源如视频、动画、课件和在线课程，实施“线上—线下”混合式教学，开展过程考核，构建“学—说—讲—做”四阶递进、“评—改”贯穿全程的课堂教学模式，打造活力课堂，提升学生学习积极性，培养“知识”“技能”“能力”“素养”并重的高素质技术技能人才。

本教材系统、全面地介绍了城市轨道交通车辆的基础知识、结构及原理，通过详细解析地铁车辆车体结构、地铁、单轨车辆转向架系统、地铁车钩缓冲装置系统、车门及空调系统等核心部件的结构特点与工作原理，使读者能够深入了解城市轨道交通车辆的发展、结构及原理等关键车辆技术。本书编写团队中汇集了多位在轨道车辆领域具有丰富教学和生产经验的专家学者，他们不仅拥有深厚的理论功底，还长期参与城市轨道交通车辆的设计、制造与运维工作，能够准确把握轨道车辆运维行业发展的脉搏和实际需求。

本书由重庆公共运输职业学院张波、唐春林担任主编，重庆轨道交通（集团）有限公司黄德勇、重庆公共运输职业学院丁勋勤担任副主编，重庆中车长客轨道车辆有限公司姚鸿洲担任主审。具体编写分工如下：张波编写项目一、三、四，唐春林编写项目二，黄德勇编写项目六，丁勋勤编写项目五。本书在编写过程中得到了还得到了重庆轨道交通（集团）有限公司邢凌淼、成都轨道交通集团有限公司卿光义、重庆公共运输职业学院冉龙超、刘郭平、王涛、刘志龙等老师的大力支持，在此表示感谢！

由于编者水平有限，同时轨道交通技术日新月异，我们诚挚欢迎各位读者在使用本书过程中提出宝贵意见和建议，以便我们不断完善和更新内容，更好地服务于广大读者和行业发展。

编　者

2024 年 8 月

# 目　录

# 数字资源目录

## 一、动画数字资源

### （一）单元一知识点动画

地铁车辆概述

轻轨车辆

跨座式单轨车辆

城市轨道交通车辆编组

城市轨道交通车辆系统组成

城市轨道交通车辆编号与标识

### （二）单元二知识点动画

城市轨道交通车辆车体的作用及要求

车体组成

司机室内部布局

客室内部布局

### （三）单元三知识点动画

转向架的作用与要求

转向架的结构

构架

轮对

轴箱

一系悬挂装置

二系悬挂装置

驱动装置

基础制动装置

跨座式单轨转向架

### （四）单元四知识点动画

Scharfenberg 密接式车钩缓冲装置

柴田式密接式车钩结构及作用原理

### （五）单元五知识点动画

内藏嵌入式对开移门的结构

塞拉门的打开与关闭演示

### （六）单元六知识点动画

M 车空调系统气流分布

Mcp 车空调系统气流分布

空调机组气流组织

车顶一体式空调单元结构

### （七）思政小课堂动画

实事求是

树立正确的价值观

青藏铁路精神

## 二、在线课程学习

**方式一：网页学习**

1. 进入 https://www.cqvooc.com（重庆智慧教育平台）。
2. 搜索“城市轨道交通车辆构造”，选择课程点击进入。

**方式二：移动终端学习**

先在网页端注册后，用微信扫描下方二维码，进入重庆高等教育智慧教育平台公众号学习在线课程。

# 单元一 认识城市轨道交通车辆

## 任务1 认识城市轨道交通车辆车型

### 一、任务导入

查阅关联知识和网络资料，完成以下问题。

1. 重庆作为地理环境特殊的“山城”，在城市轨道交通发展过程中采用了哪些类型的轨道车辆?

2. 磁悬浮车辆的优点是什么? 为什么没有得到广泛的运用?

3. 为什么重庆城市轨道交通早期规划以单轨为主，最新规划以地铁为主，谈谈你的理解?

### 二、任务目标

了解我国目前城市轨道交通所使用的车辆类型有哪些,各种车型有什么技术特点，自己所在的城市（省份）主要采用了哪些车型。并利用信息化手段学习城市轨道交通车辆技术发展的新动态、新趋势。

## 三、任务内容

<table>
<tr><td>任务描述</td><td colspan="4">查阅图书馆和网络上相关资料，阅读单元一任务 1 中“七、任务关联知识”；掌握不同类型城市轨道交通车辆的特点，制作 PPT，各小组展示汇报。</td></tr>
<tr><td>任务要求</td><td colspan="4">以小组为单位，每组 3~5 人，剖析三、任务内容，制订工作计划，明确成员分工，规范有序完成任务。小组选派代表进行汇报分享。分享时采用普通话，口齿清晰，声音洪亮。</td></tr>
<tr><td rowspan="5">任务分组</td><td>组长</td><td></td><td>学号</td><td></td></tr>
<tr><td rowspan="4">组员</td><td>姓名</td><td colspan="2">学号</td></tr>
<tr><td></td><td colspan="2"></td></tr>
<tr><td></td><td colspan="2"></td></tr>
<tr><td></td><td colspan="2"></td></tr>
</table>

## 四、任务实施

以小组为单位，在课前完成《城市轨道交通车辆的类型及特点》PPT 制作，要求版式新颖，内容正确。在课中由各小组进行展示汇报，老师结合任务完成情况进行点评和相关知识点的讲解。以车辆类型、特点描述的准确性（50%）、PPT 制作质量（25%）、PPT 汇报讲解表现（25%）评定成绩。

## 五、任务评价

根据各组任务完成情况，填写评价表。

评价表

| 序号 | 评价项目 | 分值 | 自我评价 | 互相评价 | 教师评价 | 总评 |
|---|---|---|---|---|---|---|
| 1 | 学习准备 | 0~10 | | | | |
| 2 | 是否在规定时间完成 | 0~10 | | | | |
| 3 | 是否有序规范安全 | 0~20 | | | | |
| 4 | 是否主动参与互动 | 0~10 | | | | |
| 5 | 展示汇报 | 0~30 | | | | |
| 合计 | | 100 | | | | |

## 六、任务拓展

收集不同类型城市轨道交通车辆的照片，并进行展示介绍。

## 七、任务关联知识

自 1863 年 1 月 10 日英国伦敦建成世界上第一条地下铁道以来，城市轨道交通已有 160 余年的发展历史，作为城市公共交通系统的一个重要组成部分，目前城市轨道交通有地铁、轻轨、市郊铁路、有轨电车及悬浮列车等多种类型，号称“城市交通的主动脉”。截至 2022 年底，全球有 78 个国家和地区的 545 座城市开通了城市轨道交通系统，总里程超过 41 386.12 km。中国大陆地区共 55 个城市开通城轨交通运营，共计 308 条线路，运营线路总长度达 10 287.45 km。其中，地铁 8 008.17 km，占 77.84%；其他制式轨道交通规模 2 279.28 km，占比 22.16%。

最初的城市轨道交通车辆采用蒸汽机车，后来改用内燃机车和电动车辆。车厢最初为木制，后来改为钢制和铝制以降低火灾危险和维修成本。我国 1967 年自行研制出地铁车辆标志着我国掌握了地铁车辆总体设计技术。20 世纪 80 年代，从日本东京车辆株式会社引进 3 辆地铁样车，充分吸收了日本地铁车辆的经验。20 世纪 90 年代，上海、广州从德国批量进口地铁整车，并把欧洲地铁车辆的设计理念和相关标准引入中国。通过引进、消化、再创新，在过去的二十年中，中国的城市轨道交通车辆制造技术已经达到了全球领先水平。我国自主研发的早期地铁车辆如图 1-1 至图 1-4 所示。

图 1-1　DK1 北京地铁客车（1967 年研发生产）

图 1-2　DKZ1 型斩波调压地铁车（1978 年研发）

图 1-3　DK20 北京地下铁道电动客车（1994 年研发）

图 1-4　北京地铁 5 号线地铁车辆（DKZ13）

下面介绍城市轨道交通的制式及车型：

城市轨道交通车辆是城市轨道交通系统中运输旅客的工具，是城市轨道交通系统装备的核心，是确保城市轨道交通安全、正点、高效运行的关键，其投资大、技术复杂，在一定程度上标志着城市轨道交通技术发展的水平。目前使用的城市轨道交通车辆有多种类型，根据《城市轨道交通分类》（T/CAMET00001—2020）的分类原则，目前我国城市轨道交通行业按系统制式划分，可分为地铁系统、轻轨系统、单轨系统、有轨电车系统、磁浮系统、市域轨道系统、导轨式胶轮电车系统、自动导向轨道系统，其技术特征与对应的车辆类型如表 1-1 所示。

### （一）地铁系统及车辆

地铁是一种大运量的轨道运输系统，采用钢轮钢轨体系，标准轨距为 1 435 mm，主要在大城市地下空间修筑的隧道中运行，当条件允许时，也可以穿出地面，在地上或是高架桥上运行。地铁车辆通常采用钢轮钢轨制式车辆，基本车型为 A 型车（见图 1-5）、As 型车（见图 1-6）、B 型车（见图 1-7）和 Lb 型车（直线电机）（见图 1-8、1-9）三种，A 型车和 As 型车基本宽度 3 000 mm；B 型车和 Lb 型车车辆的宽度为 2 800 mm。每种车型都带司机室和不带司机室、动车和拖车的区分。地铁系统的列车编组通常由 4~8 辆组成，列车长度为 70~190 m，要求线路有较长的站台相匹配，最高行车速度不应小于 80 km/h。地铁系统采用的车辆主要标准及特征如表 1-2 所示。

表 1-1　城市轨道交通系统制式及对应车型

<table>
<tr><th rowspan="2">分类名称</th><th colspan="6">技术特征</th></tr>
<tr><th>运输能力（人次/h）</th><th>最高运行速度（km·h$^{-1}$）</th><th>路权形式</th><th>敷设方式</th><th>车辆类型</th><th>列车最大长度（m）</th></tr>
<tr><td>地铁系统</td><td>＞30 000</td><td>80~120</td><td>全封闭</td><td>地上或地下</td><td>A、As、B、Lb</td><td>185</td></tr>
<tr><td>市域快轨系统</td><td>＞10 000</td><td>120~200</td><td>全封闭</td><td>地上为主</td><td>市域 A、市域 As、市域 B、市域 D</td><td>185</td></tr>
<tr><td rowspan="2">轻轨系统</td><td>15 000~30 000</td><td>80~120</td><td>全封闭</td><td>地上为主</td><td>B、C、Lc</td><td>100</td></tr>
<tr><td>10 000~15 000</td><td>70</td><td>部分封闭</td><td>地上为主</td><td>C、Lc</td><td>75</td></tr>
<tr><td rowspan="2">中低速磁浮交通系统</td><td rowspan="2">10 000~30 000</td><td rowspan="2">80~200</td><td rowspan="2">全封闭</td><td rowspan="2">高架为主</td><td>短定子直线异步电机磁浮车辆</td><td rowspan="2">120</td></tr>
<tr><td>长定子直线异步电机磁浮车辆</td></tr>
<tr><td>跨座式单轨系统</td><td>10 000~30 000</td><td>80~120</td><td>全封闭</td><td>高架为主</td><td>单轨 A、单轨 B、市域单轨车</td><td>120</td></tr>
<tr><td>自导向轨道系统</td><td>5 000~20 000</td><td>60~80</td><td>全封闭</td><td>高架为主</td><td>自导向轨道专用车辆</td><td>75</td></tr>
<tr><td>悬挂式单轨系统</td><td>5 000~15 000</td><td>60~80</td><td>全封闭</td><td>高架为主</td><td>悬挂式单轨专用车辆</td><td>75</td></tr>
<tr><td rowspan="2">有轨电车系统</td><td rowspan="2">5 000~12 000</td><td rowspan="2">60~70</td><td rowspan="2">开放式或部分封闭</td><td rowspan="2">地面为主</td><td>钢轮钢轨低地板车辆</td><td rowspan="2">75</td></tr>
<tr><td>胶轮专用车辆</td></tr>
<tr><td>导轨式胶轮系统</td><td>5 000~12 000</td><td>60~80</td><td>全封闭</td><td>高架为主</td><td>胶轮专用车辆</td><td>75</td></tr>
<tr><td>电子导向胶轮系统</td><td>5 000~12 000</td><td>60~70</td><td>开放式或部分封闭</td><td>地面为主</td><td>胶轮专用车辆</td><td>60</td></tr>
</table>

表 1-2　地铁各车型的主要技术参数

<table>
<tr><th rowspan="2">序号</th><th rowspan="2" colspan="2">项目名称</th><th>A 型车</th><th>As 型车</th><th>B 型车</th></tr>
<tr><th>四轴车</th><th>四轴车</th><th>四轴车</th></tr>
<tr><td>1</td><td colspan="2">车辆基本长度（m）</td><td>22</td><td>21</td><td>19</td></tr>
<tr><td>2</td><td colspan="2">车辆基本宽度（m）</td><td colspan="2">3</td><td>2.8</td></tr>
<tr><td rowspan="3">3</td><td rowspan="3">车辆高度（m）</td><td>受流器车（m）（加空调/无空调）</td><td>3.8/3.6</td><td></td><td>3.8/3.6</td></tr>
<tr><td>受电弓（m）（落弓高度）</td><td>3.8</td><td>3.950</td><td>3.8</td></tr>
<tr><td>受电弓工作高度（m）</td><td>3.9 ~ 5.6</td><td>4.18 ~ 5.8</td><td>3.9 ~ 5.6</td></tr>
<tr><td>4</td><td colspan="2">车内净高（m）</td><td>2.10 ~ 2.15</td><td>≥2.200</td><td>2.10 ~ 2.15</td></tr>
<tr><td>5</td><td colspan="2">地板面高（m）</td><td colspan="3">1.1</td></tr>
<tr><td>6</td><td colspan="2">车辆定距（m）</td><td>15.7</td><td>13.400</td><td>12.6</td></tr>
<tr><td>7</td><td colspan="2">固定轴距（m）</td><td>2.2 ~ 2.5</td><td>≤2.200</td><td>2.1 ~ 2.2</td></tr>
<tr><td>8</td><td colspan="2">车轮直径（mm）</td><td colspan="3">Φ840</td></tr>
<tr><td>9</td><td colspan="2">车门数（每侧）（个）</td><td>5</td><td>4</td><td>4</td></tr>
<tr><td>10</td><td colspan="2">车门宽度（m）</td><td>≥1.3</td><td>≥1 400</td><td>≥1.3</td></tr>
<tr><td>11</td><td colspan="2">车门高度（m）</td><td>≥1.8</td><td>≥1 860</td><td>≥1.8</td></tr>
<tr><td rowspan="2">12</td><td rowspan="2">定员人数（人）</td><td>单司机室车</td><td>295</td><td>246</td><td>230</td></tr>
<tr><td>无司机室车</td><td>310</td><td>260</td><td>245</td></tr>
</table>

续表

| 序号 | 项目名称 | | A 型车 | As 型车 | B 型车 |
|---|---|---|---|---|---|
| 13 | 车辆轴重（t） | | ≤16 | | ≤14 |
| 14 | 站立人员标准 | 定员（人/m²） | 6 | | |
| | | 超员（人/m²） | 9 | | |
| 15 | 最高运行速度（km/h） | | ≥80 | ≥100 | ≥80 |
| 16 | 启动平均加速度（m/s²） | | ≥0.9 | | |
| 17 | 常用制动减速度（m/s²） | | 1.0 | | |
| 18 | 紧急制动减速度（m/s²） | | 1.2 | | |
| 19 | 噪声[dB（A）] | 司机室内 | ≤80 | | |
| | | 客室内 | ≤73 | | |
| | | 车外 | 80～85（站台） | | |

图 1-5　成都地铁 8 号线车辆（A 型车）

图 1-6　重庆地铁 10 号线车辆（As 型车）

图 1-7　重庆地铁 1 号线车辆（B 型车）

图 1-8　北京机场线线车辆（Lb 型车）

图 1-9　广州地铁 4 号线车辆（Lb 型车）

**【知识拓展】**

直线电机车辆具有爬坡能力强、转弯半径小、轴重轻、噪声小等优点，可降低隧道截面积和桥梁荷载，使选线更灵活，进而降低工程造价。直线电机将电动机定子和转子分别设在车辆和轨道上，分为长定子直线同步电机、短定子直线感应电机和分段长定子直线感应电机。长定子直线同步电机的定子设在轨道上，转子设在车辆上，定子和转子同时供电，由两通电磁场相互作用提供驱动力；短定子直线感应电机的定子设在车辆上，转子设在轨道上，称为感应板，定子供电而转子不供电，由通电磁场和感应磁场相互作用提供驱动力；分段长定子直线感应电机的定子分段设在轨道上，转子设在车辆上，定子只在列车行驶区域附近段供电，转子不供电，由通电磁场和感应磁场相互作用驱动。如图 1-10 所示为短定子直线感应电机原理。

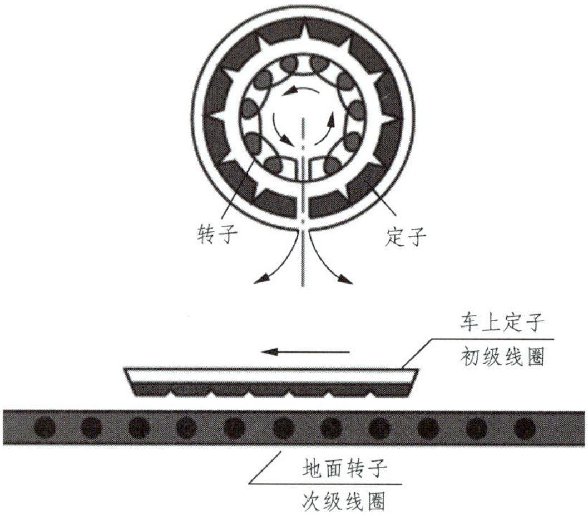


图 1-10　短定子直线感应电机原理

直线电机车辆采用直线电机牵引、钢轮-钢轨系统支承导向，一般采用短定子直线感应电机牵引，主要有加拿大和日本两国技术。美国正在研究分段长定子直线感应电机驱动技术，定子间隔 1.5～3 m，运量较小。

### （二）轻轨系统及车辆

轻轨是一种中运量快速轨道交通运输系统，它可以运行在地下，也可以建成高架轨道形式，也可在地面运行，它是由现代有轨电车发展起来的，既可在技术上自成体系，也可采用地铁技术制式，几乎与地铁难以辨别。但从宏观上说，轻轨交通最主要特征是其运量规模比地铁小，其单向高峰小时断面流量在 10 000 ~ 30 000 人。因此，有人把凡是高峰小时断面流量在这个范围的其他形式轨道交通如单轨交通、新交通系统、直线电机驱动的城轨车辆交通等都称之为轻轨交通。

轻轨系统采用的 C 型车采用与 B 型车类似的结构形式，该车型长度、定距、轴距均与常规 B 型车保持一致，只是车体宽度为 2.6 m，如上海地铁 6 号线、8 号线。由于该车与 B 型车功能定位接近，目前已经没有新线采用。同铰接式有轨电车相比，有轨电车具有更短的定距、轴距，更轻的轴重，以及更低的地板面高度和更小的轮径。

### （三）单轨系统及车辆

单轨系统是一种车辆与特制轨道梁组合成一体运行的中运量轨道交通系统，轨道梁不仅是车辆的承重结构，同时是车辆运行的导向轨道。单轨系统的类型主要有两种，一种是车辆跨骑在单片梁上运行的方式，称之为跨座式单轨系统；另一种是悬挂在单根梁上运行的方式，称之为悬挂式单轨系统。单轨交通具有占用空间少、爬坡能力强、转弯半径小、噪声低、舒适环保等优点。但是道岔结构复杂，限制了列车的最短运行间隔；速度及载客量通常小于地铁系统。如图 1-11 为单轨交通原理。

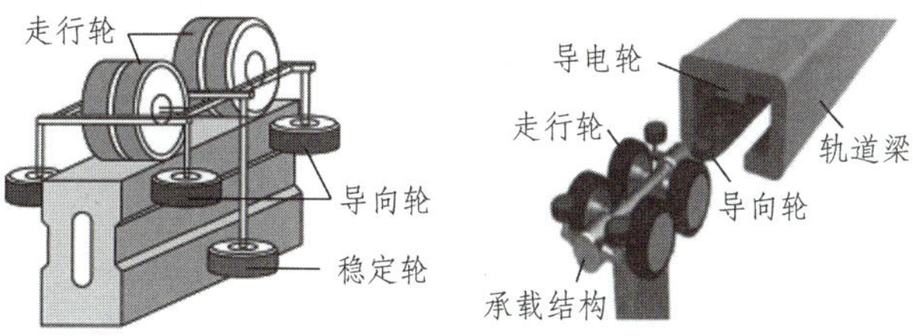


（a）跨座式单轨　　（b）悬挂式单轨

图 1-11　单轨交通原理

跨座式单轨车辆采用胶轮—导轨系统，通过单根轨道来支撑、稳定和导向，车体跨坐在轨道梁上运行的轨道交通系统。如图 1-12 为重庆 3 号线跨座式单轨车辆。图 1-13 为芜湖轨道交通 1 号线跨座式单轨车辆。

图 1-12　重庆 3 号线跨座式单轨车辆

图 1-13　芜湖轨道交通 1 号线跨座式单轨车辆

悬挂式单轨车辆采用胶轮—导轨系统，车体悬挂于轨道梁之下，列车走行部（转向架）布置在倒 U 字形钢制空心梁内，吊挂拉杆通过轨道梁的下缺口悬吊车厢。如图 1-14 为国产悬挂式单轨车辆。

图 1-14　国产悬挂式单轨车辆

### （四）有轨电车系统及车辆

现代有轨电车在传统有轨电车的基础上全面改造升级，根据车轮及轨道形式分为钢轮钢轨和胶轮路轨两类，客运能力 0.5 万~1.2 万人次/h，设计速度 70～80 km/h，市中心运行速度约为 20 km/h，郊区运行速度可达 30 km/h。现代有轨电车系统既可承担大城市骨干公共交通网络的补充、延伸、联络、过渡等辅助功能，也可作为中小城市的骨干公共交通网络，兼具与城市景观协调、环保等特点。如表 1-3 所示为胶轮及钢轮有轨电车对比。

表 1-3　胶轮及钢轮有轨电车对比

| 有轨电车交通制式 | 轮轨黏着形式 | 最小转弯半径/m | 最大爬坡能力/% | 列车最高运行速度/（$km \cdot h^{-1}$） | 车外噪声水平/dB（A） | 车辆车体材料 |
|---|---|---|---|---|---|---|
| 胶轮电车 | 胶轮钢梁/胶轮 PC 梁 | 15 | 8 | 80 | 72 | 铝合金 |
| 钢轮电车 | 钢轮钢轨 | 30 | 3 | 70 | 78 | 铝合金或不锈钢 |

我国目前有轨电车系统通常采用钢轮钢轨制式的铰接式车辆，该制式列车采用模块化设计，便于养护维修，为了适应不同量级的客流，列车由 4 轴扩展为 6 轴、8 轴，甚至 10 轴，相应列车长度由 20 m 加长为 30、40、50 m，列车载客量分别达到 300、400、500 人。供电制式多样，包括架空线供电、第三轨供电（仅限钢轮钢轨）和蓄电池供电（仅限部分路段）。如图产 1-15 至 1-17 所示，分别为北京、沈阳和珠海等地有轨电车。

轻轨铰接车的发展经历了高地板、70%低地板和分为高地板、低地板两种，适应多种路权多种敷设形式，100%低地板的过程。高地板相对常规 B 型车的 1 100 mm 高度来说，也算低地板，主要通过减小轮径来实现；70%和 100%低地板指的是车内低地板面积占地板总面积的比例，主要区别在于动车转向架的设置。

表 1-4　铰接式有轨电车技术参数

| 序号 | 参数名称 | 高地板Ⅰ型车 | 高地板Ⅱ型车 | 70%地板 |
|---|---|---|---|---|
| 1 | 车辆最高运行速度/（$km \cdot h^{-1}$） | ≤100 | 80 | 70 |
| 2 | 模块数 | 2 | 2 | 3 |
| 3 | 车辆基本长度/mm | ≤28 700 | ≤24 000 | ≤28 400 |
| 4 | 车辆基本宽度/mm | 2650 | 2650 | 2650 |
| 5 | 地板面至轨面高度/mm | 1 100 | 920 | 380/转向架区域 805 |
| 6 | 转向架固定轴距/mm | 2 000 | 1 800 | 1 850 |
| 7 | 车辆定距/mm | 10 670 | 8 000 | 10 310 |
| 8 | 车轮直径（新轮/磨耗轮）/mm | $\Phi$740/$\Phi$660 | $\Phi$680/$\Phi$600 | $\Phi$660/$\Phi$600 |
| 9 | 最大轴重/t | 12 | 10.5 | 10.5/12 |
| 10 | 定员/人 | 300 | 240 | 245 |
| 11 | 轴数 | 6 | 6 | 6 |

图 1-15　北京西郊线有轨电车

图 1-16　沈阳浑南新区有轨电车

图 1-17　广州珠海 APM 车辆

### （五）磁悬浮系统及车辆

磁悬浮列车是一种现代高科技轨道交通工具，磁浮系统采用直线电机牵引、电磁导向、电磁悬浮或电动悬浮技术使列车沿着轨道无接触运行，主要包括超高速磁浮和中低速磁浮交通两类。超高速磁浮交通一般采用长定子直线同步电机牵引，主要用在长大干线和城际轨道交通。中低速磁浮交通采用短定子直线感应电机牵引，主要用在城市轨道交通和机场交通。城市轨道交通系统通常采用中低速磁浮系统。如图 1-18 至 1-20 分别为上海、北京、长沙等地的磁悬浮列车。表 1-5 为长沙和北京磁浮车辆的主要技术参数。

图 1-18　上海高速磁悬浮列车

图 1-19　北京磁浮 S1 线车辆

图 1-20　长沙机场磁浮快线车辆

表 1-5　磁浮车辆主要技术参数

| | 长沙磁浮 | 北京磁浮 |
|---|---|---|
| 供电制式 | DC 1 500 V，两侧接触轨受流 | |
| 牵引方式 | 直线感应电机，10 台/Mcar | |
| 悬浮方式 | 电磁吸引力悬浮，5 悬浮架/Mcar | |
| 导向方式 | 电磁吸引力水平分力导向 | |
| 最高运行速度/（km · $h^{-1}$） | 设计为 120，实际运营长沙 100，北京 80 | |
| 最大纵坡 | 一般 40‰，困难情况下 60‰，特别困难情况下 70‰ | |
| 最小曲线半径/m | 正线 100，辅助线 75，车场困难情况下 50 | |
| 轮距/mm | 1 860 | 2 000 |
| 车辆宽度/mm | 2 800 | 3 000 |
| 车体长度/mm | 头车 16 355，中间车 15 600 | 头车 15 600，中间车 14 600 |
| 车辆地板面高度/mm | 880 | 950 |
| 载客量/人 | 头车额定（4 人/$m^2$）94；<br>中间车额定（4 人/$m^2$）108 | 头车额定（6/$m^2$）146<br>中间车额定（6/$m^2$）159 |
| 空车质量/t | 头车≤25，中间车≤24 | 头车 22.5，中间车 21.5 |
| 最大载客质量/t | 头车 8，间车 9 | 头车 12.5，中间车 13.5 |
| 车辆最大总质量/t | ≥33 | 35 |
| 整车供货商 | 中车株洲电力机车 | 中车唐山客车厂 |

【知识拓展】

电磁悬浮依靠安装在车体上的电磁铁和轨道铁轨（ 或电磁铁 ）之间的吸引力使车辆悬浮，轨道不平顺影响垂向电磁力，需主动控制系统调整气隙和悬浮力。电动悬浮在车体上安装电磁铁，在轨道上安装悬浮感应线圈，依靠感应磁场和车上电磁铁同性相斥原理产生悬浮力，列车需达到 120～150 km/h 以后才能得到足够悬浮力，在低速范围内需车轮支承。电动悬浮是自稳系统，不需复杂气隙主动控制系统。如图 1-21 所示为磁浮交通悬浮导向原理。

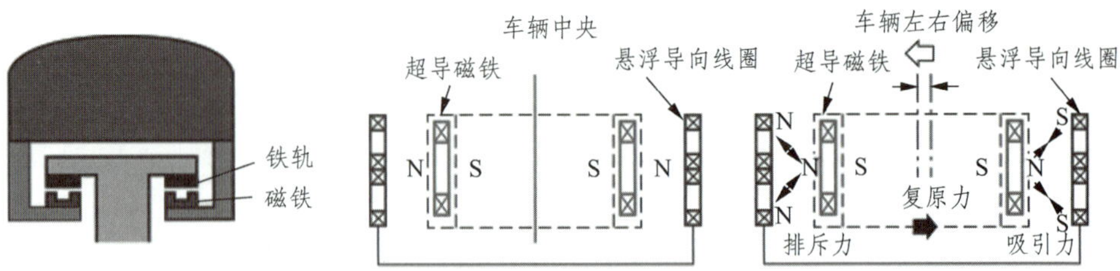


（a）电磁悬浮　　　　（b）电动悬浮及导向

图 1-21　磁浮交通悬浮导向原理

## （六）市域轨道交通及车辆

市域快速轨道交通介于城市轨道交通和国铁（高速铁路、城际铁路）之间，适用于城市区域内重大经济区之间中长距离的客运系统，市域快速轨道列车主要在地面或高架桥上运行，必要时也可采用隧道。市域快速轨道交通系统是一种大运量的轨道运输系统，客运量可达 20~45 万人次/日（一般不采用高峰小时客流量的概念）。通常采用钢轮钢轨体系时，标准轨距为 1 435 mm，由于线路较长，站间距相应较大，因而通常选用最高运行速度在 120 km/h 以上的快速专用车辆。如表 1-6 所示为市域轨道交通与城市轨道交通、城际铁路、高速铁路线路技术差异对照。

表 1-6　市域轨道交通与城市轨道交通、城际铁路、高速铁路线路技术差异对照

| 序号 | 项目 | 城市轨道交通 | 市域轨道交通 | 城际铁路 | 高速铁路 |
|---|---|---|---|---|---|
| 1 | 设计行车速度/（$km \cdot h^{-1}$） | 80~100 | 120~160 | 140~200 | 250~350 |
| 2 | 线路长度/km | 一般≤35 | ＞35 | 35~100 | ＞100 |
| 3 | 线路敷设形式 | 地下线为主 | 地面或高架为主 | 地面或高架为主 | 地面或高架为主 |
| 4 | 正线最小曲线半径/m | 250~350 | 750~1 300 | 1 00~1 500 | 3 500~7 000 |
| 5 | 正线线间距/m | ≥3.8 | ≥4.0 | ≥5.3 | ≥4.6 |
| 6 | 夹直线和圆曲线最小长度/m | 20（A 型车）、25（B 型车） | 50~100 | 70~140 | 150~280 |
| 7 | 最大坡度/‰ | 正线：一般 30，困难 40；其他线：40 | 正线：一般 20，困难 30；其他线：35 | 正线：30；其他线：35 | 正线：一般 20，困难 30；其他线：35 |
| 8 | 最小坡段长/m | 远期列车长度 | 350 | 300 | 900~2 000 |
| 9 | 最小竖曲线半径/m | 2 000~5 000 | 5 000~15 000 | 5 000~15 000 | 20 000~25 000 |

在市域轨道车辆车型的选择上主要有两种思路，一是直接使用铁路 CRH 动车组或将其稍加改造后（D 型车）使用；二是使用经过提速改造的地铁 A、B 型车辆。由中华人民共和国国家市场监督管理总局和国家标准化管理委员会于 2019 年发布的国家标准《城市轨道交通市域快线 120 km/h ~ 160 km/h 车辆通用技术条件》（GB/T

37532—2019）中明确规定，市域快线车辆分为市域 A 型车、市域 B 型车和市域 D 型车 3 种类型。表 1-7 为市域轨道车辆基本技术规格。图 1-22 至 1-25 分别为成都、重庆、南京、广州等地市域轨道车辆。

表 1-7　市域轨道车辆基本技术规格

| 序号 | 名称 | | 市域 A 型 | | 市域 B 型 | | 市域 D 型 |
|---|---|---|---|---|---|---|---|
| 1 | 供电电压 | | AC 25 kV | DC 1 500 V | AC 25 kV | DC 1 500 V | AC 25 kV |
| 2 | 车体基本长度（mm） | 无司机室车辆 | 22 000 | | 19 000 | | 22 000 |
| 3 | | 带司机室车辆 | 22 000+Δ | | 19 000+Δ | | 22 000+Δ |
| 4 | 车体基本宽度（mm） | | 3 000 | | 2800 | | 3 300 |
| 5 | 车辆落弓高度（mm） | | ≤4 450 | 3810～3 850 | ≤4450 | 3810～3 850 | ≤4640 |
| 6 | 受电弓工作高度（mm） | | 5 000～5 800 | 4 200～5 500 | 5 000～5 800 | 4 200～5 500 | 5 150～5 800 |
| 7 | 车辆总高（空调顶端）（mm） | | ≤3 925 | | ≤3 925 | | ≤3 925 |
| 8 | 车内净高（mm） | | ≥2 100 | | | | ≥2 100 |
| 9 | 地板面高（mm） | | 1 130 | | 1 100 | | 1 260～1 280 |
| 10 | 每侧车门数（对） | | 2～5 | | 2～4 | | 2～4 |
| 11 | 车门宽度（mm） | | 1 300～1 400 | | 1 300～1 400 | | 1 300～1 400 |
| 12 | 车辆定距（mm） | | 15 700 | | 12 600 | | 15 700 |
| 13 | 固定轴距（mm） | | 2 500 | | 2 200～2 300 | | 2 500 |
| 14 | 轴式 | | B0-B0 | | B0-B0 | | B0-B0 |
| 15 | 车轮直径（mm） | | 860 或 840 | | 840 | | 860 或 840 |
| 16 | 轴重（t） | | ≤17 | | ≤15 | | ≤17 |
| 17 | 最高运行速度（km/h） | | 120～160 | 120～140 | 120～160 | 120～140 | 120～160 |
| 注 1：对于市域 A、B 型车辆，根据需要可采用鼓形车体，其最大宽度宜分别≤3 100 mm、≤2 900 mm。 | | | | | | | |
| Δ：司机室加长量。 | | | | | | | |

图 1-22　成都地铁 18 号线车辆（市域 A 型车）

图 1-23　重庆江跳线车辆（双流制）

图 1-24　南京地铁 S6 号线车辆（市域 B 型车）

图 1-25　广州地铁 18 号线车辆（市域 D 型车）

### （七）导轨式胶轮电车系统及车辆

导轨式胶轮电车系统采用胶轮支撑、胶轮导向，具备全自动运行、灵活编组的特点，大多数应用于机场。这种系统具有转弯半径小、爬坡能力强、运行噪声低、振动小等技术优点。按照导向轮的安装位置可分为外侧导向式、内侧导向式两大类（见图 1-26）。自动导向轨道系统可采用专用路权，也可与一般道路混行并具备优先通行权，适用于高架或地面线，适合于地貌起伏较大、环境条件复杂的城市，与地铁相比工程量小，建设成本低。图 1-27 和 1-28 分别为北京和上海两地导轨式胶轮电车。

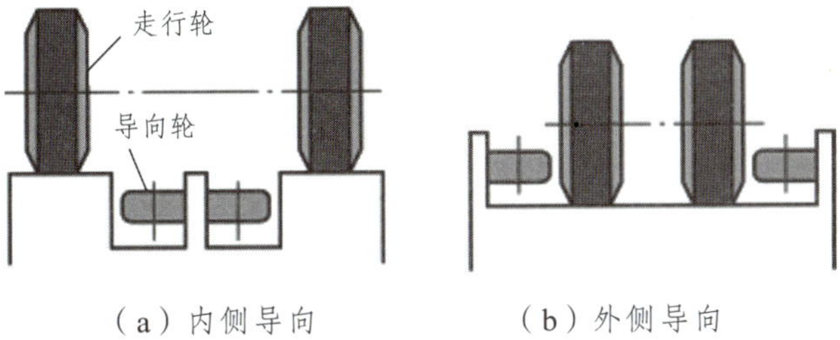


图 1-26　自动导向示意图

图 1-27　北京机场 T3 捷运车辆

图 1-28　上海轨道交通浦江线车辆

### （八）电子导向胶轮系统及车辆

电子导向胶轮系统也就是平常所说的智轨，是中车株洲所打造一款新型城市轨道交通工具，利用地埋无源磁钉形成数字化轨道，取代了传统的钢轨，具有传统有轨系统中的钢轨导向功能和信号系统功能。因不需要钢轨，采用虚拟轨道，列车采用胶轮，是一种低运量轨道交通制式。图 1-29 至 1-31 分别为宜宾、株洲、苏州等地的电子导向胶轮车辆。

以智轨列车为核心运载工具的智能轨道快运系统具有建设周期短、基础设施投资小、城市适应性高、综合运力强等优势特点，是兼顾运能与投资的中运量轨道交通系统解决方案。

图 1-29　宜宾智轨 T1 线车辆

图 1-30　株洲公交 A1 路车辆

图 1-31　苏州吴江智轨 T1 线车辆

# 任务 2　城市轨道交通车辆总体结构认知

## 一、任务导入

查阅关联知识和网络资料，完成以下问题。

1. 城市轨道交通车辆与传统的公共交通车辆在结构上面最大的区别是什么?

2. 重庆地铁 1 号线、重庆单轨 2 号线、重庆地铁 5 号线采用了不同类型的城轨车辆，其车辆结构有什么差异和相同?

## 二、任务目标

了解城市轨道交通车辆系统组成及作用，能结合车辆实训设备，结合仿真车辆实训设备指出各系统在车辆上的位置。

## 三、任务内容

<table>
<tr><td>任务描述</td><td colspan="4">查阅图书馆和网络上相关资料，阅读单元一任务 2 中“七、任务关联知识”，参观校内或车辆段车辆实物或模型；掌握车辆结构组成及设备布局，绘制车辆结构简图（三视图），简图要求能够准确反映车辆结构组成结构，设备位置正确、比例适当。各小组展示汇报，开展评比。</td></tr>
<tr><td>任务要求</td><td colspan="4">以小组为单位，每组 3~5 人，剖析三、任务内容，制订工作计划，明确成员分工，规范有序完成任务。</td></tr>
<tr><td rowspan="5">任务分组</td><td>组长</td><td></td><td>学号</td><td></td></tr>
<tr><td rowspan="4">组员</td><td>姓名</td><td colspan="2">学号</td></tr>
<tr><td></td><td colspan="2"></td></tr>
<tr><td></td><td colspan="2"></td></tr>
<tr><td></td><td colspan="2"></td></tr>
</table>

## 四、任务实施

以小组为单位，绘制车辆结构简图（三视图），在课堂上各小组分别展示汇报，老师结合任务完成情况进行点评和相关知识点的讲解。以布局合理性、部件名称准确性、结构完整性（50%）、制图质量（25%）、汇报讲解表现（25%）评定成绩。

## 五、任务评价

根据各组任务完成情况，填写评价表。

评价表

<table>
<tr><td>序号</td><td>评价项目</td><td>分值</td><td>自我评价</td><td>互相评价</td><td>教师评价</td><td>总评</td></tr>
<tr><td>1</td><td>学习准备</td><td>0~10</td><td></td><td></td><td></td><td></td></tr>
<tr><td>2</td><td>是否在规定时间完成</td><td>0~10</td><td></td><td></td><td></td><td></td></tr>
<tr><td>3</td><td>是否有序规范安全</td><td>0~20</td><td></td><td></td><td></td><td></td></tr>
<tr><td>4</td><td>是否主动参与互动</td><td>0~10</td><td></td><td></td><td></td><td></td></tr>
<tr><td>5</td><td>展示汇报</td><td>0~30</td><td></td><td></td><td></td><td></td></tr>
<tr><td colspan="2">合计</td><td>100</td><td></td><td></td><td></td><td></td></tr>
</table>

## 六、任务拓展

参观校内城市轨道交通车辆实物、模型，轮流由一名小组成员随机说出车辆某系统（设备），其他成员指出该设备的位置。

## 七、任务关联知识

### （一）城市轨道交通车辆子系统

城市轨道交通车辆是按照功能分类的多个子系统组成的紧密联系的综合系统，一般由车体及内装设备、转向架、联结装置、制动系统、电气系统、空调系统、列车网络控制系统、通信与乘客信息系统等组成。图 1-32 所示为南通地铁 1 号线车辆。

图 1-32 南通地铁 1 号线车辆

1. 车体

车体是车辆的主体结构，是容纳乘客和司机驾驶（对于有司机室的车辆）的地方，又是安装与连接其他设备和部件的基础。车体包括车体钢结构（铝结构，见图 1-33）及内装设备（见图 1-34）。近代城市轨道车辆车体结构通常采用整体承载的不锈钢结构或铝合金结构，以达到在最轻的自重下满足强度的要求，通常由司机室前端、底架、侧墙、车顶、端墙组成。城市轨道交通车辆的内装设备主要包括座椅、扶手、门窗、空调、照明、广播和安全设施等，内装设备直接影响乘客的舒适度和安全感受。

图 1-33 铝合金车体结构

图 1-34　车辆内装设备

2. 转向架

转向架位于车体与轨道之间，承载整车重量，引导车辆沿轨道行驶（见图 1-35）。并通过弹簧减振装置缓冲轮轨间的冲击，保证乘坐舒适性；同时传递牵引力和制动力，实现车辆的加速前进和减速停车，它是保证车辆运行品质的关键部件。转向架分为动力转向架和非动力转向架，一般由构架、轮对轴箱装置、弹性悬挂装置、牵引、驱动装置和基础制动装置等组成。

图 1-35　转向架

3. 联结装置

联结装置主要包括车钩缓冲装置、贯通道以及连接车辆之间的电气和空气的管路（见图 1-36）。车辆编组成列运行必须借助于联结装置。车辆联结装置实现了车辆之间空间的贯通、牵引制动力的传递和电路、空气管路的连通。

图 1-36　车辆联结装置

4. 制动系统

车辆制动系统的作用是通过制动控制装置接收司机、列车网络或列控设备发出的制动指令，控制产生和施加制动力使运行中的车辆减速或及时停车，从而保证列车安全和正点运行。制动系统主要包括供风系统、送风管路、制动控制系统、基础制动装置等，如图 1-37 所示。

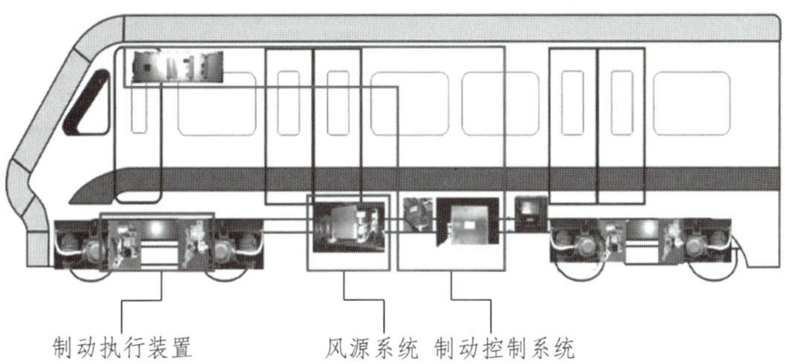


图 1-37　车辆制动系统

5. 电气系统

车辆电气系统包括牵引系统、辅助供电系统和各种电气设备及其控制电路（见图 1-38）。牵引系统的主要作用是将接触网的电能转换成机械能，再生制动时将机械能转换成电能并反馈给接触网，主要由受电弓、高速断路器、牵引逆变器、三相异步电动机等组成。辅助供电系统是负责向车辆除牵引系统之外的其他所有用电设备进行供电和配电的系统，主要由辅助逆变器、蓄电池、扩展供电装置等组成。

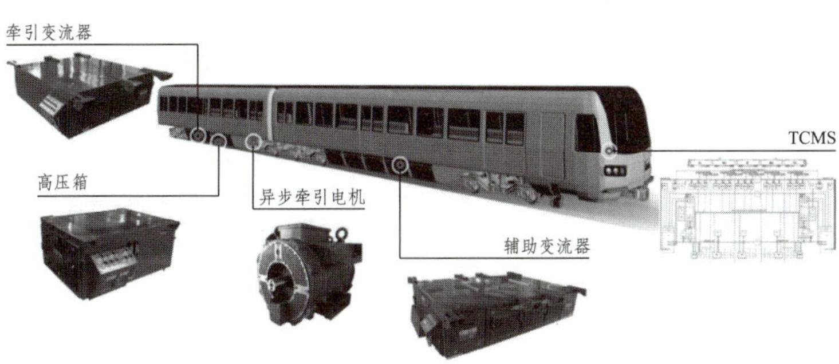


图 1-38　车辆电气设备（部分）

6. 空调系统

空调系统的作用是使客室和司机室内空气的温度、湿度、气流速度及洁净度等保持在规定的范围内，为乘客创造舒适的乘车环境和司机驾驶环境。空调系统主要由空调机组、送风系统、废排装置等组成，如图 1-39 所示。

图 1-39　空调机组

7. 列车网络控制系统

列车网络控制系统（TCMS）通过车载计算机实现列车各个系统之间的信息交换，对车辆运行状态和车载设备信息进行集中管理，完成车载各个部件故障数据的采集、分析、储存和显示，对车辆各系统的性能进行实时监测和报警。列车网络控制系统通常由具有通讯功能的网络设备（如中央控制单元 CCU、人机接口显示屏 HMI 等）和各子系统控制器（如牵引控制单元 TCU、制动控制单元 BCU）等组成，通过列车控制网络进行数据传输和共享，以协调控制和管理列车各子系统。如图 1-40 所示为 TCMS 车辆状态显示界面，图 1-41 所示为列车网络控制系统拓扑结构。

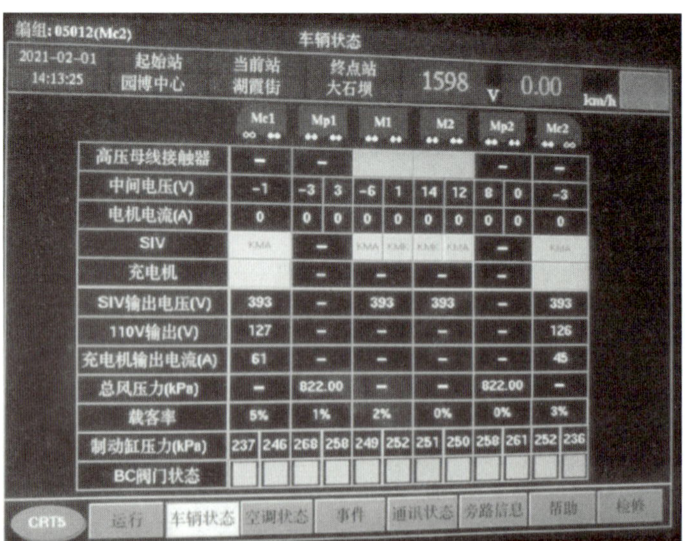


图 1-40　TCMS 车辆状态显示界面

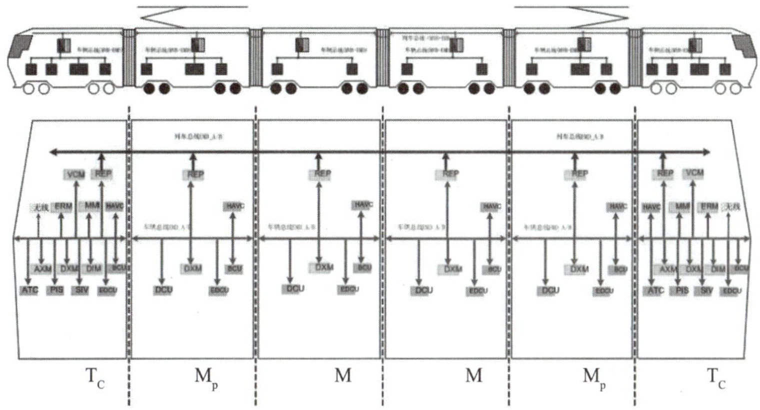


图 1-41　列车网络控制系统拓扑结构

8. 通信与乘客信息系统

通信与乘客信息系统用于地铁列车广播通信和乘客信息显示的电子信息系统，在正常情况下，可提供列车时间信息、线路/车站特别广播、列车服务广播、出行参考、广告等实时多媒体信息；在火灾及阻塞、恐怖袭击等情况下，提供紧急广播及动态紧急疏散指示。乘客信息系统包括三个子系统，分别为列车广播系统、LCD 媒体播放系统和 CCTV 视频监控系统。如图 1-42 至 1-44 所示分别为司机控制单元、侧墙通讯装置、CCTV 显示屏。

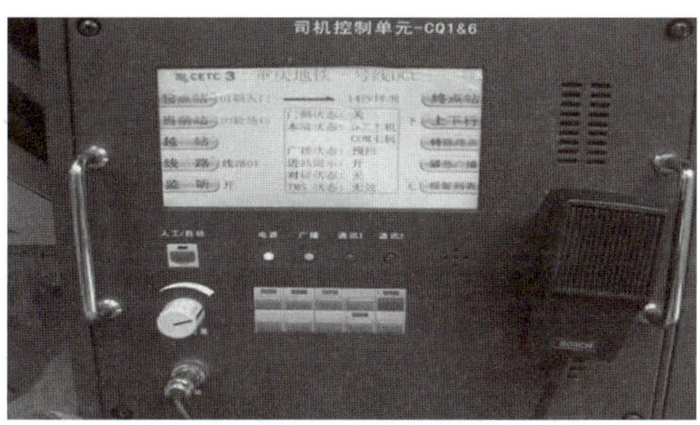


图 1-42　司机控制单元

图 1-43　侧墙通讯装置

图 1-44　CCTV 显示屏

## （二）车辆技术参数

车辆技术参数是概括地介绍车辆技术规格的某些指标，是从总体上表征车辆性能及结构的一些参数，一般分为性能参数与主要尺寸两大类。

### 1. 车辆性能参数

（1）自重、载重：自重指车辆整备状态下的本身结构及设备组成的全部质量；载重指正常情况下允许的最大装载质量，以吨（t）为单位。

（2）最高运行速度：指车辆设计时按照安全及结构强度等条件所决定的车辆最高行驶速度；并要求连续以该速度运行时车辆具有足够良好的运行性能。

（3）轴重：指按车轴形式及在某个运行速度范围内，车轴允许负担（包括轮对自身的质量）的最大质量。轴重的选择与路线、桥梁及车辆走行部的设计有关。

（4）通过最小曲线半径：指配用某种形式转向架的车辆在站场或厂、段内调车时所能安全通过的最小曲线半径。当车辆在此曲线区段上行驶时不得出现脱轨、倾覆等危及行车安全的事故，也不允许转向架与车体底架或车下其他悬挂物相碰撞。

（5）轴配置或轴列式：用数字或字母表示车辆走行部结构特点的方式。例如 4 轴动车，两台动力转向架，则轴配置记为 B-B；6 轴单铰轻轨车辆的两端为动力转向架，中间为非动力铰接转向架，其轴配置记为 B-2-B。

（6）制动形式：指车辆获得制动力的方式，有摩擦制动、再生制动、电阻制动以及磁轨制动等多种形式。

（7）启动平均加速度：是指在平直线路上，列车载荷为额定定员，自牵引电动机取得电流开始，至启动过程结束（即转入其自然特性时），该速度值被全过程经历的时间所除的商。以米/秒 $^2$（$m/s^2$）为单位。（注：牵引电动机自然特性即通常所指的在额定电压、满磁场时的牵引电动机的速度特性、牵引力特性等工作特性。）

（8）制动平均减速度是指在平直线路上，列车载荷为额定定员，自制动指令发出至列车完全停止的全过程，相应的制动初始速度（一般取最高运行速度）被全过程经历的时间所除得的商。

（9）冲击率：由于工况改变引起的列车中各车辆所受到的纵向冲击。在城轨车辆中，主要用于说明车辆本身电气及制动控制系统所应达到的冲动限制。用加速度变化率来衡量，以米/秒 $^3$（$m/s^3$）为单位。如地铁车辆正常运行（包括启动加速和电制动，紧急制动情况例外）时，纵向冲击率不得超过 1 $m/s^3$。

（10）列车平稳性指标：车辆平稳性是评定旅客舒适程度的主要依据，反映了车辆振动对人体感受的影响，因此评定平稳性的方法主要以人的感觉疲劳程度为依据，通常以平稳性指标表示。我国主要用斯佩林公式来计算平稳性指标 $W$，$W$ 值越大，说明车辆的平稳性越差，并规定地铁、轻轨车辆运行的平稳性指标应小于 2.7。

斯佩林公式计算方法如下：

$$W = 0.896\sqrt[10]{\frac{j^3}{f}F(f)}$$

式中　$j$——振动加速度（$cm/S^2$）；

$f$——振动频率（Hz）；

$F(f)$——与频率有关的修正公式，反映人体不同方向和频率振动的敏感度。

（11）载客能力。

车辆载客能力用 AW0、AW1、AW2、AW3 表示，其中：

AW0 表示空车；

AW1 表示座席；

AW2 表示定员：按 6 人/$m^2$ 计算；

AW3 表示超员：按 9 人/ $m^2$ 计算。（注：乘客重量按 60 kg/人计算。）

## 2. 车辆的主要尺寸

（1）车辆长度：车辆处于自由状态，车钩呈锁闭状态时，两端车钩连接之间的距离（见图 1-45）。区别于车体长度的概念，车体长度指不包括牵引缓冲装置或贯通道的车体结构的长度。

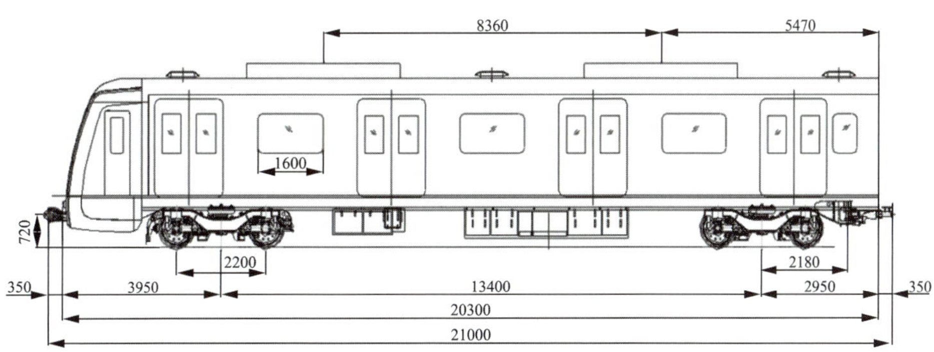


图 1-45　车辆的主要尺寸示意图 1

（2）车辆最大宽度：指车体横断面上最宽部分的尺寸（见图 1-46）。

（3）最大高度：指车辆顶部最高点与钢轨顶面之间的距离。通常需说明与最高点相关的结构，如有无空调，受电弓的状态等（见图 1-46）。

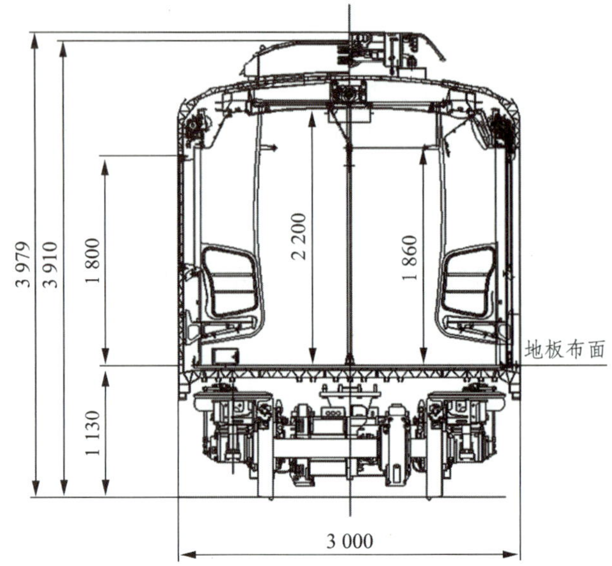


图 1-46 车辆的主要尺寸示意图 2

（4）车辆定距：同一车辆的两转向架回转中心之间的距离（见图 1-45）。

（5）固定轴距：同一转向架的两车轴中心线之间的距离（见图 1-45）。

（6）车钩中心线距离钢轨面高度：简称车钩高，以 $H_{0}^{+10}$ 表示，它是指车钩连接面中心点（铁路车钩是指车钩舌外侧面的中心线）至轨面的高度（见图 1-45）。取新造或修竣后空车的数值。列车中各车辆的车钩高基本一致，是保证车辆正确连挂、列车运行中正常传递牵引力及不会发生脱轨事故所必需的。广州、上海地铁车辆为 720 mm，天津滨海轻轨车辆和北京地铁车辆为 660 mm。

（7）地板面高度：车辆地板面与钢轨顶面之间的距离（见图 1-46）。地板面高度与车钩高一样，指新造或修竣后空车的数值。它将受到两方面的制约，一是车辆本身某些结构高度的限制，如车钩高及转向架下心盘面的高度；另一方面又与站台的标准有关，规定车辆地板面应与站台高度相协调，例如，上海地铁车辆地板面高为 1.13 m，北京地铁车辆为 1.053 m。

# 任务 3　城市轨道交通车辆编组图及标识绘制

## 一、任务导入

查阅关联知识和网络资料，完成以下问题。

1. 铁路客车、货车、高速动车组、地铁列车的主要区别是什么?

2. 乘坐地铁时，我们常常会看到地铁列车前端或外侧有由数字或字母加数字组成的编号，例如重庆江跳线某车辆编号 JT0091，你知道它代表什么意思吗?

3. 轨道列车通常由多节车厢连接在一起运行，一列车通常有多个相同的设备，以车门为例，一列 B 型地铁列车通常有 48 个车门，假设某个车门出现了故障，作为检修人员如何快速地找到故障车门?

## 二、任务目标

了解车辆编号的含义，能够绘制车辆的编组图。能够对车辆部件的位置进行描述，能够根据对设备故障的位置的描述，在车辆上准确地找到故障设备位置。

## 三、任务内容

<table>
<tr><td>任务描述</td><td colspan="4">以小组为单位，每组 3~5 人，随机抽选所在城市某条轨道交通线路，绘制列车编组简图，标注出车辆及车钩类型以及车辆端部和侧部。简图要求能够准确反映车辆编组，标注正确。各小组展示汇报，开展评比。</td></tr>
<tr><td>任务要求</td><td colspan="4">以小组为单位，剖析三、任务内容，制订工作计划，明确成员分工，规范有序完成任务。</td></tr>
<tr><td rowspan="5">任务分组</td><td>组长</td><td></td><td>学号</td><td></td></tr>
<tr><td rowspan="4">组员</td><td>姓名</td><td colspan="2">学号</td></tr>
<tr><td></td><td colspan="2"></td></tr>
<tr><td></td><td colspan="2"></td></tr>
<tr><td></td><td colspan="2"></td></tr>
</table>

## 四、任务实施

以小组为单位，绘制列车编组简图并在课堂上进行展示汇报，老师结合任务完成情况进行点评和相关知识点的讲解。以布局合理性、标注的准确性（50%）、制图质量（25%）、汇报讲解表现（25%）评定成绩。

## 五、任务评价

根据各组任务完成情况，填写评价表。

评价表

| 序号 | 评价项目 | 分值 | 自我评价 | 互相评价 | 教师评价 | 总评 |
|---|---|---|---|---|---|---|
| 1 | 学习准备 | 0~10 | | | | |
| 2 | 是否在规定时间完成 | 0~10 | | | | |
| 3 | 是否有序规范安全 | 0~20 | | | | |
| 4 | 是否主动参与互动 | 0~10 | | | | |
| 5 | 展示汇报 | 0~30 | | | | |
| 合计 | | 100 | | | | |

## 六、任务拓展

以小组为单位，参观校内城市轨道交通车辆实物、模型，轮流由一名小组成员随机指出车上某设备，其他成员对该设备的位置进行表述。

## 七、任务关联知识

城市轨道交通车辆都是多辆编组以列为单位运行，在一个编组内通常包括动车和拖车、带司机室车和不带司机室车等多种形式。为了车辆运用和检修等情况下管理和识别的方便，必须对车辆进行标识。对于城轨车辆来说，标识是指对车辆及其设备进行标记或编号。

### （一）城市轨道交通车辆的编组

目前国内最为常见的 6 辆编组的列车，一般每 3 辆车（Mc、Mp、M）形成一个动力单元，任一个动力单元发生严重故障的情况下，可利用另一个正常的动力单元牵引整列车返回车辆基地，尽可能避免采用救援列车牵引故障列车返回车辆基地的情况。

（1）以重庆地铁 6 号线列车为例，其编组方式为：

=Tc*Mp*M1=M2*Mp*Tc=

其中，=代表半自动车钩；*代表半永久牵引杆；Tc 代表有司机室的拖车；Mp 代表带受电弓的动车；M1、M2 代表不带受电弓的动车。

（2）贵阳地铁 1 号线列车是六辆车编组，其编组为：

=Tc−Mp−M+M−Mp−Tc=

其中，Tc 代表带司机室的拖车；Mp 代表带受电弓的动车；M 代表不带受电弓的动车；=代表为全自动车钩；+代表为半自动车钩；−代表半永久车钩。

（3）重庆单轨 3 号线列车（见图 1-47），其编组方式为：

×Mc1 + M2 + M4 + M5 + M3 + Mc2×

其中，Mc1、Mc2 代表带司机室动车；M2、M3、M4、M5 代表动车；×代表密接式车钩；+ 代表棒状式车钩。

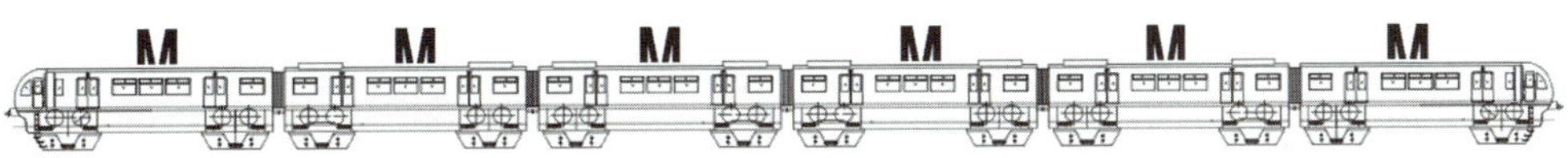


图 1-47　重庆单轨 3 号线车辆编组图

（4）重庆地铁 5 号线列车（见图 1-48），其编组方式：

+ Mc – Mp – M + M − Mp – Mc +

其中，Mc 代表带司机室的动车；Mp 代表带受电弓的动车；M 代表动车；+代表密接式半自动车钩；−代表半永久牵引杆。

（5）重庆江跳线车辆为双流制市域车辆，其编组方式可以在运行过程中自动切换，其车辆编组方式为：

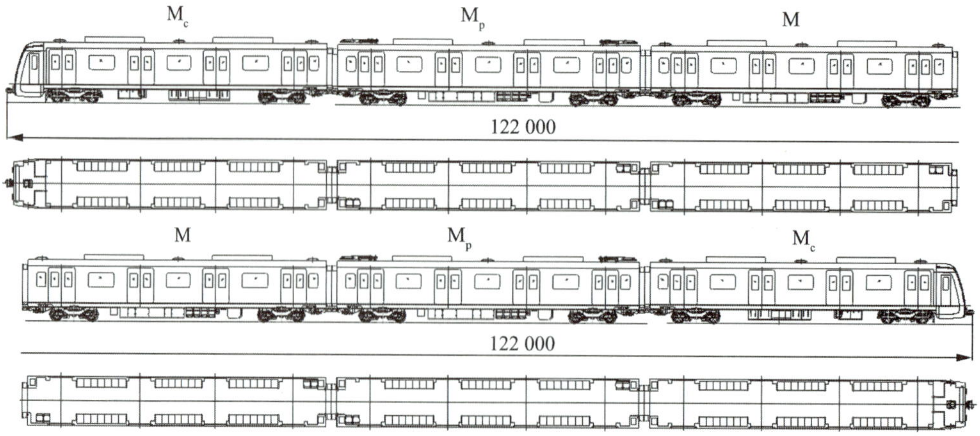


图 1-48　重庆 5 号线列车编组图

（直流）：+ Mc − Mp − M + M − Mp − Mc +

（交流）：+ Tc − Mp − M + M − Mp − Tc +

其中，Mc 代表带有司机室的动车，具有 1 台动力转向架和 1 台无动力转向架；Mp 代表带有 2 台受电弓的动车，具有 2 台动力转向架；M 代表动车，具有 2 台动力转向架；+ 代表密接式半自动车钩；− 代表半永久牵引杆。

（6）深圳地铁列车，其编组型式：

− A*B*C = C*B*A −

其中，− 代表自动车钩；= 代表半自动车钩；*代表半永久牵引杆；A 车是带司机室的拖车；B 车和 C 车是带驱动电机的动车（B 车带受电弓）。

B 车通过半永久牵引杆与 A 车和 C 车连接，C 车之间是通过半自动车钩连接的。

### （二）城市轨道交通车辆的编号和标识

1. 车辆编号

以重庆地铁为例，其采用 6 位数字编号，前两位数字为线路编号，第 3、4、5 位数字代表列车编号，末位数字代表车辆编号（1-6），见图 1-49。

图 1-49　重庆地铁 1 号线车辆编号

对应于列车编组 + Mc1 − Mp1 − M1 + M2 − Mp2 − Mc2 + 的车辆编号顺序为 1、2、3、4、5、6。

2. 车辆定位

（1）车辆端部（见图 1-50）。

头车（MC）司机室端为一位端，另一端为二位端。中间车（M、MP）靠近头车一端为一位端，另一端为二位端。

对应于列车编组 + Mc1 − Mp1 − M1 + M2 − Mp2 − Mc2 + 的车辆 1（Ⅰ）、2（Ⅱ）位端顺序为：

+ 1 号车（Ⅰ-Ⅱ）− 2 号车（Ⅰ-Ⅱ）− 3 号车（Ⅰ-Ⅱ）+ 4 号车（Ⅱ-Ⅰ）− 5 号车（Ⅱ-Ⅰ）− 6 号车（Ⅱ-Ⅰ）+

其中 4 号车（M2 车）为交叉车，车端设备与管线安装在其二位端进行一、二位侧交叉互换。4 号车（M2 车）为换端车辆，列车编组以该车开始换端连挂。

（2）车辆侧部（见图 1-50）。

从客室面对一位端右侧为一位侧，左侧为二位侧。

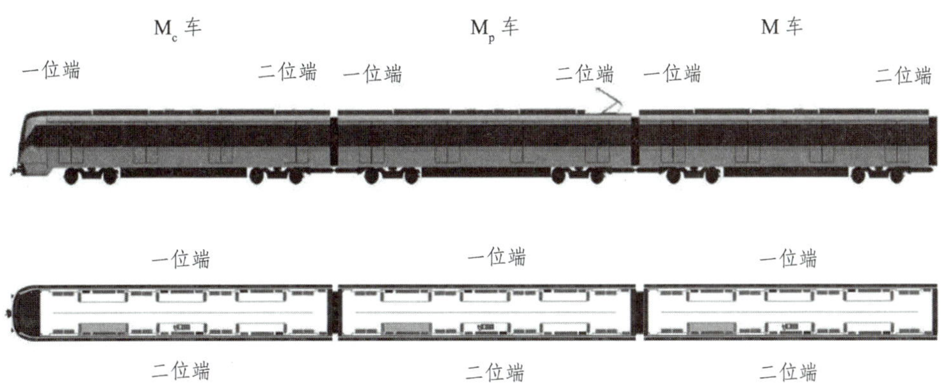


图 1-50　车辆端部和侧部

（3）列车侧部（见图 1-51）。

面朝驾驶方向，观察者的右侧即为车辆的右侧，观察者的左侧即为车辆的左侧。

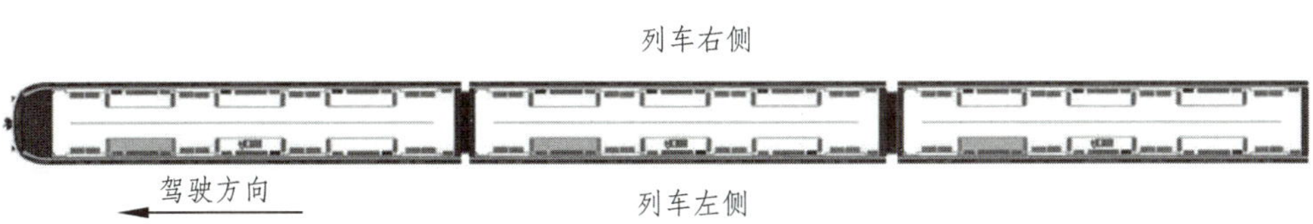


图 1-51　列车侧部

（4）转向架和车轴的编号。

每辆车的转向架都分为转向架 1 和转向架 2。转向架 1 在车辆的 1 位端，转向架 2 在车辆的 2 位端。每辆车的 4 根轴从 1 位端开始至 2 位端，依次连续编号轴 1 至轴

4，如图 1-52 所示。

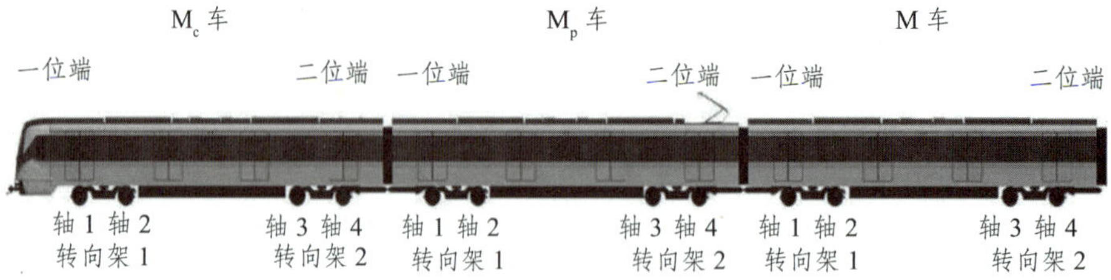


图 1-52　转向架和轴的编号

电机的定义与轴的定义一致，即一轴上安装的电机定义为 M1，二轴上安装的电机定义为 M2，三轴上安装的电机定义为 M3，四轴上安装的电机定义为 M4。

（5）车门和门页的编号。

以 B 型车为例，客室安装 8 对侧门，左右 2 侧各 4 对，客室车门编号自车辆 1 位端至 2 位端，1 位侧分别为 1、3、5、7 号，2 位侧分别为 2、4、6、8 号，如图 1-53 所示。

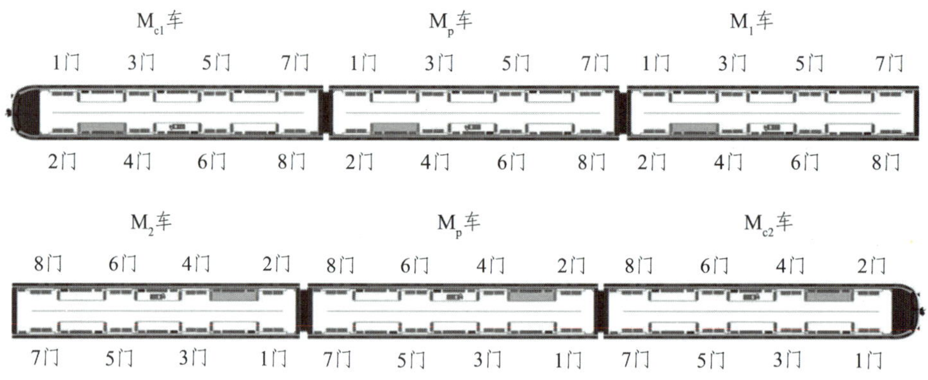


图 1-53　车门的编号

客室车门门页的编号：自 1 位端到 2 位端，沿着每辆车的一位侧为由小到大的连续奇数，即 1、3、5、7、9、11、……、17、19；二位侧为由小到大的连续偶数，即 2、4、6、8、10、12、……、18、20，如图 1-54 所示。车门的编号还可以由该车门两个门页的号码合并而成：自 1 位端到 2 位端，左侧车门的编号为 1/3、5/7、9/11、……、17/19，而右侧车门的编号 2/4、6/8、10/12、……、18/20。对车门门页的编号也可以由车门编号加大写字母 A、B 进行编号。

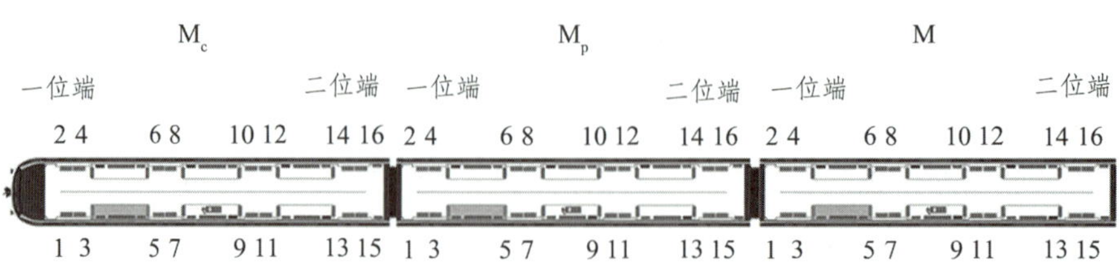


图 1-54　车门门页的编号

（6）空调单元编号。

每辆车的车顶安装有两个空调单元。位于 1 位端的空调单元称为空调单元Ⅰ，位于 2 位端的空调单元称作空调单元Ⅱ。

（7）其他编号与标记。

贯穿整辆车的部件，如客室内的扶手、吊环、电加热、司机室座椅、饰板、灯罩板、整流器、门机盖板、副流风机、车下的车轮、闸瓦、锥形弹簧等，顺序方向按照单元分，从司机室开始，每辆车 1 位侧为 1、3、5……；2 位侧为 2、4、6……，如图 1-55 所示。

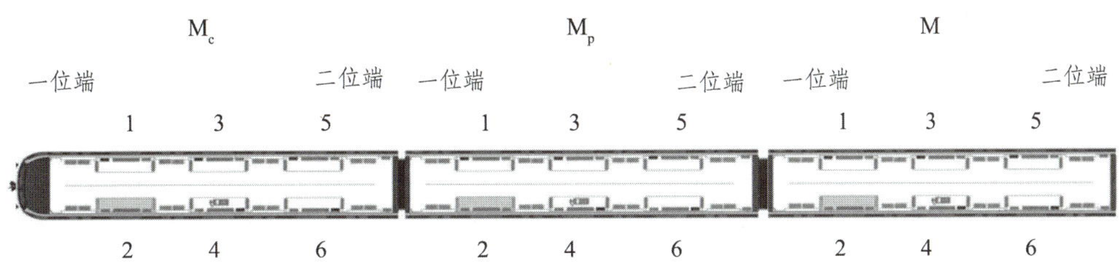


图 1-55　座椅编号

## （三）车辆限界

### 1. 车辆限界的基本知识

在设计城市轨道交通车辆时，其横断面的形状和尺寸要与隧道或线路上所留出的空间相适应。为此对车辆横断面轮廓尺寸有限制。车辆限界就是一个限制车辆横断面最大允许尺寸的轮廓图形，无论空车或重车停在水平直线上时，该车所有一切突出部分和悬挂部分，都应容纳在限界轮廓之内。规定限界的目的，主要是防止车辆在直线或曲线上运行时与各种建筑物及设备发生接触。

对于一般铁路还设有一个建筑接近限界，它规定建筑物或设备距轨道中心和轨面有一个最小允许尺寸所形成的轮廓。车辆限界与建筑接近限界之间，必须留出一定的空间，这个空间是考虑到车辆的某些部件或超限货物运输时，在允许的最大限度公差、磨耗和运行中车辆产生偏移的情况下，同时考虑了线路所产生的允许歪斜，仍能保证车辆安全通行。

对于地铁和轻轨除了车辆限界外，还有设备接近限界和建筑限界，如图 1-56 所示。

### 2. 城市轨道交通系统中限界的类型

（1）地铁车辆限界。

地铁车辆限界是基准坐标系中的一个轮廓。车辆及轨道线路各尺寸在具有最不利公差及磨耗时（包括两次检修期间所发生的尺寸偏差），车辆在运动中处于最不利位置，计及了由各要素引起的车辆各部位的统计最大偏移后，所占据的空间均应容纳在轮廓内。各种类型地铁车辆限界各要素有所不同，如图 1-56 所示。

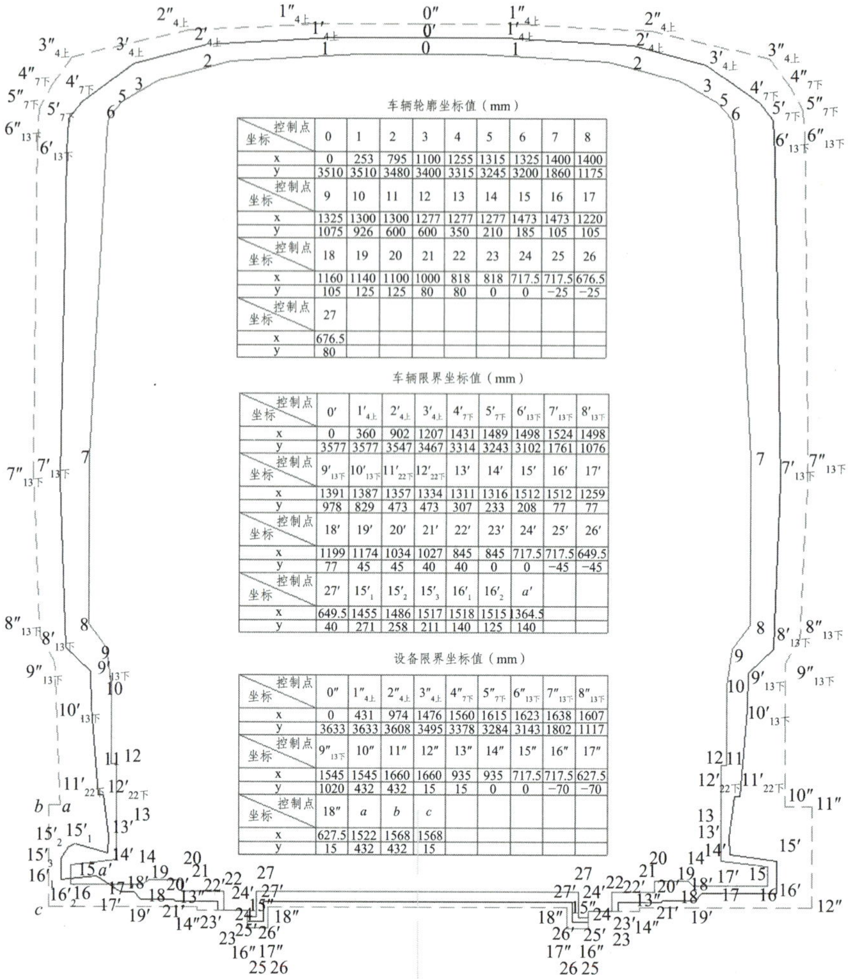

车辆轮廓坐标值（mm）

| 坐标＼控制点 | 0 | 1 | 2 | 3 | 4 | 5 | 6 | 7 | 8 |
|---|---|---|---|---|---|---|---|---|---|
| x | 0 | 253 | 795 | 1100 | 1255 | 1315 | 1325 | 1400 | 1400 |
| y | 3510 | 3510 | 3480 | 3400 | 3315 | 3245 | 3200 | 1860 | 1175 |
| 坐标＼控制点 | 9 | 10 | 11 | 12 | 13 | 14 | 15 | 16 | 17 |
| x | 1325 | 1300 | 1300 | 1277 | 1277 | 1277 | 1473 | 1473 | 1220 |
| y | 1075 | 926 | 600 | 600 | 350 | 210 | 185 | 105 | 105 |
| 坐标＼控制点 | 18 | 19 | 20 | 21 | 22 | 23 | 24 | 25 | 26 |
| x | 1160 | 1140 | 1100 | 1000 | 818 | 818 | 717.5 | 717.5 | 676.5 |
| y | 105 | 125 | 125 | 80 | 80 | 0 | 0 | −25 | −25 |
| 坐标＼控制点 | 27 | | | | | | | | |
| x | 676.5 | | | | | | | | |
| y | 80 | | | | | | | | |

车辆限界坐标值（mm）

| 坐标＼控制点 | $0'$ | $1'_{4上}$ | $2'_{4上}$ | $3'_{4上}$ | $4'_{7下}$ | $5'_{7下}$ | $6'_{13下}$ | $7'_{13下}$ | $8'_{13下}$ |
|---|---|---|---|---|---|---|---|---|---|
| x | 0 | 360 | 902 | 1207 | 1431 | 1489 | 1498 | 1524 | 1498 |
| y | 3577 | 3577 | 3547 | 3467 | 3314 | 3243 | 3102 | 1761 | 1076 |
| 坐标＼控制点 | $9'_{13下}$ | $10'_{13下}$ | $11'_{22下}$ | $12'_{22下}$ | $13'$ | $14'$ | $15'$ | $16'$ | $17'$ |
| x | 1391 | 1387 | 1357 | 1334 | 1311 | 1316 | 1512 | 1512 | 1259 |
| y | 978 | 829 | 473 | 473 | 307 | 233 | 208 | 77 | 77 |
| 坐标＼控制点 | $18'$ | $19'$ | $20'$ | $21'$ | $22'$ | $23'$ | $24'$ | $25'$ | $26'$ |
| x | 1199 | 1174 | 1034 | 1027 | 845 | 845 | 717.5 | 717.5 | 649.5 |
| y | 77 | 45 | 45 | 40 | 40 | 0 | 0 | −45 | −45 |
| 坐标＼控制点 | $27'$ | $15'_1$ | $15'_2$ | $15'_3$ | $16'_1$ | $16'_2$ | $a'$ | | |
| x | 649.5 | 1455 | 1486 | 1517 | 1518 | 1515 | 1364.5 | | |
| y | 40 | 271 | 258 | 211 | 140 | 125 | 140 | | |

设备限界坐标值（mm）

| 坐标＼控制点 | $0''$ | $1''_{4上}$ | $2''_{4上}$ | $3''_{4上}$ | $4''_{7下}$ | $5''_{7下}$ | $6''_{13下}$ | $7''_{13下}$ | $8''_{13下}$ |
|---|---|---|---|---|---|---|---|---|---|
| x | 0 | 431 | 974 | 1476 | 1560 | 1615 | 1623 | 1638 | 1607 |
| y | 3633 | 3633 | 3608 | 3495 | 3378 | 3284 | 3143 | 1802 | 1117 |
| 坐标＼控制点 | $9''_{13下}$ | $10''$ | $11''$ | $12''$ | $13''$ | $14''$ | $15''$ | $16''$ | $17''$ |
| x | 1545 | 1545 | 1660 | 1660 | 935 | 935 | 717.5 | 717.5 | 627.5 |
| y | 1020 | 432 | 432 | 15 | 15 | 0 | 0 | −70 | −70 |
| 坐标＼控制点 | $18''$ | $a$ | $b$ | $c$ | | | | | |
| x | 627.5 | 1522 | 1568 | 1568 | | | | | |
| y | 15 | 432 | 432 | 15 | | | | | |

图 1-56　车辆限界、设备限界、建筑限界

（2）地铁设备限界。

地铁设备限界是基准坐标系中位于车辆限界外的一个轮廓。除另有规定外，建筑物及地面固定设备的任一部分，即使计及了它们的刚性和柔性运动在内，均不得向内侵入此限界。

设备限界和车辆限界之间留有一定的间隙，这个间隙主要作为未计及因素的安全留量，按照限界制定时的规定某些偏移量也计入此间隙。计算车辆曲线上和竖曲线上的曲线偏移也计入这个间隙内，因此，设备限界在水平曲线上需要加宽，在竖曲线上需要加高。

（3）地铁建筑限界。

地铁建筑限界是基准坐标系中位于设备限界以外的一个轮廓，它规定了地下铁道隧道的形状、尺寸、位置，地下车站及站台位置以及地面建筑物的位置，计及施工误差、测量误差及结构永久变形在内，任何永久性建筑物均不得向内侵入此限界，建筑限界和设备限界之间的空间应能安排各种电缆线、消防水管及消防栓、动力箱、信号箱及信号灯、照明灯、扩音器、通风管、架空线及其固定设备、接触轨及其固定设备等。地铁建筑限界应理解为建筑物的最小尺寸，比地铁建筑限界大的隧道、高架桥等建筑应认为是符合地铁建筑限界的。

3. 城市轨道交通车辆限界形式

由于考虑因素不同，车辆限界有多种形式，地铁车辆常用车辆限界是动态包络线限界。由于车辆在运动时，车体会产生各种运动，导致车辆部分尺寸超出车辆静态轮廓。我们用包络线把运动中车辆横断面运动范围包围起来，这条包络线就是车辆的动态包络线限界。

车辆动态包络线限界应该考虑以下几个方面因素：

（1）车辆制造公差引起的上下、左右方向的偏移和倾斜；

（2）车辆在名义载荷作用下弹簧受压缩引起车辆下沉，以及弹簧由于性能上的误差可能引起的超量偏移或倾斜；

（3）由于各部分磨耗或永久变形造成的车辆下沉，特别是左右侧不均匀磨耗或变形而引起的车辆倾斜与偏转

（4）由于轮轨之间以及车辆自身各部分存在的横向间隙而造成车辆与线路间可能形成的偏移；

（5）车辆在走行过程中因运动中的力的作用而造成车辆相对线路的偏移。它包括曲线区段运行时实际速度与线路超高所要求的运行速度并不一致而引起的车体倾斜，以及车辆在振动中也会产生左右、上下各个方向的位移；

（6）线路在列车反复作用下可能产生的变形，如轨道不平顺等。

确定车辆动态包络线限界和线路设备限界后，就可以尽可能地减少车辆限界与设备限界之间的安全间隙，大量减少地下隧道的土方工作量。

车辆动态包络线限界是在车辆静态限界的基础上，需要大量的经验计算得出，很难测量。在车辆检修中，我们通过保证车辆静态限界来保证车辆动态包络线限界。只要车辆各尺寸不超过该静态限界，就能保证车辆在运动中不会超出车辆的动态包络线限界。车辆的限界门就是根据这个道理做成的。

## 课程思政小课堂

### 新中国首列地铁列车的诞生

1969 年 10 月 1 日，新中国首条地铁—— 北京地铁一期工程正式通车运营。标志着中国结束了没有地铁的历史，开创了中国地铁蓬勃发展，冲出国门走向世界的新时代。

在地铁飞速发展的今天，大概很少有人知道，我国自己设计制造的第一列地铁列车是如何诞生的。新中国成立初期，我国没有自己的铁路客车制造工业。那时，奔驰在钢铁运输线上的列车，只能依靠从国外采购。因此，车型各异，参差不齐，被国外

叫作“万国机车博览会”。为了填补机车车辆制造业的空白，新中国成立后，经过三年的经济恢复，国家决定由第一机械工业部规划建设新中国专业化铁路车辆工厂。1954年7月24日，中央人民政府批准筹建长春客车厂（见图1-57），这也是当时新中国唯一一家专门制造铁路客车的企业。

图1-57　长春客车厂

中央于1959年开始了北京地铁的筹备工作，当时的铁道部成立了北京地铁工程局，各项工作相继展开。其中关键设备—地铁车辆由原国家计划委员会指定原铁道部长春客车厂和原机械工业部湘潭电机厂承担，长客厂负责机械和总成，湘潭厂负责配套电机电器设备，并成立了两部联合工作组。工作组于1962年在湘潭牵引电气设备研究所进行联合设计，以确定未来地铁车辆的规格和主要技术参数。

早在新中国诞生后不久，毛泽东主席高瞻远瞩，深谋远虑，发出响亮的号召：“外国有的，我们要有，外国没有的，我们也要有。”他第一个倡导北京要搞地下铁道，不仅北京要搞，很多大城市也要搞。毛泽东主席还亲笔题词：“精心设计，精心施工”。

当时的首都北京市常住人口还不到300万，机动车也只有五千多辆，人们出行大多是靠步行或者搭乘三轮车，连公共汽车都算不上是常用的交通工具。以当时全国百废待兴的现状，若想研发制造地铁列车这样投资巨大、技术要求很高的工程，其难度相当之大。

那个时候，很多参与地铁车辆研发工作的人员甚至连地铁是什么样子都没有见过，也没有一张图纸可以借鉴。“没有图纸，我们就借鉴铁路客车的设计思路；没有工艺资料，就一边设计工艺装备，一边总结经验；现在还在使用的厂内环形地铁试验线，就是当时我们用业余时间手提土篮、肩扛枕木一点一点建起来的。”回忆当时地铁列车研制的艰辛，中车长客第一代地铁设计师冯伯欣总会历历在目，感慨万千。“工厂当战场，争当模范立大功！”回眸当年一望无际的建设工地上，人头攒动，彩旗飘扬，你追我赶，热火朝天，无数的建设者在为了实现制造出中国第一列地铁的梦想征途上奋力赶超。

长客厂的工程技术人员不辞辛苦，走访了各方面的专家五百多名，征得三百多项制造地铁客车方面的建议。全厂的工程技术人员怀着为国争光的坚定信念和强烈责任感夜以继日地伏案工作，反复研究精心设计，经过近半年的艰苦努力，于 1965 年底完成地铁客车的设计并投入试制。试验断断续续做到 1966 年 10 月份，工作组开始编写试验报告，工厂根据原型车辆的试验报告，对各个产品进行整改优化后，小批量生产了 2 台套，在北京地铁 DK1 型车辆 001 和 002 号上装车（见图 1-58）。在此基础上，大批量生产了 80 台北京地铁 DK2 型车辆（见图 1-59），这是国庆 20 周年的主力车型。DK1 两台车辆没有再用，至今仍在北京地铁运营公司作为纪念品保留下来。至此，我国第一代新型地铁电动客车诞生，填补了国内空白。

图 1-58　DK1 型车

凭借着这种敢为人先、自强不息的创业精神，1969 年 10 月 1 日，新中国第一列地铁列车赶在国庆 20 周年之际，从古城站呼啸驶出，成为献给祖国 20 华诞的最好贺礼。

图 1-59　DK2 型车

早期的地铁车辆既没有空调，也没有风扇，只有车顶上的一排通风孔。为了适应运营需求，在后续的增购车上编组从 2 节改为 4 节，也增加了风扇，改善了车厢内部气流组织。早期的转向架开裂问题也通过引进技术和加强工艺等措施得以改进。在这一段艰难的调试、整改过程中，涌现出一大批新生代技术骨干，代表人物有湘潭厂的刘文明，长客厂的腾茂根、冯伯欣、徐锦帆等。

由于当时地铁建设的主导思想是“战备为主，兼顾交通”，所以北京地铁在通车后并没有对公众开放。一直到 1971 年，北京地铁才开始试运营，老百姓可以花上 1 毛钱乘坐（见图 1-60）。1981 年 9 月 15 日，北京地铁正式对外运营。随着北京地铁一号线的建成通车，几十年以来，我国地铁的建设如火如荼，四通八达的地铁大大方便了人民群众的出行。

图 1-60　北京地铁车票

# 单元二　城市轨道交通车辆车体认知

## 任务1　城市轨道交通车辆车体总体认知

### 一、任务导入

查阅关联知识，完成以下问题。

1. 城市轨道交通车辆车体有什么作用?

2. 重庆地铁1号线车辆采用了不锈钢车体，重庆地铁5号线车辆采用了铝合金车体，这两种材料的车体各自的有什么优缺点?

### 二、任务目标

掌握城市轨道交通车辆车体的作用及要求，了解常见的车体类型及其性能特点。

## 三、任务内容

<table>
<tr><td>任务描述</td><td colspan="4">查阅图书馆和网络上相关资料，阅读单元二任务 1 中“六、任务关联知识”；掌握车体的作用、要求及分类，制作 PPT，各小组展示汇报。</td></tr>
<tr><td>任务要求</td><td colspan="4">以小组为单位，每组 3~5 人，剖析三、任务内容，制订工作计划，明确成员分工，规范有序完成任务。小组选派代表进行汇报分享。分享时采用普通话，口齿清晰，声音洪亮。</td></tr>
<tr><td rowspan="5">任务分组</td><td>组长</td><td></td><td>学号</td><td></td></tr>
<tr><td rowspan="4">组员</td><td>姓名</td><td colspan="2">学号</td></tr>
<tr><td></td><td colspan="2"></td></tr>
<tr><td></td><td colspan="2"></td></tr>
<tr><td></td><td colspan="2"></td></tr>
</table>

## 四、任务实施

以小组为单位，在课前完成《城市轨道交通车辆车体的作用及分类》PPT 制作，要求版式新颖，内容正确。在课中由各小组进行展示汇报，老师结合任务完成情况进行点评和相关知识点的讲解。以车体作用、分类表述的准确性（50%）、PPT 制作质量（25%）、PPT 汇报讲解表现（25%）评定成绩。

## 五、任务评价

根据各组任务完成情况，填写评价表。

评价表

| 序号 | 评价项目 | 分值 | 自我评价 | 互相评价 | 教师评价 | 总评 |
|---|---|---|---|---|---|---|
| 1 | 学习准备 | 0~10 | | | | |
| 2 | 是否在规定时间完成 | 0~10 | | | | |
| 3 | 是否有序规范安全 | 0~20 | | | | |
| 4 | 是否主动参与互动 | 0~10 | | | | |
| 5 | 展示汇报 | 0~30 | | | | |
| 合计 | | 100 | | | | |

## 六、任务关联知识

### （一）车体的作用及要求

车体支撑在转向架上，其内部是容纳乘客和驾驶员的地方，其底架下部及车顶上部是安装大量机械设备部件及组件，构成了车辆的主体结构。为满足安全运载旅客的需要，城市轨道交通车辆车体应当有足够的强度以承受车辆运行过程中的各种载荷，同时在保证足够的强度和刚度的条件下实现轻量化。车体主要由车体钢结构、车辆内部布置和装饰组成。车体钢结构作为承载结构，由底架、侧墙、车顶、端墙等焊接组成；车辆内部布置和装饰的主要作用是使车厢内的乘客感觉美观、舒适、安全，分为客室内部装饰和司机室内部装饰组成。

城市轨道交通车辆主要用作城市或近郊客运，其车体有以下特征：

（1）采用多辆车编组运行，有头车、中间车，以及动车与拖车之分。

（2）车体需承受自重、载重、牵引力、横向力、制动力等载荷及作用力。

（3）乘客数量多、上下车频繁，因此车体内部布置特点是座位少、车门多且开度大。

（4）车体结构及设备尽量采用轻量化设备，以减轻车辆重量，降低线路设施的投资

（5）对防火要求严格，要求所有非金属材料均采用防火、阻燃、低烟、低毒的材料。

（6）对车辆的隔音降噪有严格要求，最大限度降低噪声对乘客和沿线居民的影响。

（7）在外部造型、装饰和车头设计上要求有现代列车的造型特点，体现现代城市运输系统的时尚，还应适当考虑所在城市的人文历史特色。

## （二）车体分类

1. 根据材料分类

自 1863 年英国伦敦建成世界上第一条地铁线以来，城轨车辆经过了早期的使用木制车体到长期采用碳素钢车体材料的阶段。但是，碳素钢车体由于具有强度低、重量大、能耗高、易腐蚀、寿命短、维修量大等缺点，自 20 世纪 50 年代起逐渐被不锈钢车体和铝合金车体取代。目前，国内城轨车辆车体的材质主要有不锈钢和铝合金两种，部分主机厂进行了碳纤维车体的试制。采用何种材料的车体对于整车的结构、性能、制造、使用、维修以及经济性有直接影响。

（1）碳素钢车体。

普通碳素钢车体使用中腐蚀十分严重，为了提高车体的耐腐蚀性，延长车体的使用寿命，现在较多应用的是含铜或含镍铬等合金元素的耐腐蚀的低合金钢材料（或称耐候钢）。

（2）不锈钢车体（见图 2-1）。

采用半不锈钢（底架为耐候钢）或全不锈钢车体，免除了车体内壁涂敷防腐蚀涂料和表面涂漆，在保证强度、刚度的前提下，板厚可减小，同时也提高了使用寿命。一般不锈钢车自重比普通碳素钢可减轻 1~2 t（约 10%~20%）。

图 2-1　不锈钢车体

（3）铝合金车体（见图 2-2）。

为了进一步实现车体轻量化采用了铝合金车体。为了充分发挥材料的承载能力，铝制和钢制车体在结构形式上有很大的差异。在铝制车体结构设计中，车体主要承载构件一般采用大型中空截面的挤压形铝型材，以提高构件的刚度，充分发挥材料的承载能力，最大限度地减轻车辆的自重。全车的底板、侧墙、车顶均采用大型中空截面的挤压铝型材拼焊而成。

图 2-2　铝合金车体

2. 按车体承载方式分类

根据车体结构承受载荷的方式不同，可以分为底架承载、侧墙和底架共同承载和整体承载结构三类，现代城市轨道交通车辆均采用整体承载结构。

（1）底架承载结构。

侧墙与车顶均不参加承载，全部载荷由车体底架来承担，称底架承载结构，也称自由承载结构。底架承载式车体从外形看又分为罩式车体和棚式车体两种，罩式车体一般用于工业电力机车，仅为司机室和机器罩而已，车体和底架进行简单的连接。棚式车体具有客车车厢外形，其侧墙结构轻便，与底架进行简单连接，甚至可以拆卸。

（2）侧墙和底架共同承载结构。

由侧、端墙与底架共同承担载荷的车体结构，称侧墙和底架共同承载结构，也称侧墙承载结构。其侧墙用型钢或钢板压形件焊成骨架，外面包以较厚的钢板，与车体、底架牢固地焊成一个整体，共同承担设备的重量及其他载荷。

（3）整体承载结构。

在板梁式侧、端墙上固接由金属板、金属梁组焊接而成的车顶，使车体的底架、侧墙、端墙、车顶连接成一个整体，成为开口或闭口箱形结构，此时车体各部分结构均参与承受载荷，因而称这种结构为整体承载结构。

3. 根据车体断面轮廓分类

根据车体断面轮廓的不同，车体可分为 V 形车体和鼓形车体，如图 2-3、2-4 所示。相较于 V 形车体，鼓形车体向外微凸，可提高车体的空间容纳力，使乘客乘坐更加舒适。

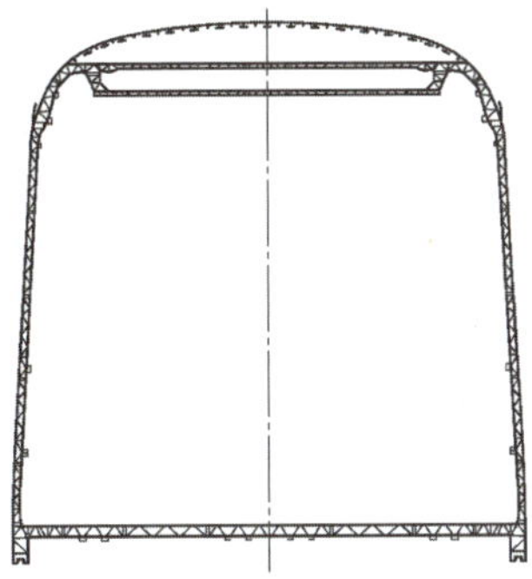

图 2-3　V 形车体

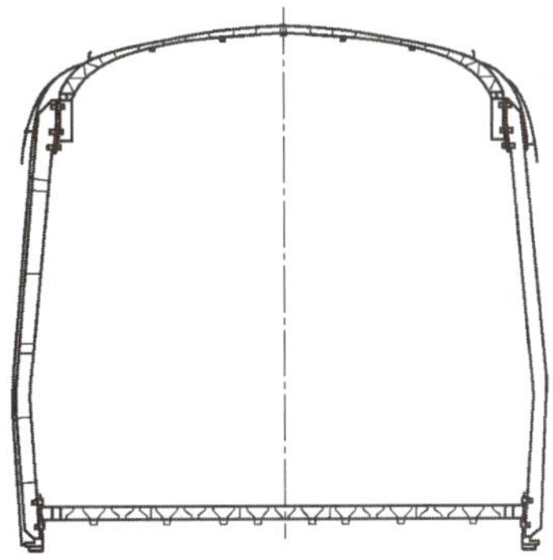

图 2-4　鼓形车体

【知识拓展】

### 不锈钢车体的发展

碳素钢车体耐腐蚀性差，它在大气环境下运行几年后就会被严重腐蚀（见图 2-5）。为此，美国巴德公司率先开始研制不锈钢车体，并于 1934 年首次在车体制造上采用不锈钢材料。随后，法国和加拿大也开始研制不锈钢车体。

1950 年，日本开始在铁道车辆上使用不锈钢材料，但仅用于室内管道等处。1958 年，为了使车体外表面不用涂漆，日本开始在外墙板使用不锈钢材料，这种车体的制造一直延续至 1980 年。随着制造、焊接及材料加工技术的不断提高，日本于 1978 年开发研制出轻量化不锈钢车辆（所用材料为 SUS301L）。轻量化不锈钢车体的开发，使车体钢结构的重量降为碳钢车的 1/2，标志着城轨真正进入了不锈钢车辆时代。目前，日本不锈钢车辆的生产规模、制造工艺以及不锈钢原材料的开发已经走在了世界前列，其对不锈钢车辆的开发仍在继续。

韩国在 20 世纪 80 年代从日本引进了不锈钢车体制造技术。韩进重工业公司 1995 年生产了 250 辆客车，其中 80%是不锈钢车，其不锈钢车体制造技术也达到了一定的自动化水平，形成了生产效率较高的不锈钢结构生产线。

图 2-5　碳钢车体

图 2-6　RW22 不锈钢车体

1987 年长春轨道交通车辆制造公司（长春客车厂）与太原钢铁厂合作为铁道部的上海局、成都局生产两辆 RW22 不锈钢客车（见图 2-6）。1995 年，长春客车厂开始铁道车辆与城市轨道交通车辆不锈钢车体的研制工作。首先与韩进重工合作生产 30

辆轻量化不锈钢客车，投用到衡广铁路线。同年，南车四方机车厂与德国合作生产不锈钢车辆，2000 年，长春客车厂聘请日本技术专家进行全程指导，对日本的 SUS301L 系列不锈钢电焊结构车辆进行彻底的消化和吸收。两年后，长春客车厂学习日本经验制造出了全新的电焊结构轻量化不锈钢车体，使用此技术为北京地铁生产了 4 辆不锈钢车辆，使得我国不锈钢车辆的研制迈入了一个新的阶段。2003 年长春客车厂自主研制生产了首列不锈钢城轨客车，客车适用于天津滨海快线，运行速度最高达到 100 km/h（见图 2-7）。

图 2-7　天津滨海快线不锈钢车体

**铝合金车体的发展**

1952 年，铝合金车体在英国伦敦地铁上首次使用。1954 年，加拿大多伦多也制造了铝合金车体地铁车辆。20 世纪 60 年代以来，德国科隆、波恩的市郊电动车组也相继实现车体铝合金化。1962 年，日本的山阳 2000 系列车开始采用铝合金车体。20 世纪 90 年代后，意大利米兰、奥地利维也纳以及新加坡地铁都采用了铝合金车体。目前，铝合金车体制造技术已经逐步成熟，并能进行批量生产。

我国开发铝合金车体较晚，初期也只是模拟国外的结构和工艺。1989 年，长春客车厂参照日本的模式开发了首辆铝合金地铁车体。该车体在设计上采用板梁结构，由于其制造工艺烦琐、平整度差、成本高而没有在市场上大规模推广使用。1996 年，铁道部组织人力、物力采用德国进口材料，用简易自动焊设备和自制窗口机加设备成功制造出了中国第一台混合结构铝合金车体——ICE2 型结构铝合金车体。

在经过了几十年的发展后，我国生产的铝合金车体已广泛用于天津、上海、广州、深圳、武汉、南京和重庆等。

# 任务 2　不锈钢车体结构认知

## 一、任务导入

查阅关联知识，完成以下问题。

1. 不锈钢材料的特点是什么？

2. 不锈钢车体的结构特点是什么？

## 二、任务目标

掌握不锈钢车体的结构和特点。能够画出薄壁、筒形整体承载式不锈钢车体结构图。

## 三、任务内容

<table>
<tr><td>任务描述</td><td colspan="4">查阅图书馆和网络上相关资料，阅读单元二任务 2 中“六、任务关联知识”，绘制不锈钢车体结构示意图，标注车体各部分结构。简图要求能够准确反映不锈钢车体特点。</td></tr>
<tr><td>任务要求</td><td colspan="4">独立完成，以小组为单位评选绘制质量较高的作品在课堂上进行展示汇报。</td></tr>
<tr><td rowspan="5">任务分组</td><td>组长</td><td></td><td>学号</td><td></td></tr>
<tr><td rowspan="4">组员</td><td>姓名</td><td colspan="2">学号</td></tr>
<tr><td></td><td colspan="2"></td></tr>
<tr><td></td><td colspan="2"></td></tr>
<tr><td></td><td colspan="2"></td></tr>
</table>

## 四、任务实施

绘制不锈钢车体结构示意图，并以小组为单位选取质量较高的作品在课堂上进行展示汇报，老师进行点评和相关知识点的讲解。以布局合理性、标注的准确性（50%）、制图质量（25%）、汇报讲解表现（25%）评定成绩。

## 五、任务评价

根据各组任务完成情况，填写评价表。

评价表

| 序号 | 评价项目 | 分值 | 自我评价 | 互相评价 | 教师评价 | 总评 |
|---|---|---|---|---|---|---|
| 1 | 学习准备 | 0~10 | | | | |
| 2 | 是否在规定时间完成 | 0~10 | | | | |
| 3 | 是否有序规范安全 | 0~20 | | | | |
| 4 | 是否主动参与互动 | 0~10 | | | | |
| 5 | 展示汇报 | 0~30 | | | | |
| 合计 | | 100 | | | | |

不锈钢车体结构图绘图区域

## 六、任务关联知识

轻量化不锈钢车体钢结构采用薄壁、筒形整体承载结构，如图 2-8 和 2-9 所示。采用轻型高强度不锈钢材料，外板不涂装，具有车体重量轻，防腐性能好，不需要涂漆防腐保护的特点，这样车辆段就不需要设置维修用的脱漆、涂漆工装设备，从而能够大大降低基建设备投资和维修费用，也避免了对环境的污染，综合成本低。车体强度可以满足在极端条件下承受静载荷、动载荷以及冲击载荷，并在架车、起吊和救援、调车、连挂、多辆编组回送作业的工况下，不超过设计许用应力，通常在 30 年的工作载荷作用下不产生疲劳破坏。

图 2-8　不锈钢车体钢结构（外）

图 2-9　不锈钢车体钢结构（内）

### 1. 不锈钢材料特性

车体材料主要采用专用奥氏体不锈钢材质为 SUS301L。它经过固溶处理后，在室温下形成单相奥氏体组织，单相奥氏体组织的不锈钢本身具有高韧性和塑性，冷加工性能较好，但是其屈服强度和抗拉强度均不高，故通常通过多道冷压延工序，提高材料的强度和硬度。依照压延率的不同，可分为 LT、DLT、ST、MT、HT 共 5 个级别。在车体制造过程中，根据使用部位对强度的要求，选用适当等级的材料。材料的力学特性如表 2-1 SUS301L、SUS304 不锈钢的机械性质（JIS E4049）。

表 2-1　车体用不锈钢材料的力学特性

| 材料调质 | 应用部位 | 抗拉强度 /MPa | 屈服极限 /MPa | 许用应力 /MPa(s=1.15) |
|---|---|---|---|---|
| SUS 301-DLT | 侧墙内层筋板、门立柱 | 689~862 | 345~482 | 300 |
| SUS 301L-ST | 侧墙横梁、车顶弯梁 | 758~931 | 414~552 | 360 |
| SUS 301L-MT | 侧墙上边梁、端角柱、波纹地板、波纹顶板 | 828~999 | 482~665 | 419 |
| SUS 301L-HT | 侧墙窗立柱、侧墙下边梁、底架外边梁、横梁、缓冲梁 | 931~1138 | 689~827 | 599 |
| Q345C | 底架牵引梁、枕梁、内边梁 | 490 | 345 | 300 |

注：表中 *s* 为安全系数。

2. 不锈钢车体钢结构的焊接

车体采用弧焊组装钢结构，靠电弧产生热量融化填充金属，使 2 个构件熔敷接合。弧焊所产生的热量很大，对构件的热输入量也很大，这对不锈钢很不利。由于不锈钢具有热传导率小，热膨胀率大的物理性能，所以输入热量后，其散热慢而变形大，不利于对构件尺寸及形状的控制。

不锈钢的电阻大，所以适于采用电阻焊（即点焊）。所谓点焊，就是将 2 个或 2 个以上相叠加的金属用电极加压，通过大电流后利用金属的电阻产生高热，使叠加的金属在加压区产生熔合，从而使金属连接到一起。点焊的特点是对构件的热输入量小，容易实现自动控制。

不锈钢车体中几乎所有的零部件都是通过点焊连接的，所以点焊的质量将直接影响车体钢结构的质量和强度。为保证车体质量，在生产中必须控制焊点质量。目前采取的方法是，在每次作业进行点焊拉伸试验和切片实验，检验合格后，按照试验的焊接规范进行作业。

3. 不锈钢车体结构组成

从结构上来说，不锈钢车体钢结构主要由底架、侧墙、端墙和车顶四大部分焊接构成，如图 2-10 所示。

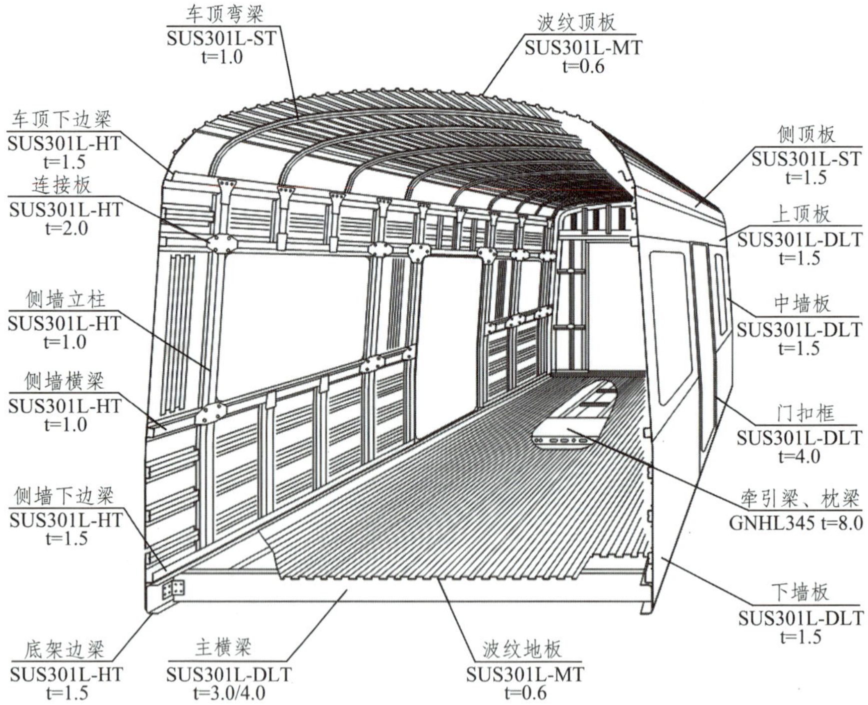


图 2-10 不锈钢车体结构

（1）底架钢结构。

车体的底架结构由牵引梁、枕梁、缓冲梁、冲击座、底架边梁、枕内外横梁、波纹地板及其它辅助设备焊接而成，底架结构如图 2-11 所示（未显示波纹地板）。底架边梁、横梁和缓冲梁均采用板厚为 4 mm 的 SUS301-HT 不锈钢材料，并且在横梁的腹板处设减重孔以降低整车重量，同时便于车下设备安装和布线。波纹地板由滚轧成整车长度且厚度为 0.8 mm 的 SUS301-MT 不锈钢材料组成。

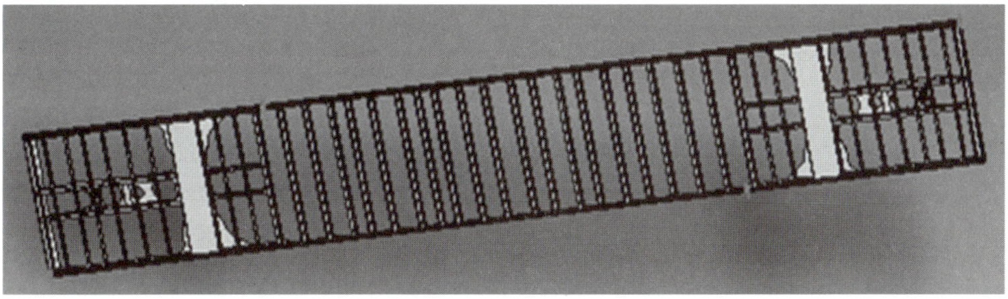

图 2-11　底架结构

其中，底架端部的冲击座、牵引梁和枕梁等部件，因其直接承受车体的巨大纵向载荷，所以该部位应采用由厚板组成的弧焊桁架结构。而由于不锈钢热膨胀系数大，导热系数低，焊接变形难以控制，而且调修困难，所以端部底架使用高强度耐候钢 Q355 及低合金钢 Q345 组焊而成，如图 2-12 所示。不锈钢边梁和碳钢边梁采用塞焊焊接成一体，冲击座和牵引梁由铆钉铆接成一体，剩余不锈钢部件之间采用点焊，以搭接和折边的形式焊接在一起。

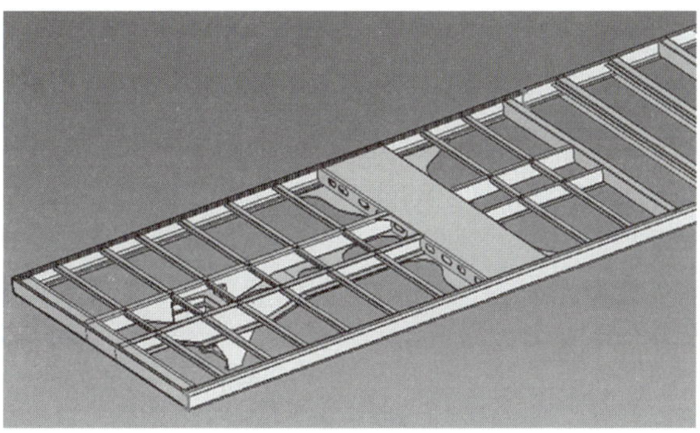

图 2-12　端底架

（2）侧墙钢结构。

侧墙为单层补强板结构，由侧墙板、侧墙立柱和侧墙横梁等组件焊接而成，侧墙结构如图 2-13 所示。这种结构相对于双层补强板结构，制造成本低而且工艺简单，可依据强度的分析结果灵活地选取补强部位和筋板形状，既可以达到车体轻量化的目的，又可以使侧墙的结构达到无限寿命。

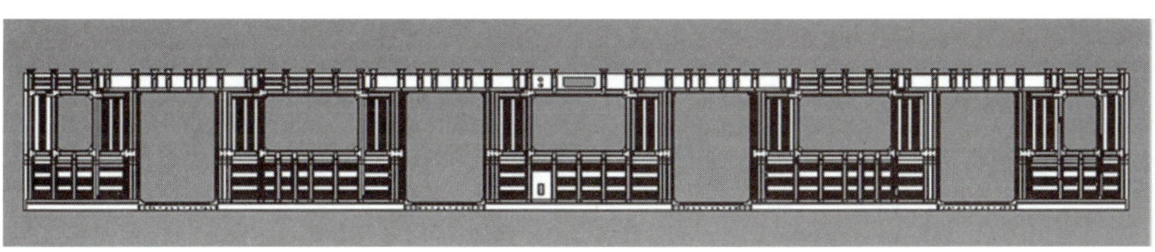

图 2-13　中间车侧墙

侧墙窗口横梁和侧墙立柱均为帽形截面，使用厚度为 1.5 mm 的 SUS 301L-HT 不锈钢材料（见图 2-14）；侧墙端部横梁也为帽形截面，采用厚度为 0.8 mm 的 SUS 301L-DLT 不锈钢材料；门立柱为矩形截面，采用厚度为 3 mm 的 SUS 301L-MT 不锈钢材料（见图 2-15）。窗角和门角为应力集中区域，这些部位应用圆弧过渡，并在窗角应用高强度级不锈钢板补强。

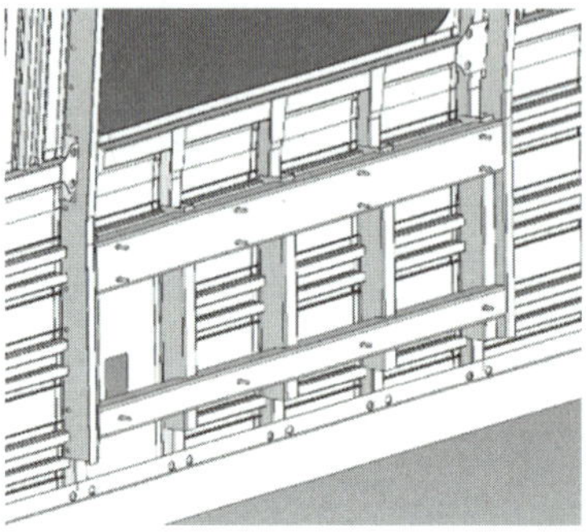

图 2-14　侧墙窗口横梁和侧墙立柱

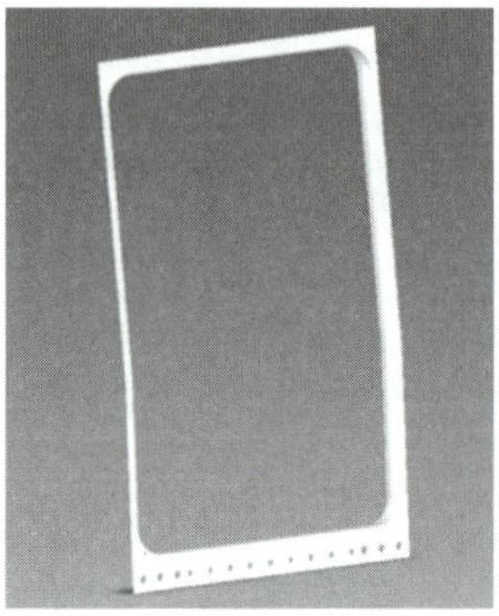

图 2-15　门扣框

（3）车顶钢结构。

车顶由车顶弯梁、车顶边梁及两个空调平台焊接而成，其骨架外面安置不锈钢波纹顶板和侧顶板，车顶结构如图 2-16 所示。车顶是无纵梁结构，使得车体的纵向力需要通过波纹顶板进行传递，所以其选择厚度为 0.8 mm 的 SUS 301L-MT 不锈钢材料；车顶边梁采用厚度为 3 mm 的矩形钢，不锈钢材料为 SUS 301L-MT；车顶弯梁截面分别为乙型和帽型两种，位于侧顶板的弯梁厚度为 2 mm，而波纹顶板处的弯梁厚度是 1.5 mm，不锈钢材料均为 SUS 301L-ST。

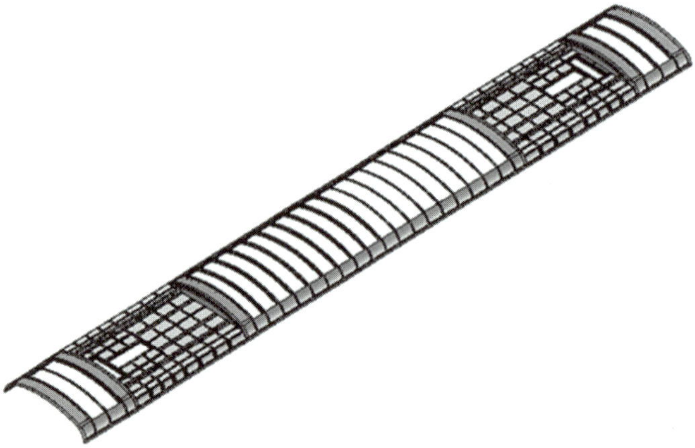

图 2-16　车顶钢结构

（4）端墙钢结构。

端墙由端墙板、端墙横梁、端墙立柱和端墙弯梁构成，为板梁点焊结构，其各部件均采用 SUS301L-MT 不锈钢材料。

# 任务 3　铝合金车体结构认知

## 一、任务导入

查阅关联知识，完成以下问题。

1. 铝合金材料的特点是什么?

2. 铝合金车体的结构特点是什么?

## 二、任务目标

掌握铝合金车体的结构和特点。

## 三、任务内容

<table>
<tr><td>任务描述</td><td colspan="4">查阅图书馆和网络上相关资料，阅读单元二任务 2 中“六、任务关联知识”，绘制铝合金车体结构示意图，标注车体各部分结构。简图要求能够准确反映不锈钢车体特点。</td></tr>
<tr><td>任务要求</td><td colspan="4">独立完成，以小组为单位评选绘制质量较高的作品在课堂上进行展示汇报。</td></tr>
<tr><td rowspan="5">任务分组</td><td>组长</td><td></td><td>学号</td><td></td></tr>
<tr><td rowspan="4">组员</td><td>姓名</td><td colspan="2">学号</td></tr>
<tr><td></td><td colspan="2"></td></tr>
<tr><td></td><td colspan="2"></td></tr>
<tr><td></td><td colspan="2"></td></tr>
</table>

## 四、任务实施

绘制铝合金车体结构示意图，并以小组为单位选取质量较高的作品在课堂上进行展示汇报，老师进行点评和相关知识点的讲解。以布局合理性、标注的准确性（50%）、制图质量（25%）、汇报讲解表现（25%）评定成绩。

## 五、任务评价

根据各组任务完成情况，填写评价表。

评价表

| 序号 | 评价项目 | 分值 | 自我评价 | 互相评价 | 教师评价 | 总评 |
| --- | --- | --- | --- | --- | --- | --- |
| 1 | 学习准备 | 0~10 | | | | |
| 2 | 是否在规定时间完成 | 0~10 | | | | |
| 3 | 是否有序规范安全 | 0~20 | | | | |
| 4 | 是否主动参与互动 | 0~10 | | | | |
| 5 | 展示汇报 | 0~30 | | | | |
| 合计 | | 100 | | | | |

铝合金车体结构图绘图区域

## 六、任务关联知识

铝合金车体钢结构采用大断面中空铝合金型材整体承载焊接结构(见图 2-17)。这种结构的特点是零件数量少，焊接变形小，型材沿车体长度纵向焊缝多，便于实现自动焊接。通常采用模块化结构或全焊接组装，是一种新型的车体结构。铝合金材料密度小、强度大，铝合金材料构造的车体在满足车体强度和刚度的同时大幅度地减轻了车体的质量。

图 2-17　铝合金车体结构

### （一）铝合金材料特点

1. 质轻且柔软

铝的密度为 2.71 g/cm$^2$，约为钢密度（7.89 g/cm$^2$）的 1/3，杨氏模量也约为钢的 1/3。

2. 强度好

纯铝的抗拉性强度约为 80 MN/m$^2$，是低碳钢的 1/5。但经过热处理强化及合金化强化，其强度会大幅增加。如铝合金车体常用的材质 6005A-T6，它的最低抗拉强度为 360 MN/m$^2$，能达到低碳钢相应的强度值。

3. 耐蚀性能好

铝合金的特性之一是接触空气时表面会形成一层致密的氧化膜，这层膜能防止腐蚀，所以耐蚀性能好。若再实施“氧化膜处理法”，就可以全面防止腐蚀。

4. 加工性能好

车辆用型材挤压性能好，二次机加工、弯曲加工也较容易。

5. 易于再生

铝的熔点低（660 ℃），再生简单。在废弃处理时也无公害，有利于环保，符合可持续发展战略。

根据铝合金车体结构及制造、运用情况，选择材料时应遵循以下原则：

（1）从轻量化方面考虑，要求强度、刚度高，且质量轻；

（2）从寿命方面考虑，要求耐蚀性、表面处理性、维护保养性好；

（3）从制造工艺方面考虑，要求焊接性、挤压加工性、成形加工性高。

目前，用于地铁车体的铝合金材料主要是 Al-Mg 系（5000 系）、Al～Mg～Si 系（6000 系）和 Al-Zn-Mg 系（7000 系），其特性及用途如表 2-2 所示。

表 2-2　铝合金车体材料的特性和用途

| 种类 | 特　性 | 用　途 |
| --- | --- | --- |
| 5000 系 | 挤压性能较差，强度较高。代表合金有 5052、5083 和 5N01 等 | 常用于车内装饰材料 |
| 6000 系 | 挤压性能好，可挤压较复杂的断面形状；焊接性好；中等强度。代表合金有 6005A、6061、6063 和 6N01 等 | 常用在底架侧梁、地板、车顶板和侧墙等部位 |
| 7000 系 | 挤压性能比 5000 系好；防腐性和焊接性较差；强度较高。代表合金有 7005A、7002、7178、7N01 和 7003 等 | 一般用于底架牵枕缓，车体的受力构件等 |

### （二）铝合金车体的特点

铝合金车体的发展经历了板梁期、开口型材期和现在的大型中空挤压型材期三个发展阶段，现在逐渐走向成熟。铝合金车体具有如下特点：

（1）能大幅度降低车辆自重，在车辆长度相同的条件下，与碳素钢车体相比，铝合金车体的自重降低大约 30%~35%，强度质量比约为碳素钢车体的 2 倍。碳素钢车体、不锈钢车体、铝合金车体的质量之比约为 10:8:6。

（2）具有较小的密度及杨氏模量，所以铝合金对冲击载荷有较高能量吸收能力，可降低震动，减少噪声。

（3）可运用大型中空挤压型材进行气密性设计，提高车辆密封性能，提高乘坐舒适性。

（4）采用大型中空挤压型材制造的板块式结构，可减少连接件的数量和质量。

（5）减少维修费用，延长使用寿命。

### （三）铝合金车体的结构

从结构上来说，铝合金车体钢结构主要由底架、侧墙、端墙和车顶四大部分焊接构成（头车还包括司机室骨架），如图 2-18 所示。使用焊接方式将侧墙组件在整个长度方向上与车顶组件和底架组件连接起来；端部组件与车顶、底架、侧墙组件使用焊接式连接；在装配接口处进行防腐处理。

1. 底架

底架由大型中空截面挤压铝型材拼焊而成，由边梁、辅助横梁、主横梁和端部组件连续焊接而成，如图 2-19 所示。底架采用无中梁结构，在两枕梁之间设地板梁和侧梁而无横梁，作用于地板的垂向载荷和由牵引梁传来的纵向力（牵引力或冲击力）均由地板梁和侧梁承担。车体底架设计成上拱形，在空载状态下车体中央位置最大上挠度为 10 mm，在满载时地板面保持水平，即饶度为零。地板的上表面铺装内装地板，下表面设有吊挂设备使用的滑槽。端部底架主要由枕梁、牵引梁及缓冲梁组成，车钩安装座焊接在牵引梁腹板上，如图 2-20 所示。枕梁设有中心销安装、空簧进气阀座安装等转向架与车体的接口，枕梁下平面保证转向架中心销及空簧的安装。地板采用搅拌摩擦焊方式进行焊接，提高了地板的平面度。

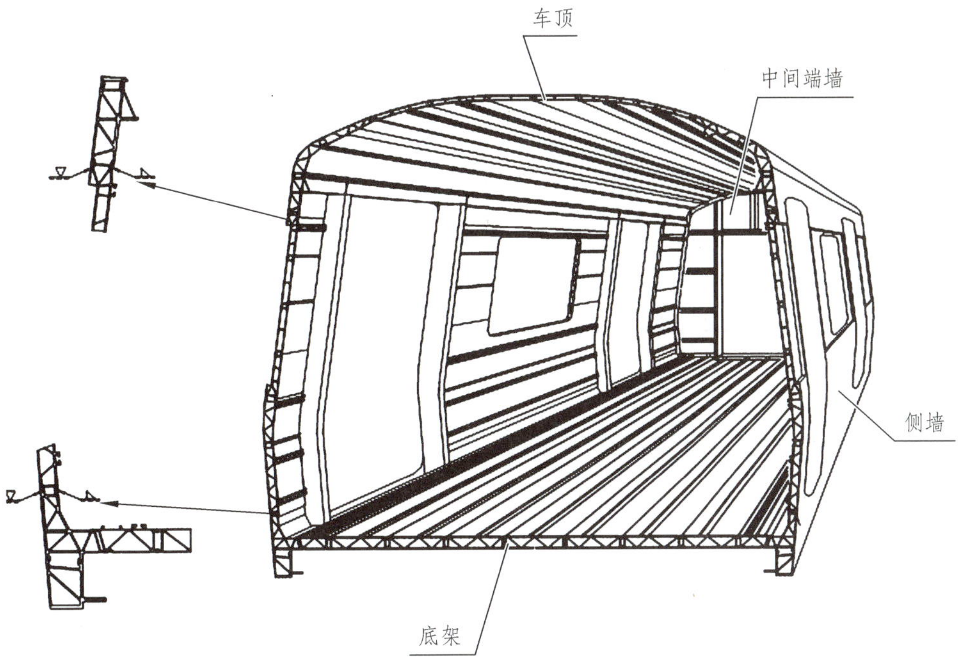


图 2-18　铝合金车体结构组成

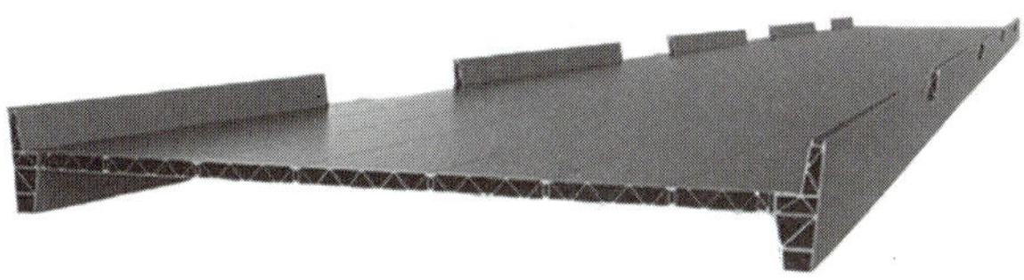

图 2-19　底架结构

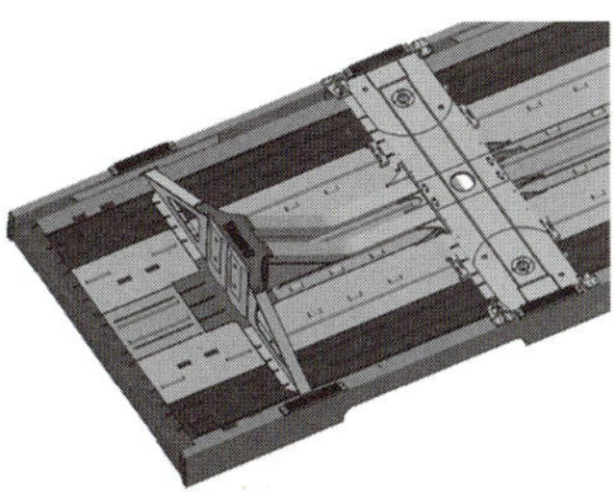

图 2-20　端部底架图

图 2-21　防爬器结构

在带司机室车体的底架上设置了防爬器，车体底架和顶盖各设置了两根边梁，其作用是在严重撞击情况下，防止过载穿透到车体客室。防爬器是一种可承受压力相对客室区域较小的，可更换式吸能元件，用来吸收撞击时产生的能量，减少事故中伤害乘客的风险，如图 2-21 所示。

2. 侧墙

从组装工艺上，侧墙不作为独立的整体部件，而是由分块侧墙拼焊而成，如图 2-22 所示。侧墙结构使用大型中空桁架结构的轧制型材，以省略客车内侧的侧立柱。同型型材间的焊接在车体长度方向采用连续焊接。但侧墙和车体、侧墙和侧梁间的结合在车内侧用点固焊，车外侧用连续焊。

图 2-22 分块侧墙

3. 车顶

车顶结构由大型中空压制型材所组成（见图 2-23），相同型材在车体长度方向连续焊接，和侧墙的结合在车内侧采用点固焊，在车外侧为连续焊，采取有效措施盖住外部连接件，并设雨水及空调冷凝水引导装置；根据需要，车顶上有空调基础、受电弓安装平台。

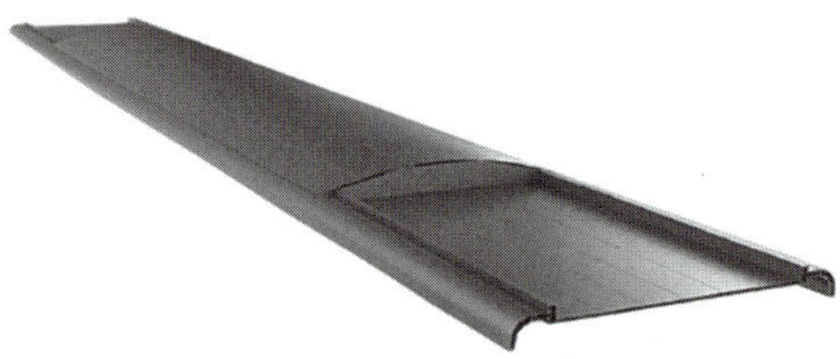

图 2-23 车顶结构

4. 端墙

端墙采用板梁结构，以左、右对称的墙板为基础，由横向梁连接（见图 2-24）。板梁结构一般采用 12 mm 厚的铝合金板和型材框。端墙板内竖向板梁式立柱也采用了中空挤压型材。

图 2-24 端墙结构

图 2-25 司机室骨架

5. 司机室骨架

司机室骨架为独立结构，通过螺栓与客室车体相连。司机室边梁与底架边梁相连（见图 2-25），司机室上骨架与车顶相连，司机室门框与司机室骨架和司机室门框相连，司机室前部骨架连接。

# 任务 4　城市轨道交通车辆内部装饰与布置认知

## 一、任务导入

查阅关联知识，完成以下问题。

1. 地铁车辆司机室内部布置有哪些设备?

2. 地铁车辆客室内部布置有哪些设备?

## 二、任务目标

掌握城市轨道交通车辆内部装饰及设备的位置及功能。

## 三、任务内容

<table>
<tr><td>任务描述</td><td colspan="4">查阅图书馆和网络上相关资料，阅读单元二任务 4 中“六、任务关联知识”，参观校内或车辆段车辆实物或模型，绘制车辆司机室及客室内部布置图简易图。</td></tr>
<tr><td>任务要求</td><td colspan="4">以小组为单位，每组 3~5 人，剖析三、任务内容，制定工作计划，明确成员分工，规范有序完成任务。简易图绘制要求画面布局合理，设备名称标注准确、比例适当。分享时采用普通话、口齿清晰，声音洪亮。</td></tr>
<tr><td rowspan="5">任务分组</td><td>组长</td><td></td><td>学号</td><td></td></tr>
<tr><td rowspan="4">组员</td><td>姓名</td><td colspan="2">学号</td></tr>
<tr><td></td><td colspan="2"></td></tr>
<tr><td></td><td colspan="2"></td></tr>
<tr><td></td><td colspan="2"></td></tr>
</table>

## 四、任务实施

以小组为单位，绘制车辆内部布置简易图，在课堂上各小组分别展示分享，老师结合任务完成情况进行点评和相关知识点的讲解。以布局合理性（25%）、部件名称准确性（25%）、部件完整性（25%）、制图质量（25%）评定成绩。

## 五、任务评价

根据各组任务完成情况，填写评价表。

评价表

| 序号 | 评价项目 | 分值 | 自我评价 | 互相评价 | 教师评价 | 总评 |
|---|---|---|---|---|---|---|
| 1 | 学习准备 | 0~10 | | | | |
| 2 | 是否在规定时间完成 | 0~10 | | | | |
| 3 | 是否有序规范安全 | 0~20 | | | | |
| 4 | 是否主动参与互动 | 0~10 | | | | |
| 5 | 展示汇报 | 0~30 | | | | |
| 合计 | | 100 | | | | |

车辆内部布置图绘图区域

## 六、任务关联知识

城市轨道交通车辆的主要作用是安全、快速、舒适地运送旅客，因此对于其内部装饰及设备布置（见图 2-26）的要求是美观、适用隔音、减震、防火并且安全可靠。车辆内装布置分为客室内装布置和司机室内装布置，除司机室部位与中间车不同外，各车型的基本结构形式和风格相同，实现客室零部件的通用性和互换性。

图 2-26　客室内装布置

### （一）司机室内部装置及设备布置

司机室是司机驾驶作业的场所，其内部布置服务于驾驶作业。司机室布置包含司机室内装、司机室间壁、司机室电气设备、司机室座椅、司机室侧门等，如图 2-27 所示。

图 2-27　司机室内装布置

司机室内装主要包括前顶板、平顶板、侧墙板、横罩板、立罩板和前端罩板等部件。司机室平顶板采用铝蜂窝结构，侧墙板、前顶板、立罩板、横罩板和前端罩板均采用铝板材质。

#### 1. 司机室间壁

司机室间壁位于司机室和客室之间，采用铝蜂窝夹层结构，内外面板为铝板，中间为铝蜂窝和铝型材框架，表面喷漆处理，间壁上开有检查门，打开检查门可以维修内部设备，如图 2-28 所示。

间壁门是供司机走入客室的通道，为手动折页门，向司机室开启，并设置开门止档。间壁门有手把，手把下方安装门锁，司机可通过四角钥匙在客室打开和锁闭司机室，在司机室内，可使用旋转手把打开和锁闭司机室。

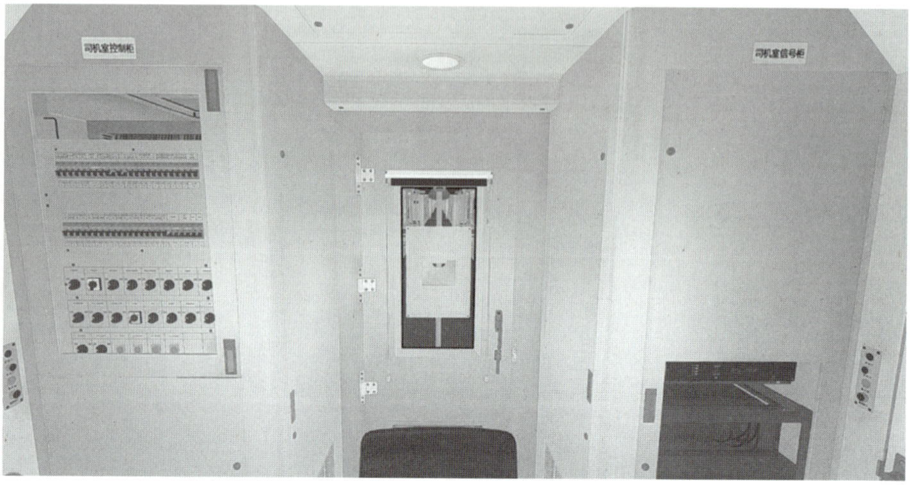


图 2-28　司机室间壁

## 2. 司机室电气设备

司机室电气设备分为前端司机室电气设备及后端司机室电气设备。

前端司机室电气设备主要包括司机台（见图 2-29）、司机室电热、前照灯、刮雨器、遮阳帘、终点站显示器、CCTV 监控显示屏、左右侧屏等。

图 2-29　前端司机室电气设备

司机台台面设有广播主机控制盒、HMI 显示屏、MMI 显示屏、无线电台主机控制盒、仪表、司机控制器、按钮及指示灯等，如图 2-30 所示。

司机台左侧柜内设有灭火器、电源插座、储物箱；中间设有司机室电热。司机台右侧柜体设有刮雨器水箱、司机台接线用连接器及司控器连接器。

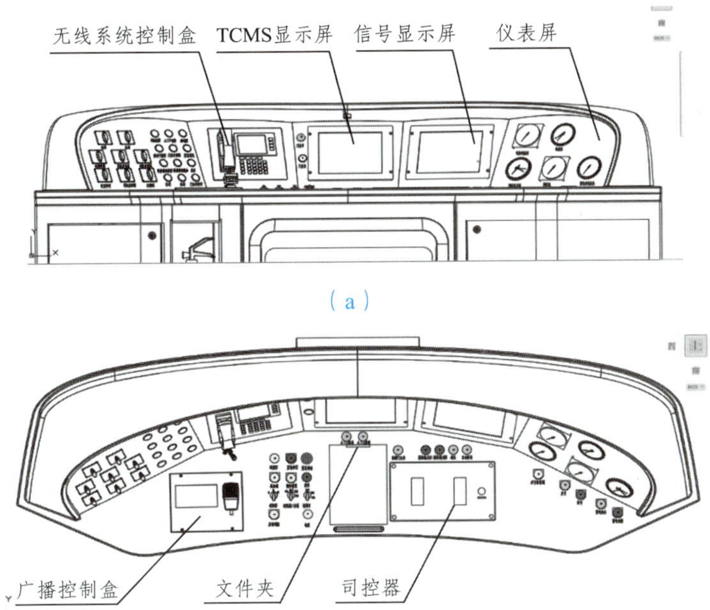


（a）

（b）

图 2-30　司机台台面布置

司机室后端电气设备包括控制屏柜、综合柜。控制屏柜设在司机室后面的右侧。实现本车交、直流配电、列车牵引制动等逻辑控制、广播系统控制中心及车辆电气节点。

综合柜主要实现无线通信及信号控制等功能。上部设备采用两层布置形式，司机室侧为信号系统和无线系统设备，上部为无线系统主机，下部为LTE机架和信号机柜，客室侧为分线端子排。

### 3. 司机室座椅

司机室座椅由座垫、靠背、纵向调整装置、升降调整装置、固定座等组成，如图2-31所示。司机室座椅是按照人体工程学的原理进行设计，可以使驾驶员在长时间的驾驶过程中保持最舒适的坐姿。座椅透气性好，乘坐舒适，可以上下、前后调节。

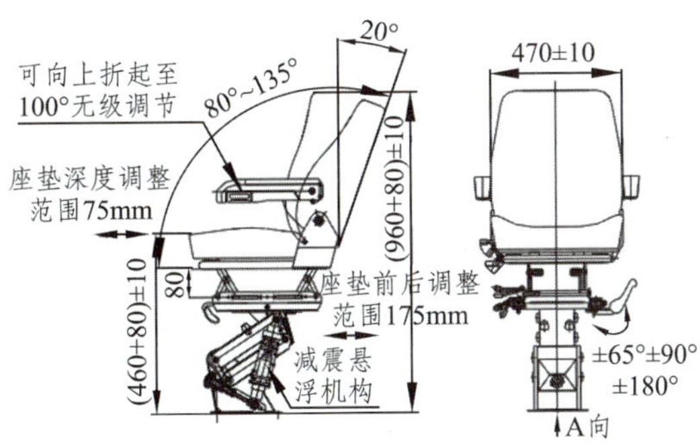


图 2-31　司机室座椅

### 4. 司机室侧门

司机室侧门设在司机室两侧，供司机上下车。一般为单叶的内藏式滑动移门，其结构与客室车门类似，只是没有气动装置，用人工开关（见图2-32）。

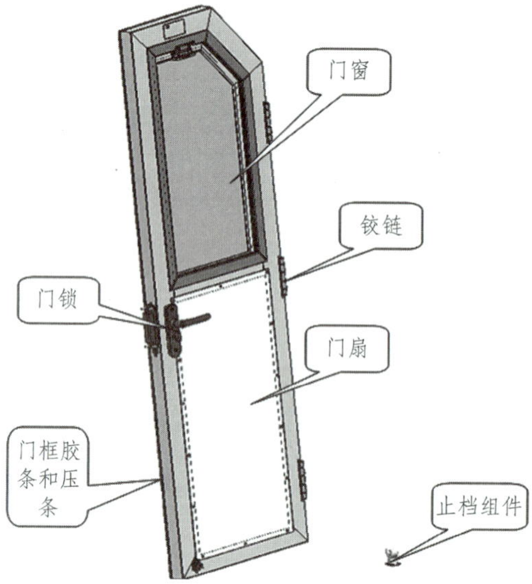


图 2-32　司机室侧门

## （二）客室内部装饰及设备布置

客室内部布置如下图，包括装饰用的墙板、顶板以及座椅、扶手、行李架等种服务于乘客的设备，如图 2-33、2-34 所示。

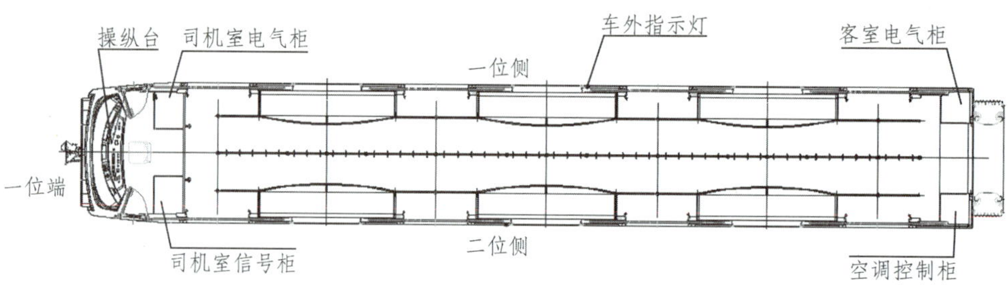


图 2-33　客室内部布置示意图

图 2-34　客室内部装饰效果图

1. 客室顶板

客室顶板分为中顶板和侧顶板，中顶板通常采用表面喷漆的铝蜂窝结构，通过螺钉安装在二次骨架上面，主要起装饰作用，通常不需要拆卸检修，但在顶板上装有带通风口的检查门，用于空调机组的回风和检修。

中顶板两侧布置空调送风格栅和灯带，照明灯具在客室的整个长度内沿顶板纵向布置，照明灯具具有透光良好的面罩，并方便更换灯管和清洁灯具，格栅采用铝型材。

侧顶板通常选用铝型材，表面喷漆处理，侧顶板安装在车顶两侧，均为可开启式的活门结构，其中折页固定在车顶二次骨结构上，锁挡板固定在侧板上。这种活门结构便于里面的机构和设备的检修。

2. 客室侧墙

侧墙板通常采用玻璃钢墙板，材料具有良好的抗拉强度、耐磨性、阻燃性和防化学腐蚀性能，表面喷漆，起装饰作用，不需要拆卸和检修。

3. 客室端墙

端墙位于车辆端部，采用聚酯玻璃钢材料，表面喷漆，主要起装饰作用，不需要拆卸检修，通常上面安装扶手，供贯通道附近站立的乘客使用。

4. 地板

地板通常采用铝蜂窝隔音地板和粘贴地板布的结构型式。地板布选用 PVC 聚合材料，施胶粘接在铝蜂窝地板上。为减少接缝，车辆采用宽幅地板布，其厚度为 3 mm，具有抗压、抗拉、耐磨、防火、防滑、隔热、吸音、减震、耐酸、耐碱、寿命长、不开裂等特性，而且具有美观、易于清洁的特点。地板及地板布的安装牢固可靠，在长期运营中能够保证良好的外观质量。

5. 客室扶手

客室扶手主要供站立乘客使用，包括座椅区横杆扶手、门区横杆扶手、立罩板扶手、端部扶手和中立柱扶手，通常采用不锈钢管，表面拉丝，座椅区横杆扶手、门区横杆扶手通过三通与挡风板扶手连接，中立柱扶手分别与二次骨架和钢结构底架地板固定。在座椅区横杆扶手上设有一定数量的吊环，满足不同身高乘客的乘车需求。

6. 客室座椅

客室座椅通常采用不锈钢或玻璃钢材料，其造型美观、乘坐舒适。座椅的安装采用悬臂结构，通过座椅支架与钢结构侧墙连接，座椅和座椅骨架之间通过橡胶垫减震、降噪。在寒冷地区，座椅下方通常安装有电热器，用于在冬季对客室进行加热。如图 2-35 为客室座椅位置布置图

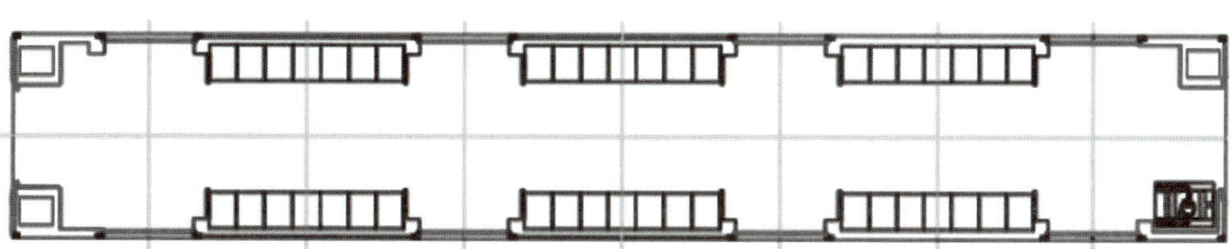

图 2-35　M 车座椅位置布置图

7. 客室灭火器布置

客室内设置有 2 kg 干粉灭火器，其性能与容量符合相关国家标准，通常布置于座椅下和二位端墙内如图 2-36、2-37 所示。座椅下方灭火器通过灭火器支架安装到座椅骨架上，二位端灭火器通过灭火器箱安装到客室间壁上，使用时打开灭火器支架固定带和固定灭火器的安装箱的罩板，可以直接取出灭火器。

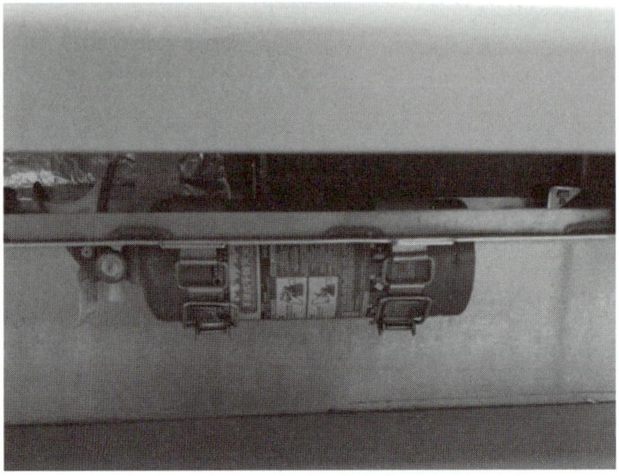

图 2-36　座椅下方灭火器

图 2-37　二位端墙灭火器

8. 广告框布置

客室广告框位于车门两侧或侧顶板上，广告框由底板、面板、边框组成。通过螺钉将广告框与侧墙板及侧顶板固定。如图 2-38 所示为广告框布置位置示意图

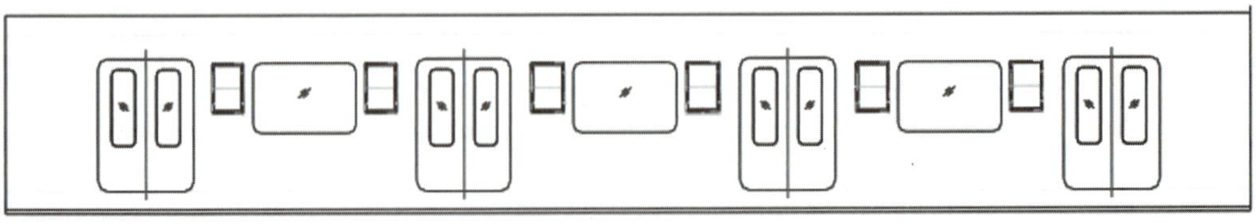

图 2-38　广告框布置位置

9. 安全锤布置

安全锤安装在侧顶板上（见图 2-39），如遇到紧急情况，可以击碎安全锤罩，取出安全锤，然后击碎车窗玻璃逃生。

图 2-39　安全锤

10. 大件行李架布置

部分城轨车辆安装有大件行李架，位于客室端墙处，分上下三层，上下层行李架具有行李防滑功能，下层行李架在底板处安装挡板，防止大件行李滑出行李架区域。大件行李架由扶手管（不锈钢管）、扶手夹、门槛等组成，中间承载部位焊接组成。

## 课程思政小课堂

**【榜样力量】黄德勇：唯匠心以致远　因创新而自强**

黄德勇（见图 2-40）是重庆市轨道交通（集团）有限公司大修公司研发工班长，这位重庆交通行业优秀技能人才、单轨行业技术带头人、轨道集团首席技师、全国技术能手竟然是文科出身。而从“门外汉”到技术骨干，黄德勇的经历也是一波三折。

1995 年，刚刚大学毕业的黄德勇来到一家百货公司的家电卖场，当起了一名营业员，虽然平常在卖场上班，但一有空就跑去售后维修部，跟着老师傅学习家电安装与维修。1997 年，重庆钢铁厂招聘大量设备维修员，刚满 25 岁的黄德勇决定试一试，没想到轻轻松松就面试过关了。在重钢的 10 年，他学习了很多自动化控制方面的东西，这也为后来进入轨道集团奠定了基础。

2007 年，黄德勇经过社招进入轨道集团，成为了一名平凡而光荣的车辆维修工。他平时话不多，喜欢翻阅图纸资料学习车辆技术，并对电气自动化渐渐产生了浓厚的兴趣。别人午休时，他在自学电气原理知识；别人下班了，他还在钻研单轨车辆技术。

2009 年，2 号线单轨车辆空调变频器紧急故障的妥善处理，让这位长期默默坚守在一线的“黄师傅”进入了大家的视野。当时，重庆单轨车辆空调变频器故障率直线上升，造成乘客投诉率、列车下线率不断增加，若整体更换列车空调变频器不但费时费力，并且短期内无法保证故障率的降低，维修成本也会大幅增加。黄德勇日夜加班分析故障原因、研究解决方法，最终将故障根本问题锁定在一个元器件上，通过更换元器件，空调变频器故障得到了解决。黄德勇随后又亲自参与了当时全部单轨车辆该元器件的更换作业，有效预防、排除了单轨车辆空调的群发故障，为集团节省了大量成本。

图 2-40　黄德勇

由于单轨车辆最先是从日本引进，大部分的零部件都是进口，说明书上全是英文、日文。黄德勇和他的同事们迎难而上，一点一点在百度上搜索，一个字一个字地输入导出；没有线路图，大家就照着机器绘图，经常是一个人打着电筒，另一个趴在车厢上看哪根道有几根线。他经常一头扎进技术研究的工作中废寝忘食，一干就是几个昼夜。他的笔记本便随时不离身，每次遇到不懂的原理，他就在笔记本上画，一个本子100 多页，他每个月要画四五本，持续了两三年，画了近 200 多册。

2015 年，由 5 名专家顾问、13 名电气与机械检修专业的维修技师和高级技师组成的黄德勇技能大师工作室成立，且是目前国内仅有从事单轨车辆维修技术的研究机构。截至目前，工作室共开展技改创新项目 60 项，攻克技术难题 10 项，成果转化 15 项，专利 27 项；完成编著 3 册、编写论文 9 篇、培训教材 36 册，其中就包括我国第一部国家单轨行业职业标准《城市轨道交通列车检修工》。这些宝贵资料，填补了国内单轨维修技术空白，为单轨技术发展奠定了坚实的基础。

为了做好“传帮带”夯实人才队伍，工作室开展“一帮一、以老带新、互学互助”等多种形式的培训工作，充分利用黄德勇总结出的“观、析、查、验”四步检修法，通过“传绝技、练绝活”等技能比武，锻造了一支高素质技能人才尖兵，让工匠精神薪火相传。工作室的成员不仅收获了“全国技术能手”“全国五一劳动奖章”“全国交通建设工匠”“巴渝大工匠”“最美产业工人”多项荣誉，在他们的带领下，许多技能人才更是在行业大赛中摘金夺银，为重庆轨道交通安全运营提供了有力的人才支撑。

# 单元三 城市轨道交通车辆转向架认知

## 任务 1 转向架总体认知

### 一、任务导入

查阅关联知识，完成以下问题。

1. 为什么现代的铁路、城市轨道车辆都采用了转向架结构?

2. 铁路客车、货车、机车的转向架和城市轨道车辆的转向架有什么差异?

### 二、任务目标

了解轨道车辆转向架的发展，掌握转向架的作用和组成。能结合转向架实物说出各部分结构的名称和作用。

## 三、任务内容

<table>
<tr><td>任务描述</td><td colspan="3">查阅图书馆和网络上相关资料，阅读单元三任务 1 中“七、任务关联知识”；掌握转向架的作用及结构组成，制作 PPT，各小组展示汇报。</td></tr>
<tr><td>任务要求</td><td colspan="3">以小组为单位，每组 3~5 人，剖析三、任务内容，制订工作计划，明确成员分工，规范有序完成任务。小组选派代表进行汇报分享。分享时采用普通话，口齿清晰，声音洪亮。</td></tr>
<tr><td rowspan="7">任务分组</td><td>组长</td><td></td><td>学号</td></tr>
<tr><td rowspan="6">组员</td><td>姓名</td><td>学号</td></tr>
<tr><td></td><td></td></tr>
<tr><td></td><td></td></tr>
<tr><td></td><td></td></tr>
<tr><td></td><td></td></tr>
<tr><td></td><td></td></tr>
</table>

## 四、任务实施

以小组为单位，在课前完成《城市轨道交通车辆的转向架简介》PPT 制作，要求版式新颖，内容正确。在课中由各小组进行展示汇报，老师结合任务完成情况进行点评和相关知识点的讲解。以对转向架的来由、作用和组成描述的准确性（50%）、PPT 制作质量（25%）、PPT 汇报讲解表现（25%）评定成绩。

## 五、任务评价

根据各组任务完成情况，填写评价表。

评价表

| 序号 | 评价项目 | 分值 | 自我评价 | 互相评价 | 教师评价 | 总评 |
|---|---|---|---|---|---|---|
| 1 | 学习准备 | 0~10 | | | | |
| 2 | 是否在规定时间完成 | 0~10 | | | | |
| 3 | 是否有序规范安全 | 0~20 | | | | |
| 4 | 是否主动参与互动 | 0~10 | | | | |
| 5 | 展示汇报 | 0~30 | | | | |
| 合计 | | 100 | | | | |

## 六、任务拓展

查阅资料，以小组为单位，讨论铁路客车转向架和地铁车辆转向架的区别，撰写小论文，字数不少于 800 字。

## 七、任务关联知识

### （一）转向架的概述

在铁路运输及有城市轨交通发展的初期，世界各国均采用二轴车辆（见图 3-1）。车轴直接安装在车体下面，这种二轴车比较短小。为便于车辆通过曲线，前后两轴中心线之间的距离一般不大于 10 m。二轴车的总重量受到车轴容许轴载重量的限制，载重量较小，一般不大于 20 吨。

图 3-1　二轴车辆

随着铁路、有轨交通事业的发展，二轴车已不能满足运行的要求，于是出现了与二轴车结构类似的三轴车（见图 3-2）或多轴车。三轴车虽然能增加载重量，但要通过小半径曲线时，中间的轮对相对车体要有较大的横向游动量，使得车辆结构复杂，因此这种三轴车没有被推广使用。同样型式的多轴车也是没有被采用。

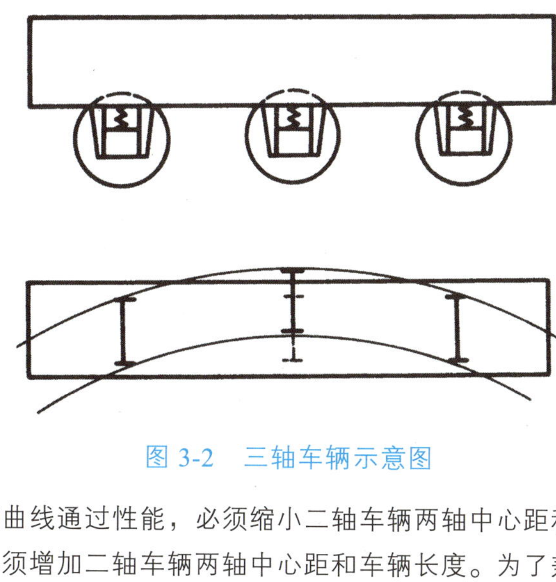

图 3-2　三轴车辆示意图

为了提高车辆曲线通过性能，必须缩小二轴车辆两轴中心距和车辆长度；而为了提高车辆载重，必须增加二轴车辆两轴中心距和车辆长度。为了兼顾这两种情况，于是就出现了转向架。通过把两个或几个轮对用专门的构架组成一个小车，这个小车称为转向架，而车体就架承在前、后两个转向架上，如图 3-3。为了方便通过曲线，车体与转向架之间可以相对转动，这样将一个车体落在两个转向架上，使车辆的载重量、长度和容积都可以得到增加，以满足轨道交通发展的需要，如图 3-4。目前大多数车辆都采用转向架的结构形式。

图 3-3　转向架与车体

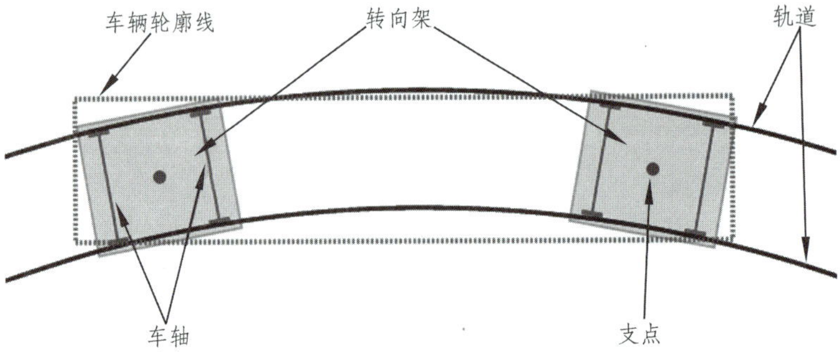


图 3-4　具有转向架的车辆转弯

早期的转向架由侧架、摇枕、轮对、轴承、弹簧及基础制动装置等几大部分构成，车体重量由车体的上心盘传至摇枕上的下心盘，由摇枕传至两侧侧架上的枕簧，再由侧架将重量分担到轮对两侧的四个轴承，再由轮对传至钢轨（见图 3-5）。考虑到通过曲线时列车要转向，因此设计了摇枕和心盘。考虑到列车通过曲线会产生离心力，会横向摇摆，因此设计了弹簧悬挂系统（俗称摇动台）、考虑到车辆重量应当均衡地由车体传递到钢轨，为使转向架各部分受力均衡发明了导框和均衡梁。早期生产的客车转向架就是带有导框和均衡梁的转向架（见图 3-6）。后来使用中发现均衡梁既不安全又起不了多大作用而且结构复杂、不能适应高速运行，改为了采用 H 形构架，取消了导框和均衡梁，简化了结构、提高了性能。

图 3-5　早期的转向架

图 3-6 有导框和均衡梁的转向架

随着铁路运输提速，而传统的摇动台式设计在高速时容易摇摆和产生蛇形运动，严重制约了列车速度的提高，后来又把转向架的摇枕直接架在空气弹簧上，取消了摇动台，使转向架的稳定性又有所提高（见图 3-7）。再后来，专家发现空气弹簧具有一定的水平柔性，可以使车辆在不使用心盘的情况下顺利转向。于是新的转向架干脆取消了摇枕，车辆的稳定性又有了一个新的突破（见图 3-8）。

图 3-7　摇枕架在空气弹簧上的转向架

图 3-8　无摇动台转向架

导框式转向架的导框和 H 型转向架的导柱都是为了限制轮对的径向摆动，企图增强运行稳定性。而人们后来知道轮对有规则的径向摆动有益于车辆通过曲线、减少磨耗，关键是两组轮对是否能够协调摆动。于是具有径向摆动控制装置的转向架问世了，这种转向架能够使车轮与钢轨始终保持平行，大大减少了钢轨与轮沿间的摩擦，使车轮脱轨系数降到了最低，如图 3-9 所示。空气弹簧则具有振动小、车体高度可随载重变化适时调整等优点，轮对径向摆动控制系统和空气弹簧的使用大大地提高了列车通过曲线时的各项性能，提高了列车高速运行的安全性能。

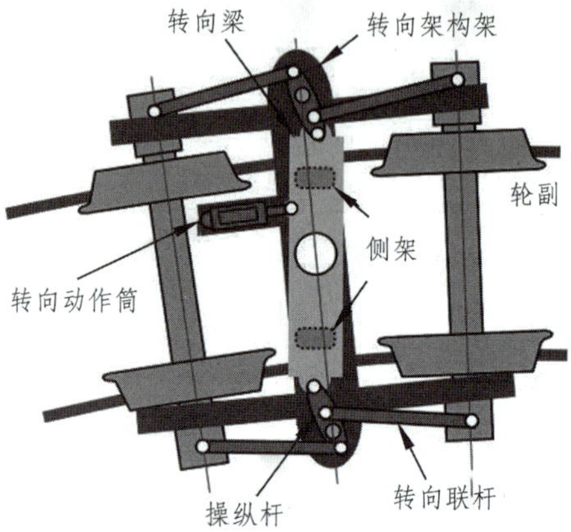


图 3-9　主动径向转向架

目前我国城市轨道交通车辆 A 型、B 型、C 型车转向架和直线电机车辆、单轨车辆转向架结构形式各有不同，常见的转向架结构按结构形式可分为有摇枕和无摇枕两种；按构架侧梁结构可分为轧型侧梁结构和钢板焊接侧梁结构；而按一系悬挂定位方式可分为锥形叠层橡胶弹簧定位、转臂式节点定位和人字形橡胶弹簧定位等。

## （二）转向架的作用

现代城市轨道车辆走行部基本上都采用转向架的结构形式，其作用如下：

（1）增加车辆的载重、长度和容积，提高列车运行速度。

（2）保证车体可靠地坐落在转向架上，通过轴承装置使车轮沿钢轨的滚动转化为车体沿轨道线路运行的平动；

（3）支撑车体，承受并传递从车体至轮对之间的各种载荷及作用力，并使轴重均匀分配；

（4）保证车辆安全运行，灵活地沿直线线路运行和顺利通过曲线；

（5）结构要便于安装弹簧减振装置，使之具有良好的减振特性，以缓和车辆和线路之间的相互作用，减小振动和冲击，减小应力，提高车辆运行平稳性和安全性；

（6）充分利用轮轨之间的黏着，传递牵引力和制动力，放大制动缸所产生的制动力，保证在规定的距离内停车；

（7）与车体之间尽可能减少连接件，并要求结构简单装拆方便，以便于单独制造和检修。

### （三）转向架的结构组成

由于车辆的用途、运用条件与要求的不同，所采用的转向架结构各异，类型很多。但它们的基本组成部分和主要功能是相同的，一般转向架可以分为构架、轮对、轴箱、一系悬挂、二系悬挂、中央牵引装置、驱动装置、基础制动装置，如图 3-10 所示。

图 3-10　转向架结构组成

1. 构架

如图 3-11 所示，构架是转向架的基础，它把转向架的各个零、部件组成一个整体。故它不仅承受、传递各种载荷及作用力，而且它的结构、形状和尺寸都应满足各零、部件组装的要求。

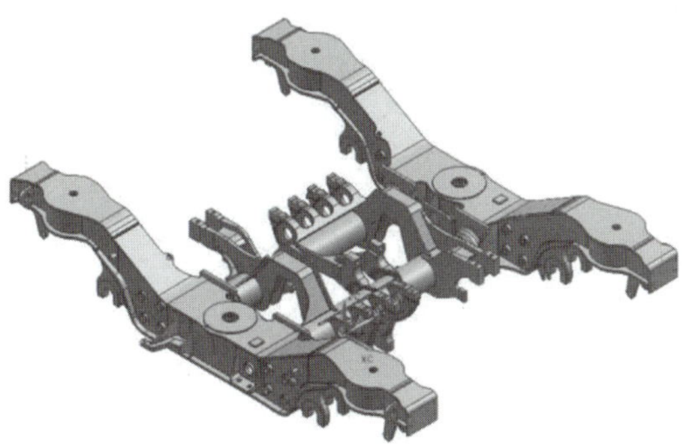

图 3-11　转向架构架

2. 轮对

如图 3-12 所示，轮对由一根车轴和两个相同的车轮采用过盈配合牢固地结合在一起，是组成转向架的重要部件之一，其引导车辆沿钢轨运动，传递车辆的重量，以及轮轨之间的各种作用力。

图 3-12　轮对

3. 轴箱装置

轴箱与轴承装置是联系构架和轮对的活动关节，使轮对的滚动转化为车体沿着轨道的平动。如图 3-13 所示为轴箱及一系悬挂。

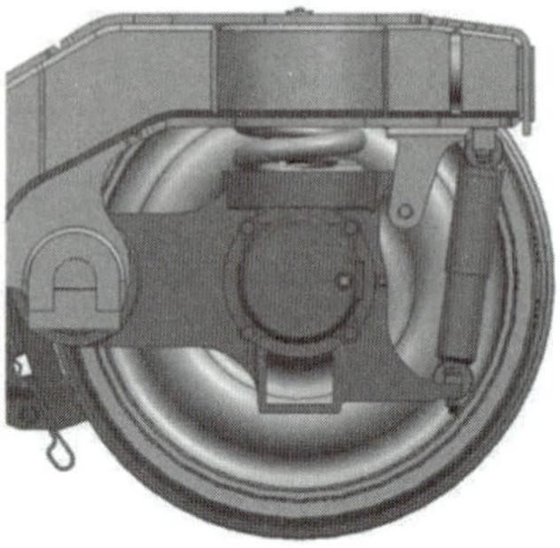

图 3-13　轴箱及一系悬挂

4. 弹性悬挂装置

为减少线路不平顺和轮对运动对车体各种动态的影响，转向架在轮对与构架和构架与车体之间，设有弹性悬挂装置。前者称为一系悬挂，后者称二系悬挂装置（见图 3-14），也可称轴箱悬挂装置和中央悬挂装置。弹性悬挂装置包括弹性元件、减振装置、定位装置。

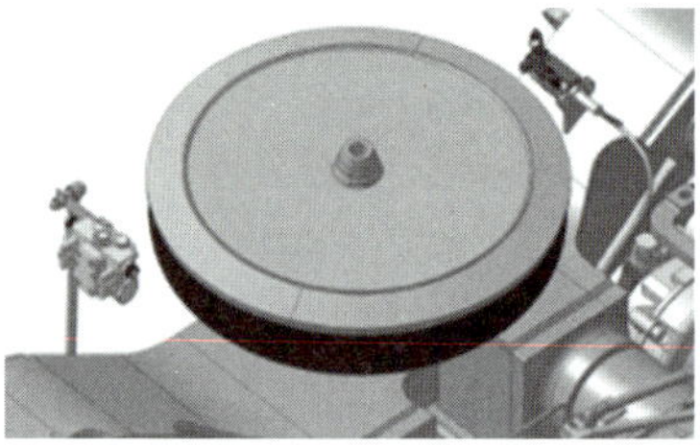

图 3-14　二系悬挂

5. 驱动装置

驱动装置主要由牵引电机、联轴节和齿轮箱组成，使牵引电机的扭矩转化为轮对或车轮上的转矩，利用轮轨之间的黏着作用，驱动车辆沿着钢轨运行。通过联轴节将主动齿轮轴与牵引电机轴连接在一起，从而将牵引电机产生的转矩传递给主动齿轮，带动轮对转动。如图 3-15 所示。

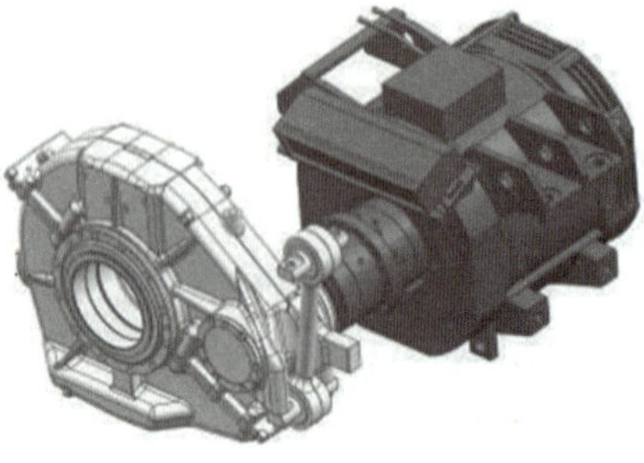

图 3-15　驱动装置组成

#### 6. 基础制动装置

为使运行中的车辆在规定的距离范围内停车，必须安装制动装置，其作用是传递和放大制动缸的制动力，使闸瓦与轮对之间的转向架内摩擦力转换为轮轨之间的外摩擦力（即制动力），产生制动效果。一般为空气制动，制动时制动缸推动水平杠杆和移动杠杆及两轮之间的水平推杆，使移动杠杆中部的闸瓦压紧相应的车轮，起到制动作用，如图 3-16 所示。

图 3-16 基础制动装置

#### 7. 中央牵引装置

转向架通过中央牵引装置与车体连接并传递牵引力和制动力，并且车体与转向架之间绕中央牵引装置相对转动，以使车辆顺利通过曲线。根据有无摇枕分为有摇枕转向架的中央牵引装置和无摇枕转向架的中央牵引装置，城轨车辆上通常使用无摇枕的中央牵引装置。根据牵引力的传递形式可分为单拉杆牵引装置和双拉杆牵引装置，如图 3-17、3-18 所示。

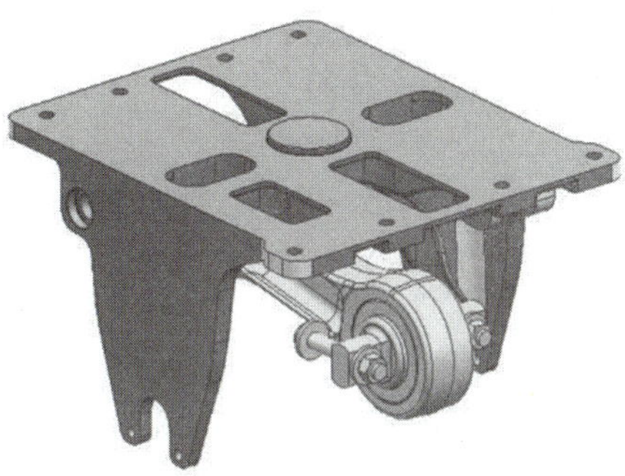

图 3-17 单拉杆牵引装置

图 3-18 双拉杆牵引装置

8. 其他附件

为提高车辆的曲线通过性能，部分转向架上还设置有抗侧滚装置(见图 3-19)。为了清洁车轮踏面,部分采用盘形制动装置的转向架还设置了踏面清扫装置(见图 3-20)。为了减少轮缘的磨损和噪声，部分转向架设置了轮缘润滑装置(见图 3-21)。为了增大轮轨间黏着系数，部分转向架设置了撒砂装置（见图 3-22)。

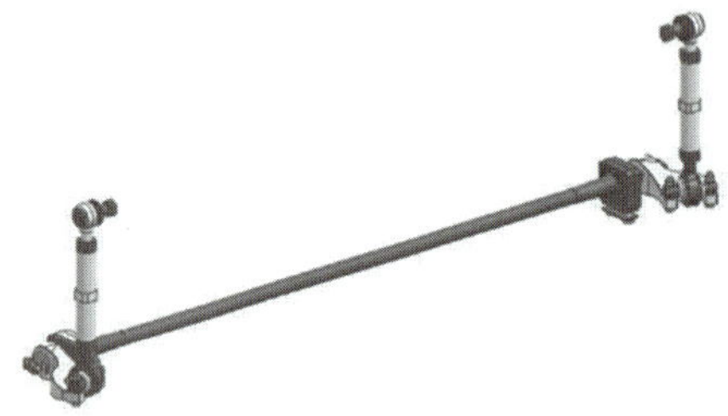

图 3-19　抗侧滚装置

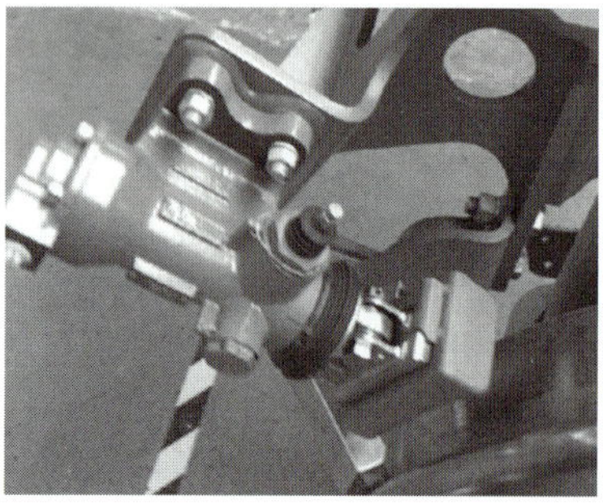

图 3-20　踏面清扫器

图 3-21　轮缘润滑装置

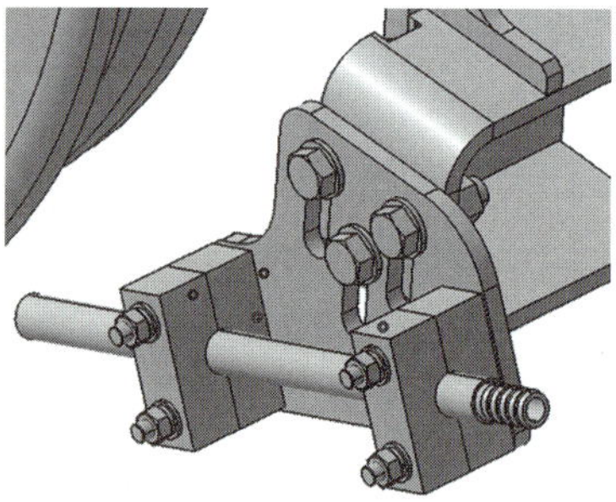

图 3-22　撒砂装置

# 任务 2　地铁车辆转向架各部件结构及原理认知

## 一、任务导入

查阅关联知识，完成以下问题。

1. 铁路客车乘坐的平稳性和舒适性不如地铁车辆和高速列车，其原因与转向架的某部分结构有关，具体是什么哪部分结构？影响平稳性和舒适性具体原因是什么？

2. 分析并画出地铁转向架所受的垂向力、纵向力和横向力的受力路线。

（1）垂向力：

（2）纵向力：

（3）横向力：

## 二、任务目标

掌握地铁车辆转向架构架、轴箱、轮对、悬挂装置、牵引装置、驱动装置、基础制动装置的结构及作用。掌握空气弹簧系统、油压减振器的工作原理。

## 三、任务内容

<table>
<tr><td>任务描述</td><td colspan="4">查阅图书馆和网络上相关资料，阅读单元三任务 2 中“七、任务关联知识”，掌握常见地铁车辆转向架的结构组成，面对某型地铁车辆，指出其转向架各部分的名称、作用。</td></tr>
<tr><td>任务要求</td><td colspan="4">以小组为单位，每组 3~5 人，剖析三、任务内容，制定工作计划，明确成员分工，规范有序完成任务。参观某型地铁车辆，学生要穿戴工装，注意安全。小组成员，逐一指认转向架部件介绍其名称、作用，要求采用普通话，口齿清晰，声音洪亮。</td></tr>
<tr><td rowspan="7">任务分组</td><td>组长</td><td></td><td>学号</td><td></td></tr>
<tr><td rowspan="6">组员</td><td>姓名</td><td colspan="2">学号</td></tr>
<tr><td></td><td colspan="2"></td></tr>
<tr><td></td><td colspan="2"></td></tr>
<tr><td></td><td colspan="2"></td></tr>
<tr><td></td><td colspan="2"></td></tr>
<tr><td></td><td colspan="2"></td></tr>
</table>

## 四、任务实施

以小组为单位，对地铁转向架各部件进行指认，并介绍其名称、作用。老师结合任务完成情况进行点评和相关知识点的讲解。以各部件名称及作用的表述完整性（50%）、准确性（50%）评定成绩。

## 五、任务评价

根据各组任务完成情况，填写评价表。

评价表

| 序号 | 评价项目 | 分值 | 自我评价 | 互相评价 | 教师评价 | 总评 |
|---|---|---|---|---|---|---|
| 1 | 学习准备 | 0~10 | | | | |
| 2 | 是否在规定时间完成 | 0~10 | | | | |
| 3 | 是否有序规范安全 | 0~20 | | | | |
| 4 | 是否主动参与互动 | 0~10 | | | | |
| 5 | 展示汇报 | 0~30 | | | | |
| 合计 | | 100 | | | | |

## 六、任务拓展

查阅资料，结合地铁车辆转向架实训设备，以小组为单位讨论并编写地铁转向架分解流程。

## 七、任务关联知识

地铁车辆转向架通常由构架、轮对、轴箱、弹性悬挂装置、中央牵引装置、基础制动装置组成。

### （一）构架

#### 1. 构架的要求

构架是转向架各组成部分的安装基础，通过构架把转向架的组成部件组合成一个整体，构架也是转向架承载的主要部件。对其基本要求如下：

（1）部分尺寸精度要求较高，使一些部件安装具有较高的定位精度，如轮对定位，使转向架具有较好的运行性能。

（2）便于各部件及附加装置的安装，包括轮对安装、传动齿轮装置的悬挂、牵引电机的安装、制动系统的安装。

（3）结构经过设计，具有足够高的强度，承受并传递牵引力、制动力、车体重量以及各种冲击、振动，保证列车运行安全。

#### 2. 构架的分类

按制造工艺的不同，构架可分为铸钢构架和焊接构架。铸钢构架一般质量大，铸造工艺复杂，使用会受到一定的限制，城轨车辆一般不采用此类构架；焊接构架的组成梁一般为中空箱形，质量轻，使用材料少，且能满足一定的强度和刚度要求，城轨车辆一般采用此类构架。

按结构形式的不同，构架可分为开口式构架、闭口式构架、H 形构架、日字形构架及目字形构架等。其中，无端梁的构架称为开口式构架；有端梁的构架称为闭口式构架。开口式构架、H 形构架和日字形构架最为常见。

#### 3. 构架的组成

构架通常由钢板焊接结构的箱形侧梁以及与侧梁相贯通的横梁组焊而成（见图 3-23、3-24）。

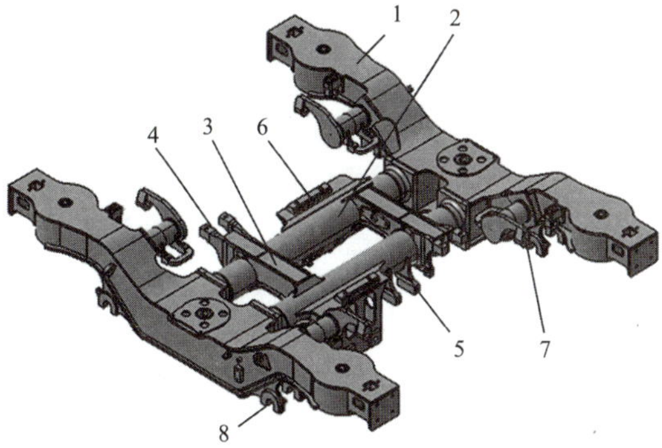


1—侧梁组成；2—横梁；3—纵梁组成；4—齿轮箱吊座；5—牵引拉杆座；6—电机吊座；7—制动吊座；8—转臂定位座

图 3-23　动车转向架构架（重庆地铁 5 号线）

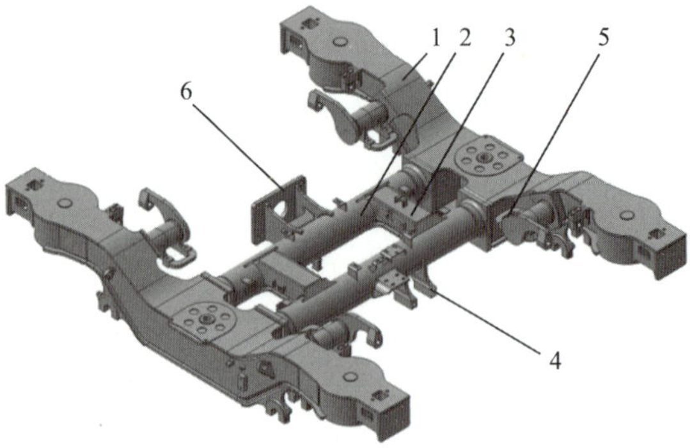


1—侧梁组成；2—横梁组成；3—纵梁组成；4—牵引拉杆座；
5—制动吊座；6—查询天线座

图 3-24　拖车转向架构架

侧梁位于构架两侧，是主要承载部件。侧梁采用钢板焊接结构，由上盖板、下盖板和立板焊接而成，呈箱形。此外，侧梁上还设有空气弹簧、制动装置、抗侧滚扭杆等部件的安装座。抗侧滚扭杆座设置在两个侧梁的下部。侧梁端部的四个起吊座可使构架或整个转向架被安全地吊起。各安装座的安装孔都经过精确定位，以保证转向架的良好运行性能。

横梁位于构架中间，连接两根侧梁，用来保证构架在水平面内的刚度、保持各轴的平行等。横梁采用中空结构，可作为空气弹簧的附加空气室，提高构架强度。横梁的断面形状有矩形和圆形两种，矩形结构的横梁和侧梁一样是用钢板焊接而成的，圆形结构的横梁则采用无缝钢管。此外，横梁上还设有电动机安装座、齿轮箱吊杆安装座及牵引杆座等。

## （二）轮对

轮对是指由一根车轴和两根同型号的车轮通过过盈配合组装而成的装置，轮对在组装过程中采用了冷压或热套工艺（见图 3-25），以使车轮和车轴牢固地结合在一起，避免轮对在使用过程中出现脱落现象。

图 3-25　轮对压装

### 1. 轮对的要求

（1）应有足够的强度，以保证在容许的最高速度和最大载荷下安全运行；

（2）应在强度足够和保证一定使用寿命的前提下，使其重量最小，并具有一定弹性，以减小轮轨之间的相互作用；

（3）应具备阻力小和耐磨性好的优点，这样可以只需要较小的牵引动力并能提高使用寿命；

（4）应适用车辆直线运行，同时又能顺利通过曲线，还应具备必要的抵抗脱轨的安全性。

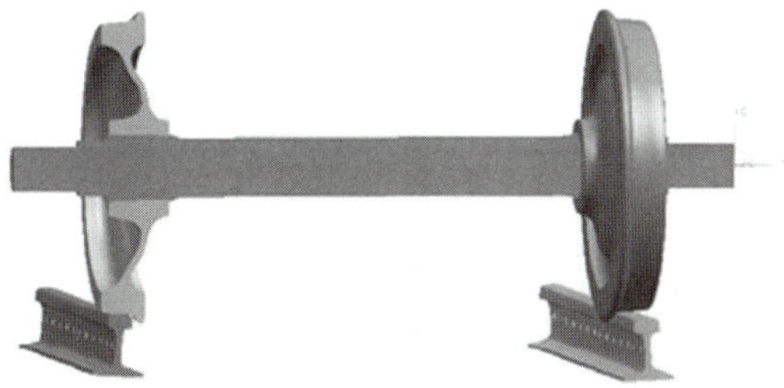

图 3-26　轮对组成

轮对（见图 3-26）在正常状态线路上运行时，轮缘的内侧距是影响运行安全的重要因素。我国地铁车辆轮对，内侧距为 1 353±2 mm（新造），厂段修后为 1 353±3 mm。轮缘内侧距应保证在任何线路上运行时轮缘与钢轨之间有一定的游间，以减少轮缘与钢轨的磨耗；应保证在最不利情况下，轮对踏面在钢轨上仍有足够的安全搭接量，不致造成脱轨；应保证安全通过道岔。

2. 车轮结构

车轮的结构、形状、尺寸、材质是多种多样的。按其结构分为整体车轮和带箍车轮两种。整体车轮按其材质可分为辗钢轮和铸钢轮等。轮箍轮又可分铸钢辐板轮心、辗钢辐板轮心和铸钢辐条轮心的车轮。为降低噪声，减小簧下质量，还有橡胶弹性车轮、消声轮等。我国目前车辆上大部采用整体辗钢车轮。

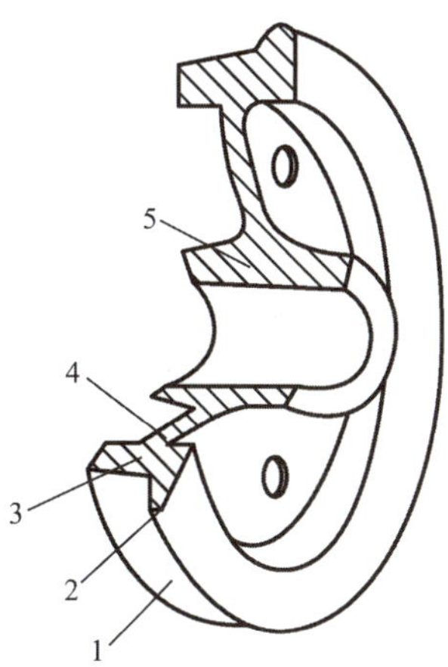


1—踏面；2—轮缘；3—轮辋；4—辐板；5—轮毂

图 3-27　整体辗钢车轮结构

整体辗钢轮由踏面、轮缘、辐板和轮毂组成，如图 3-27 所示。车轮与钢轨的接触面称为踏面，一侧沿着圆周突起的圆弧部分称为轮缘，是保持车辆沿钢轨运行，防止脱轨的重要部分。踏面沿径向的厚度部分称为轮辋。轮毂是轮与轴互相配合的部分。轮辋与轮毂联接的部分称辐板。辐板上有 2 个小圆孔，便于轮对在切削加工时与机床固定，以及供搬运车轮、轮对之用。

3. 踏面形状

车轮踏面一般做成一定的斜度，称为锥形踏面，如图 3-28（a）所示。踏面锥形的作用为：在直线运行时使轮对能自动调中；在曲线运行时，由于离心力的作用使轮对偏向外轨，由于踏面锥形，使外轨上滚动的车轮以较大的滚动圆滚动，在内轨上以较小的滚动圆滚动，从而减少了车轮在钢轨上滑动，使轮对顺利通过曲线；车轮踏面有斜度，运行时车轮与钢轨接触的滚动直径在不断地变化，致使轮轨的接触点也在不停地变换位置，从而使踏面磨耗更为均匀。

锥形踏面有两个斜度，即 1:20 和 1:10，前者位于轮缘内侧 48 ~ 100 mm 范围内，是轮轨主要接触部分，后者为离内侧 100 mm 以外部分。踏面的最外侧做成 $R$=6 mm 的圆弧，其作用是通过小半径曲线，也便于通过辙叉。

除了锥形踏面外，近代在研究轮轨磨耗基础上提出了磨耗形踏面［见图 3-28（b）］。实践证明，锥形踏面车轮的初始形状，运行中将被很快磨耗。当磨耗成一定形状后，车轮与钢轨的磨耗都变得缓慢，磨耗后踏面形状将相对稳定。如果把车轮踏面一开始就做成类似磨耗后的稳定形状，即磨耗形踏面，可明显地减少轮轨的磨耗，延长使用寿命，减少换轮、镟轮的检修工作量，其经济效益是十分明显的。磨耗形踏面可减小轮轨接触应力，提高车辆运行的横向稳定性和抗脱轨安全性。

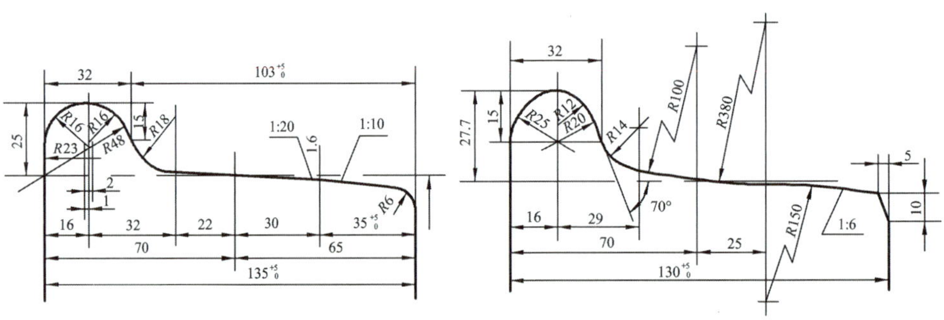


（a）锥形踏面　　（b）磨耗形踏面

图 3-28　车轮轮缘踏面外形

由于车轮踏面有斜度，各处直径不相同，规定在离轮缘内侧 70 mm 处测量所得的直径为名义直径，作为车轮的滚动圆直径。例如我国铁路客车标准轮径为 915 mm，货车标准轮径为 840 mm。轮径小，可以降低车辆重心，增大车体容积，减小车辆簧下质量，缩小转向架固定轴距，但阻力增加，轮轨接触应力增大，踏面磨耗加快。

## （三）车轴

城轨车辆使用的车轴，绝大多数为圆截面实心轴，采用优质碳素钢加热锻压成型，再经热处理（正火或正火后再回火）和机械加工制成。为实现轴承、车轮、传动齿轮等的安装，在车轴上相应位置设有轴承安装座，各安装座及轴身之间均以圆弧过渡，以减少应力集中。

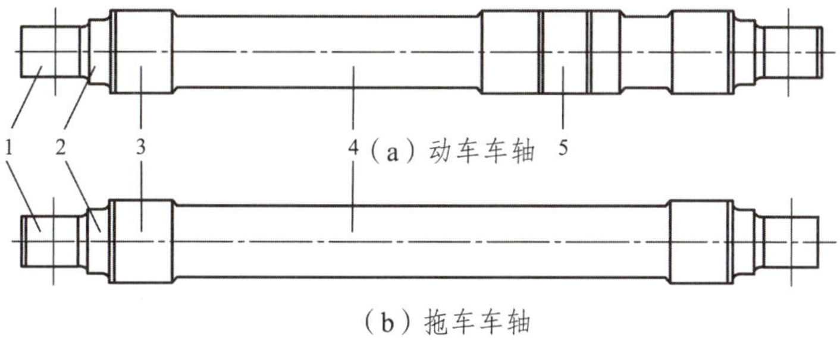


1—轴颈；2—防尘板座；3—轮座；4—轴身；5—齿轮箱座

图 3-29　车轴

车轴为转向架的簧下部分，降低簧下部分的质量对提高车辆运行品质和减少对轮轨动力作用有很大影响，特别是对于高速列车，为降低簧下质量常采用空心车轴结构。由于车轴主要承受横向弯矩作用，截面中心部分应力很小，制成空心结构后，对车轴的强度影响很小。一般空心车轴比实心车轴可减轻 20%～40%的质量。

## （四）轴箱

轴箱装置的作用是，将轮对和构架（或侧架）联系在一起，使轮对沿钢轨的滚动转化为车体沿线路的平动，并把车辆的重量以及各种载荷传递给轮对，保证良好的润滑性能，减少磨耗，降低运行阻力，防止燃轴。

轴箱装置按轴承工作特性分为滚动轴承轴箱和滑动轴承轴箱装置。与采用滑动轴承相比，采用滚动轴承后，显著地降低了车辆的起动阻力和运行阻力，改善了车辆走行部分的工作条件，减少了燃轴的惯性事故，减轻了维护组检修工作，降低了运营成本。目前，我国城轨车辆普遍采用滚动轴承的轴箱。

按滚动体形状的不同，滚动轴承可分为圆柱滚子轴承、圆锥滚子轴承和球轴承。一般城轨车辆采用圆柱滚子轴承或圆锥滚子轴承。

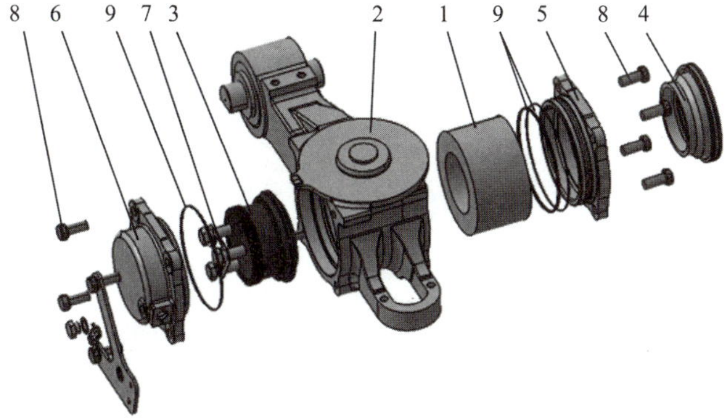


1—圆柱滚子轴承组；2—轴箱；3—测速齿轮压板；4—防尘挡圈；5—后盖；6—轴端压盖；7—防松片；8—六角螺栓；9—O 形圈

图 3-30　轴箱装置组成

1. 轴箱装置的组成

轴箱装置主要由轴承和轴箱组成，轴箱由轴箱体、防尘挡板、轴箱盖及端压板、防尘挡圈和密封圈等组成（见图 3-30）。圆柱滚子轴承组由以下各件组成：滚子保持架、外圈组成的外圈单元、内圈、内置金属密封罩。这种圆柱滚子轴承组在制造厂已填充了润滑脂，不能再添加润滑脂。密封罩能够把润滑脂封闭在轴承组里并防止污物进入。

2. 轴箱的定位方式

由于轴箱相对于轮对在左右、前后方向的间隙很小，故约束轮对相对运动的轮对定位通常也称为轴箱定位。它对转向架的横向动力性能、抑制蛇行运动具有决定性作用。城市城轨交通车辆转向架轴箱定位方式主要有以下 3 种：

（1）转臂式定位。

图 3-31　转臂式轴箱定位

转臂式定位器结构如图 3-31 所示。定位转臂一端通过弹性节点与构架上的定位转臂座相连；另一端则用螺栓固定在轴箱体的承载座上。而弹性节点主要由弹性橡胶套、定位轴（锥形销套）和金属外套组成，其中弹性橡胶套的形状和参数对转向架走形性能影响较大。其优点是：轴箱与构架间无自由间隙和滑动部件，无摩擦损耗；构成的零件很少，分解、组装容易，且维修方便；轴箱的上下、左右及前后定位刚度可各自独立设定，比较容易满足转向架悬挂系统的最佳设计要求，即在确保良好乘坐舒适度的情况下，能够同时确保稳定的高速行驶性能和良好的曲线通过性能。

（2）八字形橡胶堆轴箱定位。

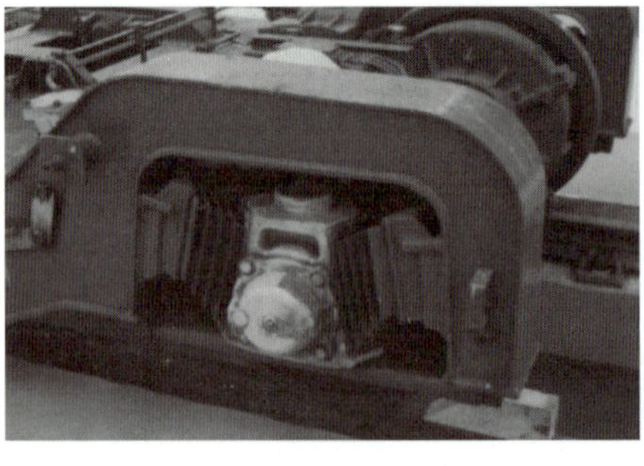

图 3-32　八字形橡胶堆轴箱定位

如图 3-32 所示为八字形（也称人字形）橡胶堆轴箱定位装置，该橡胶堆具有三向弹性特性，且可根据需要设计。通常 $K_X:K_Y:K_Z = 1:(2\sim2.5):(10\sim12)$，即垂向刚度 $K_X$

最小（约为纯剪的一倍），纵向刚度 $K_Z$ 最大。在垂向载荷作用下，橡胶同时受剪切和压缩变形，改变其安装角度，可得到不同的垂向和纵向刚度，此安装一般取 $10^0$ 或 $11^0$。该定位装置的优点是无摩擦磨损，质量轻、结构简单，吸收高频振动和减少噪声等，寿命可达 150 万走行千米以上。

（3）层叠圆锥橡胶轴箱定位。

图 3-33　层叠圆锥橡胶轴箱定位装置

层叠圆锥橡胶具有三向轴向特性，且其横向弹性可通过在圆周上开切口来调整。在垂向载荷作用下，橡胶主要受剪切变形，其结构如图 3-33 所示。层叠圆锥橡胶轴箱定位装置具有无摩擦磨损、质量轻、结构简单，吸收高频振动和减少噪声等优点。

## （五）弹性悬挂装置

车辆在轨道上运行时，由于线路的不平顺、轨隙、道岔、轨面的缺陷和磨耗以及车轮踏面的斜度、擦伤，和轮轴的偏心等原因，必将伴随产生复杂的振动和冲击。为了提高车辆运行的平稳性，保证旅客的舒适度和所运货物的完整无损，必须设有弹性悬挂装置（见图 3-34）。弹性悬挂装置由弹簧和减振器构成，弹簧主要起缓冲作用、缓和来自轨道的冲击和振动的激扰力，而减振器的作用是减小振动，它的作用力总是与运动的方向相反，起着阻止振动消耗振动能量的作用。

图 3-34　弹性悬挂装置

### 1. 弹性悬挂装置分类

城轨车辆采用的弹簧减振装置按其作用的不同，大体可分为两类：第一类为主要起缓冲作用的弹簧装置，如中央弹簧、轴箱弹簧和橡胶垫等；第二类是主要起衰减振动（消耗振动能量）作用的减振装置，如垂向、横向减振器等。

弹簧减振装置按其安装位置可分为一系悬挂和二系悬挂两种形式。其中，二系悬挂有轴箱悬挂装置（或一系悬挂装置）和中央悬挂装置（或二系悬挂装置），轴箱悬挂装置在转向架构架与轴箱之间，中央悬挂装置设置在车体底架与转向架之间。采用两系悬挂可减小整个车辆悬挂装置的总刚度，增大静挠度，改善车辆垂向运动平稳性，减小车辆与线路间的动作用力。地铁、轻轨车辆的铁路客车都采用两系悬挂装置。

2. 弹性悬挂装置作用

1）一系悬挂的主要作用

（1）支撑轮对以上的车辆质量，使车辆载荷均匀地分配给各个轮对，防止车轮脱轨。

（2）缓和来自轨道的各种冲击和振动，减少构架受力，减少车辆运行噪声。

（3）给轴箱定位提供合适的横向、纵向定位刚度，既能保证转向架具有良好的曲线通过能力，又能保证转向架运行的横向稳定性。

（4）传递牵引力和制动力。

（5）保证动车转向架轮对与构架定位，使电机-联轴节-齿轮箱-轮对这个动力传递关系在各部件允许偏移范围内正常牵引、传动。

2）二系悬挂的主要作用

二系弹簧直接支撑车体，或者通过摇枕支撑车体。为了提高乘坐舒适性，应采用大柔度弹簧。此外，二系弹簧还应具有良好的横向性能，以便转向架通过曲线时，能保证车辆的横向稳定性。目前，城轨车辆普遍采用空气弹簧作为二系弹簧，还具有调整车体高度的作用。

3. 弹簧装置

城轨车辆上采用的弹簧装置主要有钢弹簧、橡胶弹簧和空气弹簧三种，其主要特性包括挠度、刚度和柔度。挠度是指弹簧在外力作用之下产生的弹性变形的大小或弹性位移量，而弹簧产生单位挠度所需的力的大小，称为该弹簧的刚度，反之单位载荷作用下弹簧产生的挠度称为该弹簧的柔度。

（1）钢弹簧。

在城轨车辆上使用的钢弹簧（见图 3-35）主要是圆弹簧，具有重量轻、运动灵活和无阻尼的特点，圆弹簧包括单圈圆弹簧和双圈圆弹簧两种，由于单圈圆弹簧尺寸受安装空间限制或者簧条太粗，故常采用双圈圆弹簧。

图 3-35　采用钢弹簧的弹性悬挂装置

（2）橡胶弹簧（见图 3-36）。

橡胶元件的力学性能不同于一般的金属元件，橡胶的弹性模量比金属小得多，可以获得较大的弹性变形，容易实现预想的非线性特性。可以自由确定其形状，可以根据设计要求达到在各个方向上不同刚度的要求。橡胶具有较高内阻，对衰减高频振动和隔音有良好效果。橡胶比重小，自重轻。由于这些特性，橡胶元件在轨道车辆上获得越来越广泛的应用，常常用于转向架弹簧装置和轴箱定位装置，以及车体与摇枕间、摇枕与构架间、弹簧支承面上采用橡胶缓冲垫、衬套、止挡等。

图 3-36　层叠圆锥橡胶弹簧

它的缺点主要是耐高温、耐低温和耐油性能比金属弹簧差，使用时间长易老化，而且性能离散度大，同批产品的性能差别可达 10%。但随着橡胶工业的发展，正在研究改进橡胶性能，以弥补这些不足。

（3）空气弹簧（见图 3-37）。

空气弹簧比之钢弹簧，在改善车辆的动力性能和运行品质上具有显著的优点，所以在近代的地铁、轻轨以及高速列车上获得广泛的应用，用于转向架与车体之间为车辆的二系弹簧装置。为了保证空气弹簧在完全泄气时二系弹簧仍具有一定悬挂作用和增大二系弹簧静挠度，空气弹簧下部还有一个紧急弹簧。一个转向架有两个空气弹簧，通过高度阀可以自动调节车体在不同载荷下的高度，保证车体高度基本稳定。

图 3-37　空气弹簧

车辆悬挂装置空气弹簧装置具有以下特点：

① 刚度可选择低值，具有较高柔度，降低车辆的自振频率，提高车辆乘坐舒适性；

② 具有非线性特性，可以根据车辆振动性能需要，设计成具有比较理想的弹性特性曲线，载荷加大时，刚度变大；

③ 由于空气弹簧刚度随着载荷增大而变大，根据振动频率公式，可以保持列车在空重载情况下振动频率一致，从而使列车在不同载荷状态下运行平稳性相近；

④ 通过与高度阀并用，可使车辆地板面在不同的载荷下，保持高度基本一致，保证车辆在运行时不超过车辆动态包络线；

⑤ 可以承受三维方向载荷，使车辆各方向具有一定柔度，提高列车运行性能；

⑥ 空气弹簧和附加空气室之间设有适宜的节流孔，车辆振动时，进出空气弹簧的空气在此节流，使空气弹簧具有减振作用；

⑦ 可以通过在空气弹簧辅助弹簧底下加垫片调整空气弹簧座高度，补偿踏面磨耗引起的车体降低；

⑧ 空气弹簧具有良好的吸收高频振动和隔音性能。

采用空气弹簧的缺点是由于它的附件（如高度控制阀、差压阀）较多，成本较高，并增加了维护与检修的工作量。

4. 空气弹簧悬挂系统

二系悬挂通常采用空气弹簧悬挂系统，因其具有高度可控、隔音隔震性能优越、变形能力强、阻尼可调、隔音降噪等诸多优点，已成为车辆二系悬挂的首选。

轨道车辆转向架采用的空气弹簧悬挂系统结构见图 3-38，该系统主要包括供风管、空气弹簧、附加空气室、节流孔（阀）、高度调整阀及差压阀组成。

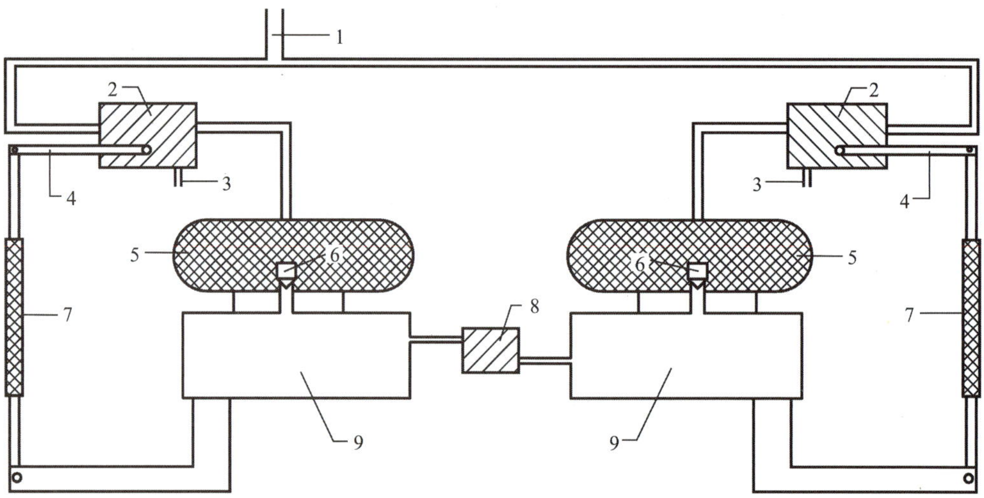


1—供风管；2—高度控制阀；3—排气口；4—高度调整杠杆；5—空气弹簧；6—节流孔（阀）；7—高度调整连杆；8—差压阀；9—附加空气室

图 3-38　空气弹簧悬挂系统组成

（1）空气弹簧。

空气弹簧是一种减振橡胶制品，内部可充压缩空气，位于构架的侧梁上，左右两侧各一个。它可直接支撑车体或通过摇枕支撑车体，并允许转向架相对车体做回转运动。空气弹簧主要由气囊和紧急弹簧组成，每个气囊串联一个紧急弹簧。当气囊泄气时，紧急弹簧可以维持车辆继续运行，但会降低乘坐舒适度。

空气弹簧可分为囊式空气弹簧和膜式空气弹簧。目前应用较多的是膜式空气弹簧，它又可分为约束膜式空气弹簧和自由膜式空气弹簧。约束膜式空气弹簧（见图 3-39）

由内筒、外筒和橡胶囊组成，其刚度小，振动频率低，弹性特性可通过内、外筒的形状来控制，但工作状况复杂，耐久性差。自由膜式空气弹簧（见图 3-40）由于没有约束橡胶囊的内、外筒，可减轻橡胶囊的磨耗，延长使用寿命。由于这种弹簧质量轻，且其弹性可通过改变上盖边缘的包角加以调整，可使弹簧具有良好的负载性，因此广泛应用于城轨车辆转向架中。

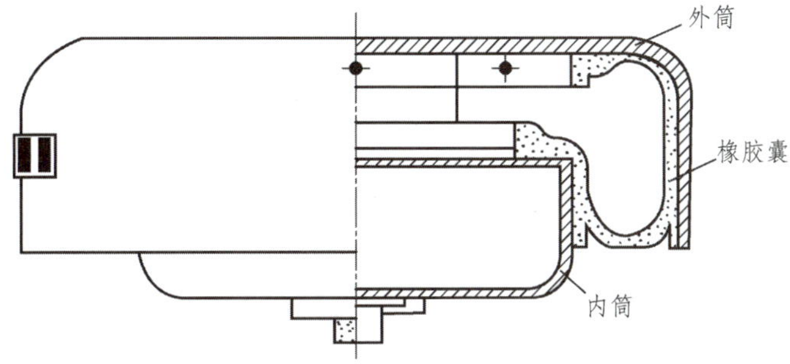


图 3-39　约束膜式空气弹簧结构

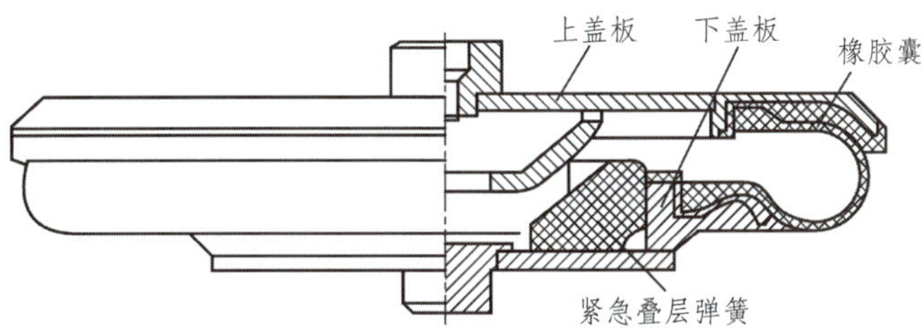


图 3-40　自由膜式空气弹簧结构

（2）附加空气室。

空气弹簧的内容积越大，其静挠度越大，故在橡胶气囊外接一附加空气室，可显著降低空气弹簧的垂向刚度，附加空气室的容积一般设定为 50 ~ 70 L。附加空气室与橡胶气囊一般通过节流孔（阀）连接。当气体流经节流孔（阀）时，气体与管壁的摩擦会产生阻尼效应，起到减振作用。车辆水平振动对空气弹簧内容积影响不大，由空气弹簧横向变位产生的橡胶气囊与附加空气室间的气体交换较少，节流孔（阀）不能提供有效的横向阻尼。因此，车体与构架间一般均需安装横向油压减振器。

（3）高度调整阀。

在装有空气弹簧的车辆上，由于车体载荷的变化，车体和转向架之间的距离将产生变化，自动高度调整阀的作用是，检测出这种相对变位，自动调整空气弹簧内的空气量，从而持续保持空气簧的高度不变。如图 3-41 为高度调整装置示意图

在每辆车的转向架和车体之间安装 4 个高度阀，调节空气弹簧的充气、排气。高度阀只能用来检测车体与转向架之间、由于乘客负载引起的高度变化，使得车辆处于恒定的平衡高度。而不能用于补偿车轮和转向架等零件的磨损。

高度调整阀主要具备两个特性：不敏感区特性与时间延迟特性。高度调整阀的不敏感区一般为± 5 mm 左右，当空气弹簧高度在此区间变化时，高度调整阀不作用；高度调整阀的时间延迟一般为（3±1）s，即当空气弹簧高度持续超出不敏感区 3 s 左右

后，高度调整阀才开始对空气弹簧进行充气或排气作用，其延时机构一般由缓冲弹簧和阻尼器构成。高度调整阀的这两种特性不但使空气弹簧在不同静态载荷下具有恒定高度，而且能够保证车辆正常运行中不发生频繁进、排气作用。

水平杠杆和调整杆的功能是将由于乘客负载引起的高度变化信息，准确地传递给高度调整阀；调整杆安装在构架与车体底架上的高度阀的水平杠杆之间（见图 3-42），两端使用球形关节轴承，能满足车体与转向架间足够的允许位移。如图 3-43 为高度阀，如图 3-44 为高度阀工作原理图。

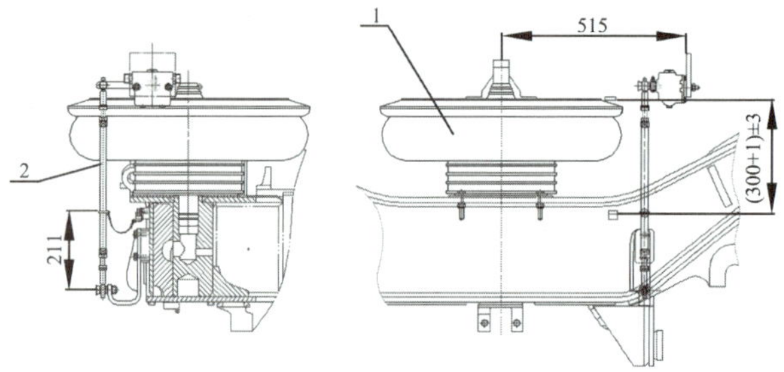


1—空气弹簧；2—高度调整装置

图 3-41　高度调整装置

图 3-42　高度阀调整杆

图 3-43　高度阀

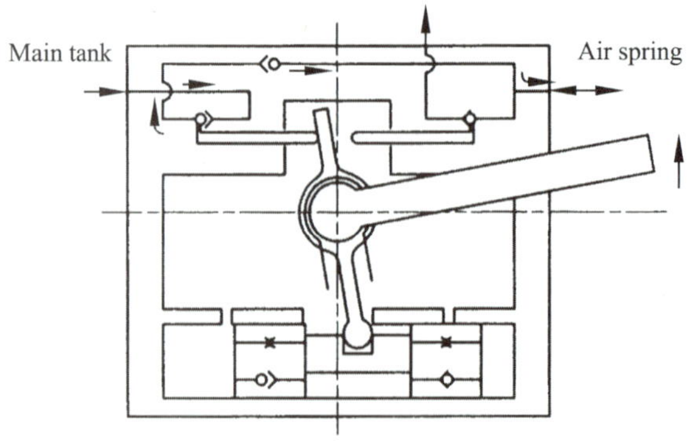


（a）充气

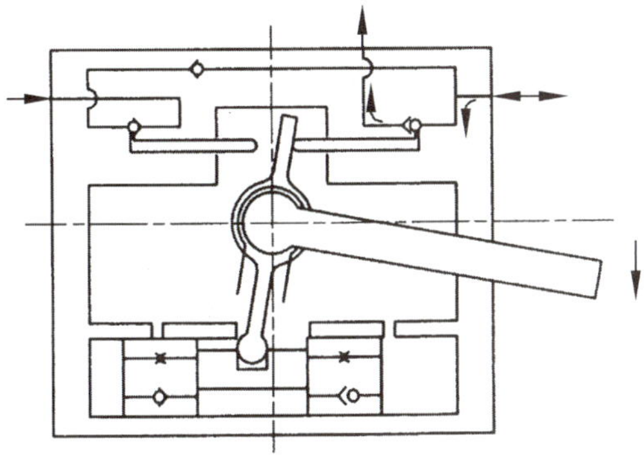

（b）排气

图 3-44　高度调整阀工作原理

（4）差压阀。

对于四点支撑模式的空气弹簧悬挂系统，转向架两侧空气弹簧间需要安装差压阀，其实物及工作原理见图 3-45。差压阀的阈值一般为（150±20）k Pa，当两侧空气弹簧的内压力差超过其阈值时，差压阀打开，以均衡两侧空气弹簧的内压力，降低轮重减载率，保证车体不会因过大的侧滚角而发生倾覆。

（a）差压阀实物

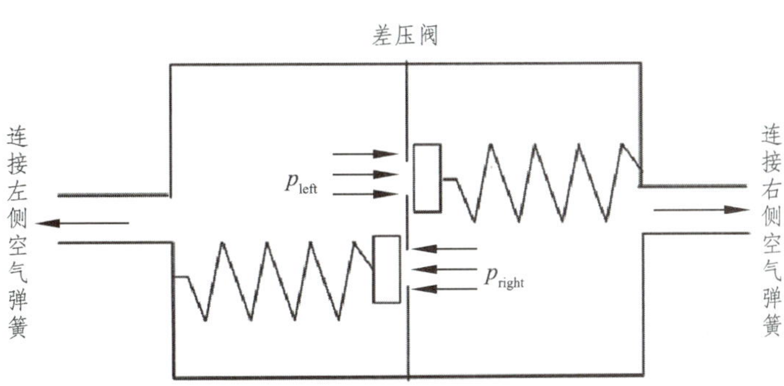


（b）差压阀工作原理

图 3-45　差压阀实物及工作原理

5. 减振装置

轨道车辆采用的减振器按阻力特性可分为常阻力和变阻力两种减振器，按安装位置可分为轴箱减振器和中央（摇枕）减振器；按减振方向可分为垂向（见图 3-46）和横向减振器（见图 3-47）；按结构特点又可分为摩擦减振器和液压（又称油压）减振器。

图 3-46　垂向减振器

图 3-47　横向减振器

摩擦减振器结构简单，成本低，制造维修比较方便，故广泛应用在铁路货车转向架上。但它的缺点是摩擦力随摩擦面的状态的改变而变化，减振性能较差。

液压减振器主要是利用液体黏滞阻力所做的负功来吸收振动能量，它的优点在于它的阻力是振动速度的函数，其特点是振幅的衰减与幅值大小有关，振幅大时衰减量也大，反之亦然，这种“自动调节”减振的性能，正符合城轨车辆的需求。因而，为了改善车辆的振动性能，城轨车辆上广为采用液压减振器。

（1）液压减振器的结构。

减振器的作用是通过个体振动时活塞的上下运动，油液流经节流阀节流而产生减振阻力，系统振动机械能因此转化为油液热能而散逸，达到减振目的。对液压减振器的基本要求是：

① 具有合适而稳定的阻力大小和特性；

② 结构坚固，使用寿命长；

③ 使用中油液不泄漏；

④ 便于维修。

一般液压减振器主要由活塞、进油阀、缸端密封、上下联结、油缸、贮油桶及防尘罩等部分组成，减振器内部还充有油液。如图 3-46 为我国常用 SFK1 型液压减振器。

活塞部分是产生减振阻力的主要部分，它由活塞杆 12、心阀 15、弹簧 16、套阀 J9 和阀座 17 组成，在心阀侧面下部开有直径为 2 mm 和两个直径为 5 mm 的节流孔。2 mm 直径的节流孔称初始节流孔，减振器阻力大小决定于该节流孔的大小。5 mm 直径的节流孔的作用是防止减振器因振动速度过大，致使油压过高，由此孔卸荷，故又称卸荷孔。

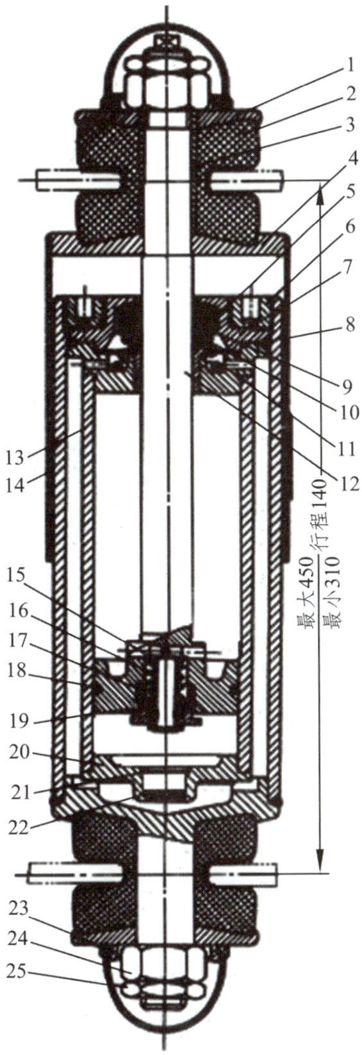


1—压盖；2—橡胶垫；3—套；4—防尘罩；5—油封圈；6—螺盖；7—密封盖；8—密封圈；9—托垫；10—弹簧；11—缸端；12—活塞杆；13—缸筒；14—贮油筒；15—心阀；16—弹簧；17—阀座；18—涨圈；19—套阀；20—进油阀；21—锁环；22—阀瓣；23—防锈帽；24、25—螺母

图 3-48　SFK1 型液压减振器

进油阀部分装在油缸 13 的下端，它的作用是补充或排出油液的通道，在进油阀体 20 上装有阀瓣 22 和锁环 21。

缸端密封部分设有比较复杂的密封结构，它一方面起着活塞杆上下运动时的导向作用，使活塞杆中心和油缸中心线保持一致，另一方面尽防止油液流出和灰尘进入减振器，影响减振器的正常工作。当减振器工作时，油缸内油压最高可达 $25\times10^5$Pa，所以密封是一个极为重要的问题。

上下联结部分由两部分组成，上端与转向架构架的安装座相连接，下端与转向架轴箱的安装座相连接。

液压减振器所用的油液对减振器的性能和可靠性起着重要的作用。要求油液物理、化学性能稳定，具有防冻性，在 −40～+40 ℃范围内黏度不应有很大变化，无腐蚀性等。可以使用锭子油、仪表油、变压器油以及其它专用油液。

（2）液压减振器的工作原理。

活塞把油缸分成上下两个部分，振动时，活塞杆随摇枕运动，与油缸之间产生上下方向的相对位移。当活塞杆向上运动时（又称减振器为拉伸状态），油缸上部油液的压力增大，这样，上下两部分油液的压差迫使上部部分油液经过心阀的节流孔流入缸下部。油液通过节流孔时产生阻力，该阻力的大小与油液的流速、节流孔的形状和孔径的大小有关。当活塞杆向下运动时（又称减振器为压缩状态），受到活塞压力的下部油液通过心阀的节流孔流入油缸上部，也产生阻力。因此，在车辆振动时液压减振器起减振作用。

为保证减振器正常工作，在油缸外增加了一个贮油桶，在油缸底部设有进油阀，当活塞杆由 Ⅰ 向 Ⅱ 位置运动时，油缸下部油液压力增大，迫使阀瓣紧紧扣在进油阀体上，同时，多余的油液通过阀瓣中间的节流孔流入贮油桶，使减振器正常工作。反之，活塞杆向上运动，则上部因体积缩小而排出的油液量将填充下部因体积增大而需要的油量不足，所欠油量从贮油桶经进油阀（阀瓣处于抬起状态）进入油缸下部，使减振器正常工作。

### （六）中央牵引装置

中央牵引装置（见图 3-49）位于转向架的中心，是连接转向架与车体的关键部件，它能适应转向架相对车体的转动，同时将轮轨间相互作用产生的牵引力或制动装置产生的制动力传递到车体，使列车实现牵引和制动，要求牵引装置具备以下条件：

图 3-49　中央牵引装置

（1）能够传递纵向的驱动力和制动力，同时允许二系弹簧能在垂向和横向柔软地动作。

（2）纵向具有适当的弹性，以缓和由于转向架点头、车轮不平衡质量等引起的纵向振动。

（3）结构上应便于车体与转向架的分离和连接。

（4）需能够安置横向液压减振器、横向橡胶止挡、空气弹簧异常上升止挡等。

目前城轨车辆运用较多的中央牵引装置有以下三种：

### 1. “Z”字形牵引拉杆中心销式牵引装置

如图 3-50 所示的是一种典型的“Z”字形牵引拉杆中心销式牵引装置，它安装在转向架中部，采用斜对称布置有低位“Z”字双拉杆结构。牵引装置主要由中心销组装、连杆组装、牵引座、横向减振器与一些辅助零部件组成。

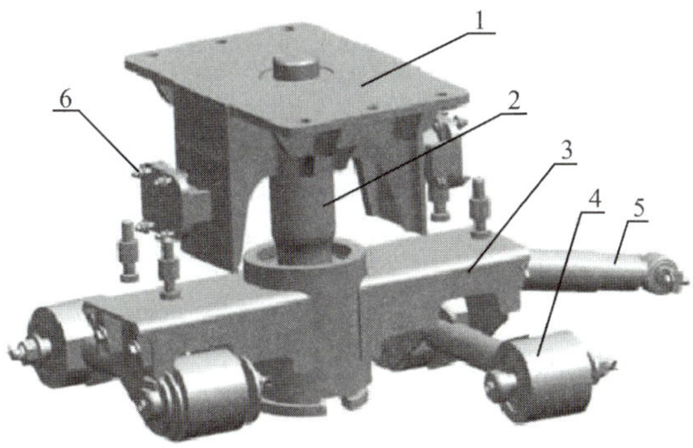


1—中心销座；2—中心销；3—牵引座；4—连杆组装；5—横向减振器；6—横向止挡

图 3-50 “Z”字形牵引拉杆中心销式牵引装置三维图

中心销组装顶部用螺栓固定在车体底架上，其销的下端通过复合弹簧与牵引座相连，牵引座两侧通过连杆销与连杆组装相连。而连杆组装也通过连杆销与转向架构架相连。牵引座的一侧还装有一个横向减振器（也有双侧布置减振器的型式，这取决于安装空间和横向动力学性能的需要），减振器另一端与构架相连。

这种牵引装置的主要优点是：对中性好；转向架回转灵活，不会造成附加的横向力；牵引点可设置得很低，有利于提高黏着利用率；可同时具有起吊限位功能和空气弹簧防过充功能。

其主要缺点是需求的结构空间大、自身重量大，在短轴距转向架上较难以布置。目前西门子公司 SF2100 型、株机公司 ZMA080 型、ZMC08 型等转向架采用了这种结构，应用于上海 1、2、4 号线；深圳 1、5 号线；武汉 1、2、4 号线；广州 1、2、8 线等多个地铁项目。

### 2. 单拉杆牵引装置

如图 3-51 所示的是一种低位单拉杆牵引装置，它主要由牵引杆组装、牵引座等组成。

牵引杆组装一端安装在构架横梁上的牵引杆安装座上，另一端安装在牵引座上，牵引座则安装在车体上。牵引杆组装由一根牵引杆和两个牵引橡胶关节构成。牵引杆的作用相当于一个推拉杆，它借助于牵引橡胶关节将车体和转向架构架连接起来。由于牵引橡胶关节是橡胶件，牵引杆能够缓冲车体和转向架构架之间的相对运动。其主要优点是：结构简单、占用空间小。

缺点是牵引杆长度受结构空间限制，一般长度较短从而导致容易增大轮轨横向力；同时由于很难降低牵引杆在构架横梁上的安装点高度，导致牵引点高度一般较高，因而难以提高黏着利用率。

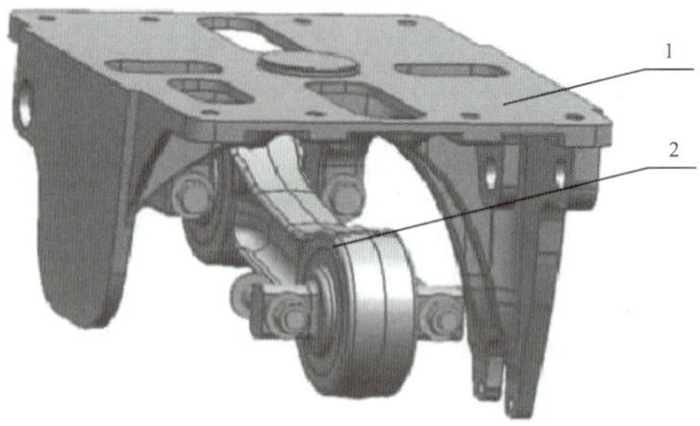


1—牵引座；2—牵引杆组装

图 3-51 低位单拉杆牵引装置

### 3. 牵引橡胶块式牵引装置

牵引橡胶块式牵引装置（见图 3-52）的中心销安装在车体底架下方，通过浮动梁内的橡胶复合弹簧与中心销连接，浮动梁通过四块预压缩的橡胶与构架连接，牵引装置由于在浮动梁内有橡胶复合弹簧，可以缓解车体和转向架之间在车辆运行时的冲击，减少噪声的传递。

浮动梁还具有整体起吊功能，其主要优点：结构简单、重量轻、占用空间小、便于装卸，具有良好的维护性；但是由于牵引点较高，轴重转移较大，导致车辆黏着重量利用率较低。

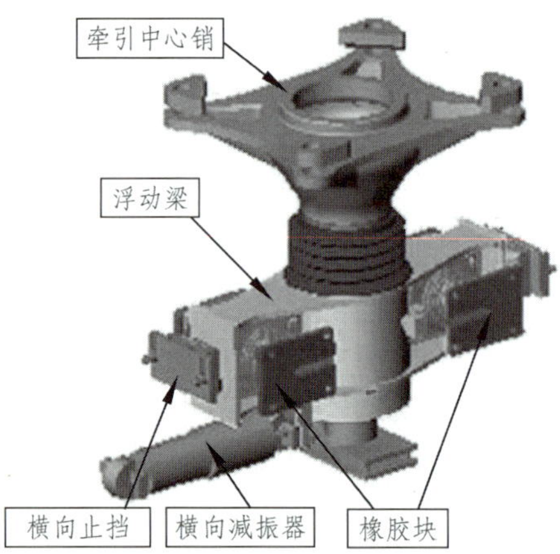


图 3-52 牵引橡胶块式牵引装置

## （六）驱动装置

驱动装置的作用是将牵引电机的扭矩有效地转化为转向架轮对转矩，利用轮轨的黏着机理，驱使车辆沿着钢轨运行。根据电机安装的位置不同，分为轴悬式、架悬式和体悬式三种结构形式，目前城轨车辆最常用的是架悬式，如图 3-53 所示。

架悬式驱动装置包括齿轮箱、联轴器和牵引电机。

（1）牵引电动机整体悬挂在转向架的构架上，不直接与车轴发生联系牵引电动机，使电机的质量成为簧上质量。这样，使轮对对于线路具有最小的动力作用。

（2）齿轮箱通过轴承穿过车轴，并悬挂在构架横梁上。齿轮箱内装有小齿轮和大齿轮，齿轮为斜齿轮、一级减速，小齿轮可以通过大齿轮带动车轮运动。齿轮箱内采用润滑油，润滑方式为飞溅润滑。齿轮箱大齿轮安装在车轴上，另一端通过吊杆与构架上的齿轮箱吊座相连。

（3）联轴器用于连接牵引电动机和齿轮箱，可将牵引电动机的转矩传递给齿轮箱，从而驱动车辆运行。常见的联轴器为齿式联轴节（见图 3-54），其可适应电机侧和小齿轮侧的偏角，满足电机轴和小齿轮轴的相对位移要求，同时可完成传递扭矩的作用。

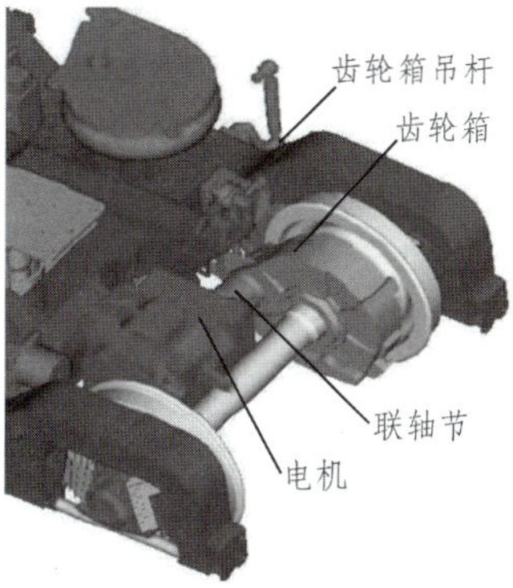


图 3-53 架悬式驱动装置组成

图 3-54 齿式联轴节内部结构

## （七）基础制动装置

基础制动装置是制动系统的执行机构，其作用是把作用在制动缸上活塞上的压力空气推力增大适当倍数后，平均地传递给各块闸瓦或闸片，使其转变为压紧车轮踏面或制动盘的机械力，阻止车轮转动而产生制动作用。

城轨车辆常用的基础制动装置包括单元式踏面制动装置、盘形制动装置。

### 1. 单元式踏面制动装置

踏面制动又称闸瓦制动，是最常用的一种制动方式。制动时，闸瓦压紧车轮，轮、瓦之间产生摩擦力，阻碍车轮旋转，使车轮减速或停止。缓解时，制动控制装置将制动缸内的压力空气排出，制动缸活塞在制动缸缓解弹簧的作用下退回，通过各杆件带动闸瓦离开车轮踏面，如图 3-55 所示。

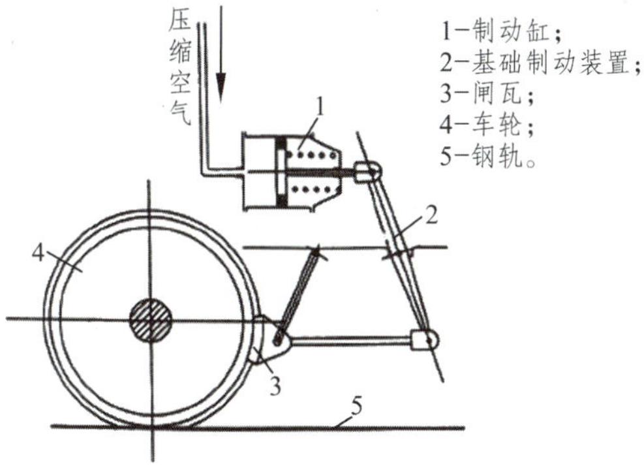


图 3-55 踏面闸瓦制动原理图

当制动功率较大时，热能有可能来不及散于空气中，在闸瓦与踏面之间积聚，使它们的温度升高，严重的甚至会导致闸瓦熔化或踏面产生裂纹。因此，在采用闸瓦制动时，对制动功率要有限制。

2. 盘形制动装置

盘形制动是指制动时用闸片压紧制动盘而产生制动作用的制动方式。制动时，制动缸通过制动夹钳使闸片夹紧制动盘，产生摩擦，阻碍车轮旋转，使车轮减速或停止。缓解时，制动缸内压力空气排出，制动缸活塞在制动缸缓解弹簧的作用下退回，通过各种杆件带动闸片离开制动盘（见图 3-56）。盘形制动能双向选择摩擦副，可得到比闸瓦制动大得多的制动功率。

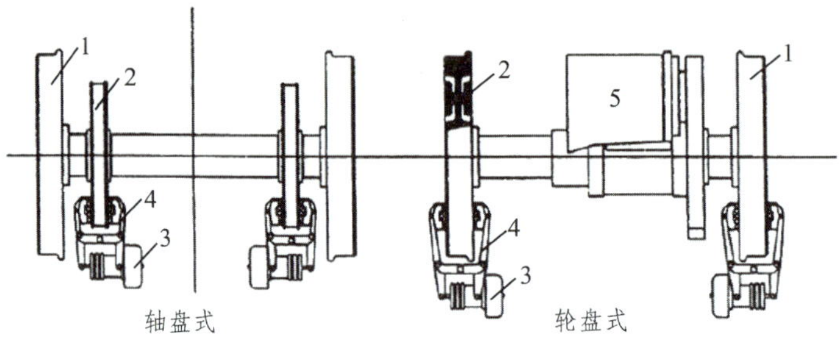


1—轮对；2—制动盘；3—单元制动缸；4—制动夹钳；5—牵引电机

图 3-56　盘形制动装置

盘形制动有两种类型：

（1）轴盘式：制动盘安装在车轴上。

（2）轮盘式（见图 3-57）：制动盘安装在车轮上。

图 3-57　轮盘式基础制动装置

相比踏面制动，盘形制动的特点是：

（1）不存在对车轮的热影响，减少了车轮的磨耗。

（2）散热性能较好，能得到较恒定的制动力。

（3）制动缸及杠杆尺寸较小，整个制动装置重量较轻。

（4）结构简单、运用经济。

（5）簧下重量有所增加，同时使轮轨间的黏着系数有所降低。

# 任务 3　跨座式单轨转向架结构认知

## 一、任务导入

查阅关联知识和网络资料，完成以下问题。

1. 跨座式单轨转向架为什么没有采用一系悬挂?

2. 跨座式单轨转向架和地铁转向架的相同之处和差异有哪些?

## 二、任务目标

了解跨座式单轨转向架的工作原理、结构组成及作用。

## 三、任务内容

<table>
<tr><td>任务描述</td><td colspan="4">查阅图书馆和网络上相关资料，阅读单元三任务 3 中“七、任务关联知识”，掌握跨座式单轨车辆转向架的结构组成，面对某型单轨转向架，指出其转向架各部分的名称、作用。</td></tr>
<tr><td>任务要求</td><td colspan="4">以小组为单位，每组 3~5 人，剖析三、任务内容，制定工作计划，明确成员分工，规范有序完成任务。参观某型单轨转向架，学生要穿戴工装，注意安全。小组成员，逐一指认转向架部件，要求采用普通话，口齿清晰，声音洪亮。</td></tr>
<tr><td rowspan="7">任务分组</td><td>组长</td><td></td><td>学号</td><td></td></tr>
<tr><td rowspan="6">组员</td><td>姓名</td><td colspan="2">学号</td></tr>
<tr><td></td><td colspan="2"></td></tr>
<tr><td></td><td colspan="2"></td></tr>
<tr><td></td><td colspan="2"></td></tr>
<tr><td></td><td colspan="2"></td></tr>
<tr><td></td><td colspan="2"></td></tr>
</table>

## 四、任务实施

以小组为单位，对单轨向架部件的名称进行指认，并介绍其作用。老师结合任务完成情况进行点评和相关知识点的讲解。以各部件及作用的表述完整性（50%）、准确性（50%）评定成绩。

## 五、任务评价

根据各组任务完成情况，填写评价表。

评价表

| 序号 | 评价项目 | 分值 | 自我评价 | 互相评价 | 教师评价 | 总评 |
|---|---|---|---|---|---|---|
| 1 | 学习准备 | 0~10 | | | | |
| 2 | 是否在规定时间完成 | 0~10 | | | | |
| 3 | 是否有序规范安全 | 0~20 | | | | |
| 4 | 是否主动参与互动 | 0~10 | | | | |
| 5 | 展示汇报 | 0~30 | | | | |
| 合计 | | 100 | | | | |

## 六、任务拓展

查阅资料，结合跨座式单轨转向架实训设备，以小组为单位讨论并编写转向架分解流程。

## 七、任务关联知识

跨座式单轨列车的重心在轨道梁上方，运行时车辆跨坐在轨道梁上，如图 3-58 所示。跨座式单轨列车主要是转向架结构和所依据的力学原理与普通铁路列车不同。铁道车辆属“随遇稳定”模式（如图 3-59 所示），车辆重心始终处于 2 个车轮之间。只要作用于转向架的合力落在 $2S_2$=1 493 mm 之内，车辆运行就是稳定的。但对于跨座式转向架，$2S_2$ 仅为 400 mm 左右（如图 3-60 所示），容易失稳属“随遇不稳定”模式。因此，跨座式转向架需要设置稳定轮，由此产生一个附加横向力 $H_1$（$H_2$），从而形成一个附加反力矩 $H_1 \cdot h_2$（$H_1 \cdot h_2$），将“随遇不稳定”结构转变成“随遇稳定”结构，以保证车辆的稳定性。

图 3-58　跨座式单轨车辆及转向架

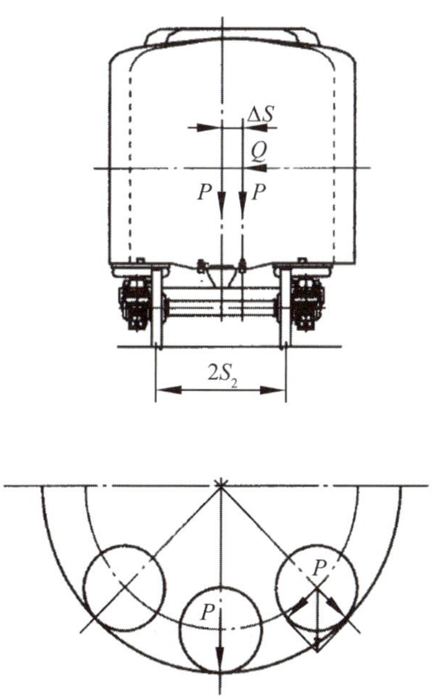


图 3-59　随遇稳定模式

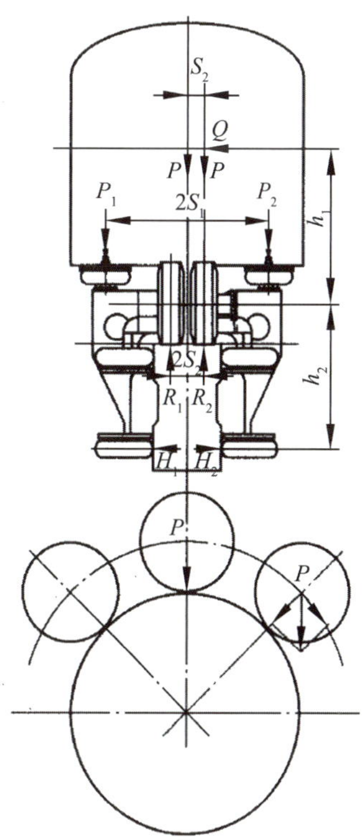


图 3-60　随遇不稳定模式

跨座式转向架的另一特点是，走行轮由橡胶轮胎取代铁道车辆的钢制车轮；由 4 个导向轮从侧面抱住轨道梁，实现铁道车辆车轮踏面斜度的自动对中导向作用。稳定轮和导向轮也使用橡胶轮胎，每个转向架共使用 10 个橡胶轮胎。为了防止车轮失气，走行轮、导向轮、稳定轮都分别备有辅助车轮，如图 3-61。为了保证安全，走行轮设内压检测装置，每个轮胎设置 1 个内部装有压力检测开关的压力表，将该压力开关的电路并联连接，并且引至滑环上。导向轮和稳定轮的失气检测由设置在车辆段轨道梁侧面的装置完成。

图 3-61　跨座式单轨转向架

### （一）重庆二号线跨座式单轨转向架的主要技术参数：

| | |
|---|---|
| 走行轮自由直径： | 1 006 mm（动态直径 982 mm） |
| 走行轮轴距： | 1 500 mm |
| 走行轮中心间距： | 400 mm |
| 走行轮轴重： | 11 t |
| 稳定轮自由直径： | 730 mm |
| 导向轮自由直径： | 730 mm |
| 导向轮轴距： | 2 500 mm |
| 走行安全轮轴距： | 2 990 mm |
| 空气弹簧距轨面高度： | 928 mm |
| 空气弹簧横向间距： | 2 050 mm |
| 空气弹簧公称有效直径： | 450 mm |
| 最高运行速度： | 75 km/h |
| 最高均衡速度（结构设计要求）： | 80 km/h |

### （二）跨座式单轨转向架结构组成

跨座式单轨列车转向架结构特殊，走行装置独特，由橡胶轮胎完成稳定、导向、驱动作用。橡胶轮胎在发挥其缓冲效果的同时，由于较高的黏着力，使车辆具有较高的加速、减速性能，但是不可避免地增大了运行阻力。

转向架结构为二轴无摇枕转向架，构架为钢板焊接结构。以构架为中心，转向架由中央悬挂装置、走行轮、稳定轮、导向轮、驱动装置、基础制动装置、高度调整装置、轮胎内压检测装置、牵引电动机、集电装置、接地装置、配管、配线等组成，无动力转向架还包括 ATP/TD 天线。如图 3-62 和 3-63 所示分别为动力转向架和无动力转向架。

图 3-62　动力转向架

图 3-63　无动力转向架

1. 构架

转向架构架是以 16NnR 钢板为主要材料的焊接结构，构架俯视呈“目”字形，由构架本体、稳定轮支架、导向轮安装座、油压减振器座、高度调整装置座、隔音罩安装座、受流器安装座、接地装置安装座、ATP 天线安装座（无动力转向架）、牵引电机座（动力转向架）等组成。走行轮组成的空心车轴压装在构架侧梁轴套内侧，齿轮减速箱通过螺栓固定在轴套外侧。侧梁四角焊有导向轮支架。横梁中部焊有牵引装置的安装座。端梁中部焊有走行安全轮安装座。在构架两侧靠中心处焊有两个支座，支座上部焊有空气弹簧安装座；支座下部设有稳定轮支架、受流器座安装孔；支座内部有密闭空腔作为空气弹簧的附加空气室，以期降低空气弹簧垂向刚度，改善车辆振动性能；支座一侧焊有电机吊座，通过螺栓固定驱动电机。如图 3-64 和 3-65 所示为动力转向架构架和无动力转向架构架。

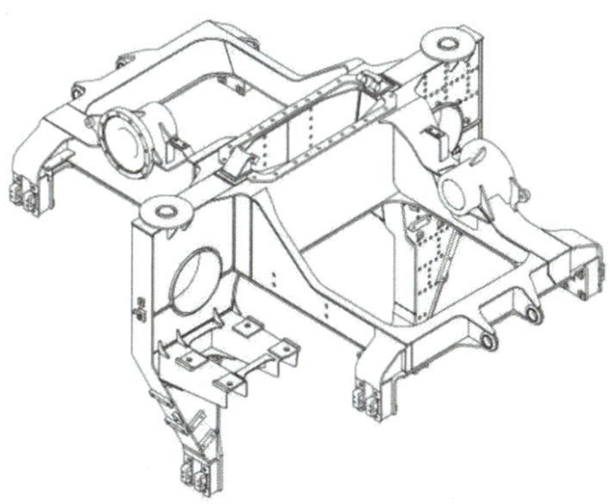

图 3-64　动力转向架构架

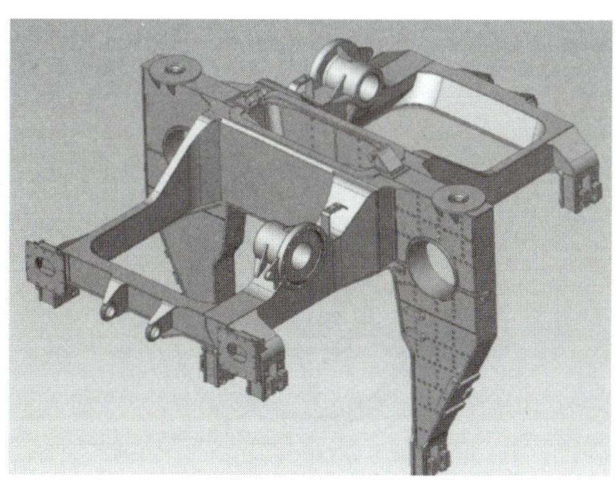

图 3-65　无动力转向架构架

2. 走行轮

走行轮承担走行任务。走行轮组成如图 3-66 所示，与汽车驱动轮轴系统相似，空心车轴悬臂压入、固定在构架上，轮芯通过 2 套圆锥滚子轴承安装在车轴上，内部充填润滑脂，轮芯内侧通过后盖、油封和热装在车轴上的防尘圈密封；轮芯外侧通过楔形块将轮辋紧固在轮芯上；通过边环、锁环将走行轮胎固定在轮辋外面，每轴 2 个轮胎；轮芯外侧还安装有驱动轴，驱动轴穿过空心车轴，驱动轴另一端的花键插入齿轮减速箱从动齿轮的花键孔中，传递牵引力矩。两轴承之间设有轴承间隔套，调整该间隔套的尺寸保证轴承轴向间隙。走行轮为充氮气的无内胎钢丝圈橡胶轮胎，充气压力为 880 kPa。

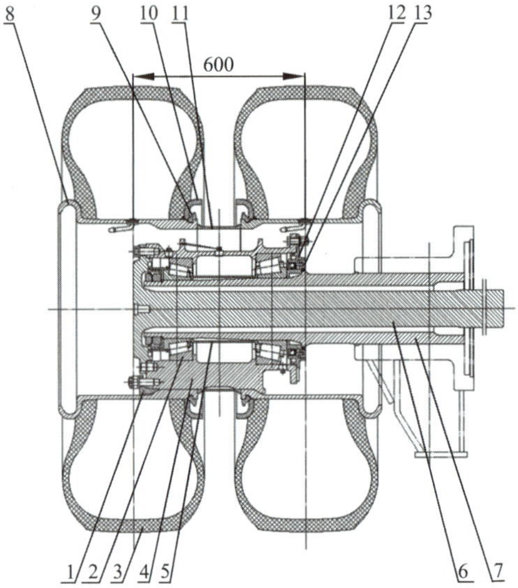


1—楔块；2—轴承；3—轮胎；4—轮芯；5—轴承间隔筒；6—驱动轴；7—空心轴；
8—轮辋；9—锁环；10—边环；11—轮辋间隔筒；12—后盖；13—防尘圈

图 3-66　走行轮结构

走行辅助轮组成如图 3-67 所示，处于通常不使用状态，当走行轮胎发生故障时，承担走行任务。走行辅助轮由铸铝轮芯外覆红色聚氨酯橡胶实心轮胎组成，直径为 265 mm。走行辅助轮两侧各由 1 套圆锥滚子轴承、1 个间隔套、2 套油封组成，内部充填润滑脂，将它们预先组成好。往转向架上安装时，插入车轴并用螺母紧固、防松。

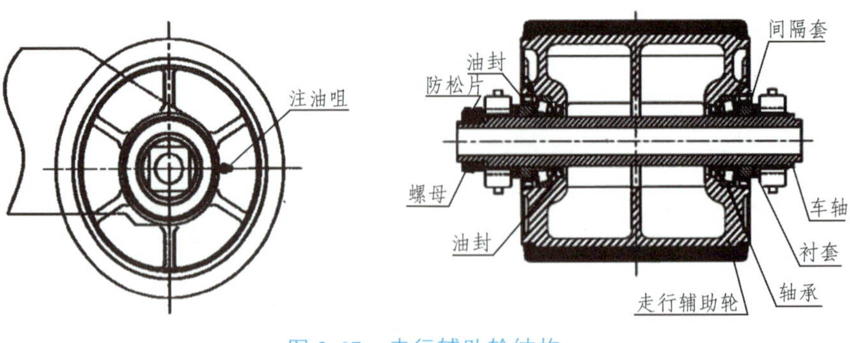


图 3-67　走行辅助轮结构

3. 导向轮和稳定轮

导向轮起导向作用，稳定轮起维持车辆平衡，防止侧倾的作用。

导向轮和稳定轮结构相似，组成如图 3-68 所示，其中导向轮组成的辅助轮在轮胎下方，稳定轮组成的辅助轮在轮胎上方，为叙述方便统称水平轮。立式车轴用螺栓固定在各自的安装座上，防尘圈热装在立式车轴上，轮芯通过 2 套圆锥滚子轴承、间隔套、上下挡油环、螺母等安装在立式车轴上；轴承内填充润滑脂，为防止润滑脂在重力作用下往下移动，设有上下挡油环，轮芯上部用上盖、下部用下端盖密封。铝轮毂用螺栓固定在轮芯上，水平轮胎用锁环固定在铝轮毂上，辅助轮用螺栓固定在铝轮毂上。水平轮胎为充氮气的尼龙斜裁带内胎的橡胶轮胎，充气压力为 980 kPa。

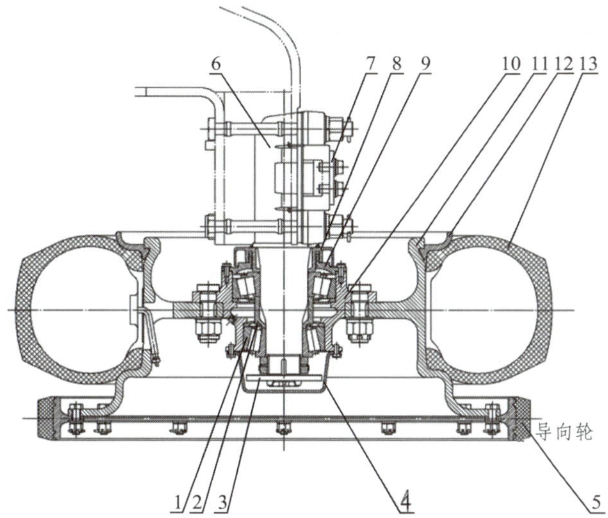


1—轴承；2—轴承间隔筒；3—安全挡；4—下端盖；5—安全轮；6—车轴；7—安全板；8—防尘圈；9—上盖；10—轮芯；11—轮辋；12—锁环；13—轮胎；

图 3-68　导向轮和稳定轮结构

4. 中央悬挂系统

中央悬挂系统（见 3-69）安装在车体与构架之间，通过空气弹簧、油压减振器和横向止挡，缓和、衰减车体的振动。通过中心销、中心销座、牵引橡胶堆和纵向止挡，传递牵引力和制动力。由于乘客多少引起车体高度的变化，由高度调整阀控制，使客室地板面高度基本不变。当空气弹簧内部压力不正常而上升时，防过充装置可控制车体高度在限制范围内。主要由空气弹簧、中心销、中心销座、牵引橡胶堆及其安装座、横向缓冲器及其安装座、减振器、高度调整装置、纵向止挡组成。

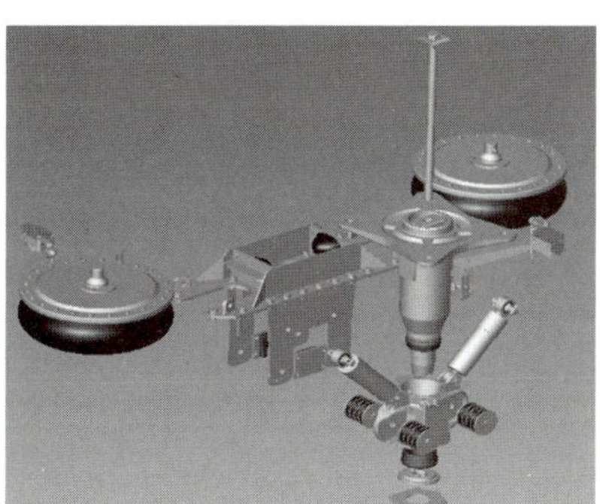

图 3-69　中央悬挂系统组成

（1）空气弹簧。

空气弹簧由胶囊和叠层橡胶堆等组成。左右空气弹簧与油压减振器组合起来发挥其缓冲、减振效果。选择带橡胶堆的低横向刚度的空气弹簧，以改善乘坐舒适性和通过曲线的性能。稳定轮支架上部构成空气弹簧的附加空气室，空气弹簧的下部通风口与转向架构架内部附加空气室连接，上部进风口与车体的管路连接。空气弹簧与附加空气室之间的螺堵带有节流孔，对车体起垂直减振作用，运用中对节流孔的阻尼作用不满意时，可以更换该螺堵，改变节流孔的大小。胶囊下部的叠层橡胶堆可减小车辆通过曲线时胶囊的变形量，从而改善其受力状况。另外，空气弹簧在无气状态时，叠层橡胶堆还起垂直减振作用，以应急维持最低限度的动力性能要求。安装空气弹簧时，上部进风口和下部通风口的外部表面需涂润滑脂防锈。空气弹簧公称直径 450 mm，工作高度 268 mm。左右空气弹簧之间的压差阀安装在车体底架的空气管路上，压力差设定值为 100 kPa。

（2）油压减振器。

降低空气弹簧横向刚度的同时，匹配适当的阻尼力，以改善车辆的振动特性。2 只油压减振器 45° 斜装，以期得到垂向、横向 2 个方向的减振阻尼。油压减振器一端销接在构架上，另一端销接在中心销座上（相当于车体）。

（3）横向止挡。

采用适应于低横向刚度空气弹簧的横向止挡。横向止挡用螺栓固定在构架上，用垫板调整，使横向止挡与中心销（相当于车体）的间隙为 10 mm。

（4）中心销。

中心销通过螺栓与车体底架紧固，中心销与中心销座之间设有上下锥形橡胶套，用中心销螺栓和中心销螺母将它们联结在一起；中心销座通过 4 个牵引橡胶堆与构架相连，这样就实现了车体与转向架的连接，并传递纵向力。需要在客室地板的中心销孔拆装中心销螺栓。

（5）高度阀。

为了保持空气弹簧的标准高度，用 LV4—2 型高度调整阀与杠杆的相对角度来检测空气弹簧的高度。当空气弹簧高度降低时，自动向空气弹簧充气。为了节约压缩空气，该阀的动作延迟时间为 3 s，不感带为 5 mm。调整杆安装在构架与车体底架上的高度阀的水平杠杆之间，要求有足够的容许位移，所以使用十字销接、球形接头等。

### 5. 驱动装置

转向架所采用的驱动装置和基础制动装置集合为一个部件。牵引电动机通过螺栓纵向安装在构架的牵引电机吊架上，电机重量全部由构架承受，属全悬挂结构；牵引电动机位于构架侧梁之外，电机轴与车轴垂直。齿轮减速箱为两级减速直角驱动方式，牵引电动机通过联轴节（穿过构架稳定轮支架的贯穿孔）将扭矩传至减速箱输入轴，经过螺旋伞齿轮减速并直角转向后传至圆柱斜齿轮再次减速，最后由驱动轴来转动走行轮，其结构如图 3-70 所示。

减速箱由输入轴、中间轴、输出轴组成，输入轴和中间轴之间采用弧齿锥齿轮传动，而中间轴与输出轴之间采用圆柱斜齿轮传动，减速比为 33/13×49/19=6.55。齿轮减速箱通过螺柱固定在构架本体的轴套外侧，齿轮箱体的结构具有足够的刚度和强度，以便支撑两级齿轮，同时安装盘形制动装置和速度发电机，制动盘直接安装在中间轴外端。齿轮箱体外表面敷设可降低噪声的材料。

图 3-70　驱动装置

### 6. 基础制动装置

基础制动装置采用盘形制动，安装在齿轮减速箱上，制动盘直接安装在中间轴外端。压缩空气通过空油变换装置（见图 3-71）将空气压力变换成油压作用于液压卡钳上，由液压卡钳通过闸片夹住制动盘施行制动作用。在每辆车的一端转向架上还安装停放制动装置，它利用弹簧产生制动力。

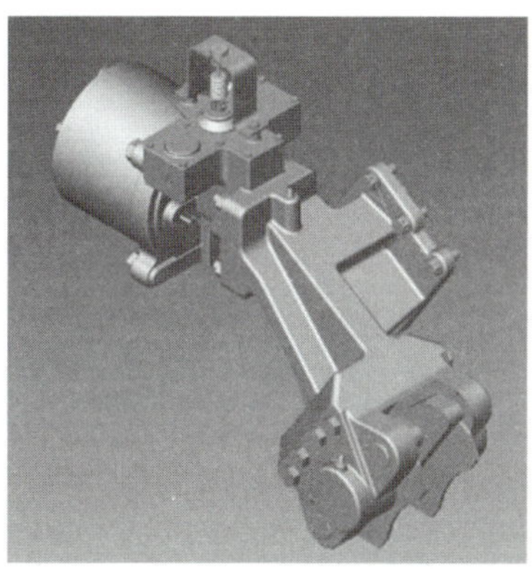

图 3-71　基础制动装置

### 7. 轮胎内压检测装置

轮胎内压检测装置可以实时监测走行轮胎内压，每个轮胎设置 1 套轮胎内压检测装置（见图 3-72），每根轴设置 2 个压力表（内置带电触点的压力开关），压力开关电路并联，直接由滑环装置引出。低于规定压力时，压力开关呈关闭状态。走行轮胎的气压通过橡胶软管联至压力表，压力表通过滑环由电线联至设在车体的显示器。在内压检测装置的橡胶软管上设置调整轮胎内压的充排气口，能够以此口一边观察压力表一边把轮胎内压调整到规定值。

走行轮胎气压正常时，压力表内的压力开关呈开启状态，不显示轮胎泄气。1 根轴的 2 个走行轮胎，无论哪一个气压降低，与此相应的压力开关呈关闭状态，显示轮胎泄气，由此得知发生异常。目视压力表也能读出轮胎内压。如果压力检测开关呈关闭状态，司机台的显示装置显示轮胎泄气的图像。

图 3-72　轮胎内压检测装置

8. 集电装置

集电装置分为正极、负极两种安装在构架稳定轮支架上（见图 3-73 和 3-74），受流器与其安装支架之间设有绝缘件。集电装置从轨道侧面的电网受电，为车辆提供能源。正极集电装置还设有释放装置和配管，用于控制受流器滑板的收放。

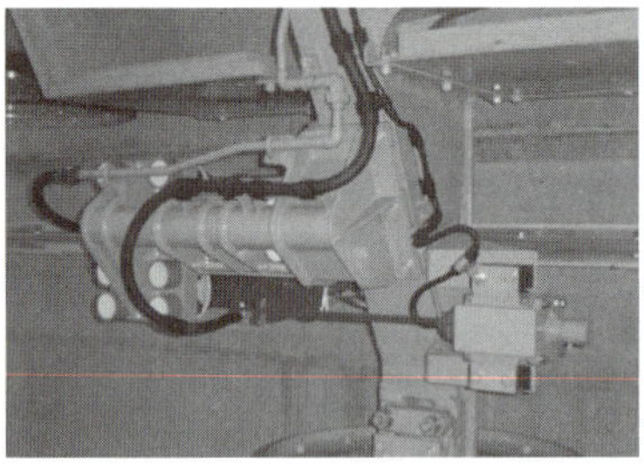

图 3-73　集电装置（正极）

图 3-74　集电装置（负极）

9. 接地装置

每辆车设置一套接地装置（见图 3-75），安装在稳定轮支架上，其安装座与构架之间设有绝缘件，在站台提供车辆接地。

图 3-75 接地装置

# 课堂思政小课堂

**【榜样力量】艾子洋：用心一者技必良、不为繁华易匠心**

他是一名中共党员，是一名劳动模范，是全国技术能手，是国家级技能大师工作室领衔人，一名铁路车辆制修工，中车资深专家，从事城铁车辆调试工作——他就是艾子洋（见图 3-76）。他智技兼修、扎根一线，引领带动、技艺传承、问题导向、攻坚克难、为生产解决一项项实际难题。

图 3-76　艾子洋

自从 2008 年参加工作以来，艾子洋扎根生产一线，不断地提升自身的技能水平，积极参与城铁车辆调试工作，以身作则，用技能化为武器，带领调试团队找课题、搞攻关、做转化，解决生产实际难题，艾子洋累计攻克城铁车辆技术难关公司级技术创新成果获奖多达 30 项、获得授权国家实用新型专利 13 项、发表技术论文 10 篇。同时，作为工作室的领衔人，为了提高调试技术技能水平，加快推进人才队伍建设，助推高技能人才培养，实现“一专多能”，加快创新发展，自主连横，加强工作室技术技能交流，联合其他部门组织开展岗位技能竞赛，旨在提高自身及产线组员工的业务水平及综合素质能力。

艾子洋（见图 3-77）始终牢记嘱托，用青春践行使命。“以万千锤铸一器、用心一者技必良、不为繁华易匠心”。10 多年来，他潜心笃志于城铁车辆调试工作，精细严谨、智技兼修、创新研发的回送声光报警装置、无火免机车回送试验装置、信号系统模拟调试装置等 20 多项成果发明、实用新型专利已转化为生产力，承载着亿万乘客的幸福安全。

以艾子洋命名的技能工作室被评为国家级技能大师工作室。实际工作中，艾子洋还充分发挥了一名高技能领军人的引领作用和磁石效应，带领调试团队编写内部培训教材，积极组织开展车辆理论知识、驾驶技能、故障处理、综合素质等技能提升培训，培养调试多技能人才，通过培养和带动，形成了一批技能精湛、职业操守优良的技能人才队伍。

图 3-77　艾子洋

作为国家级技能大师工作室领衔人，充分发挥了一名高技能领军人的引领作用和磁石效应，培养的徒弟获得全国技能大赛冠军并授予全国技术能手 3 人、吉林省技术能手 2 人、中车技能专家 4 人、长春工匠 2 人、长春市五一劳动奖章 1 人、95 人被评为技师、高级技师，为生产一线培养了一支生力军。为生产一线培养了一支生力军，为企业发展提供了技能人才保证。

正因为脚踏实地，才会铿锵有力，正因为不厌平凡，才会创造不凡。如今艾子洋开启了全新的征程，匠心坚守、传承技艺，带领新一代城铁调试员工，在创新图先、创新图强的道路上，踔厉奋发、砥砺前行。

# 单元四　城市轨道交通车辆联接装置认知

## 任务 1　车辆联接装置总体认知

### 一、任务导入

查阅关联知识和网络资料，完成以下问题。

1. 铁路货车、客车所使用的车钩缓冲装置与城市轨道车辆所使用的车钩缓冲装置有什么不同？其结构差异的原因是什么？

2. 高速动车组列车使用的车钩缓冲装置与城市轨道车辆所使用的车钩缓冲装置有什么不同？其结构差异的原因是什么？

### 二、任务目标

掌握车钩缓冲装置的作用，了解不同类型车钩缓冲装置的特点。

## 三、任务内容

<table>
<tr><td>任务描述</td><td colspan="4">查阅图书馆和网络上相关资料，阅读单元四任务 1 中“七、任务关联知识”；掌握车钩缓冲装置的作用及类别，制作 PPT，各小组展示汇报。</td></tr>
<tr><td>任务要求</td><td colspan="4">以小组为单位，每组 3~5 人，剖析三、任务内容，制订工作计划，明确成员分工，规范有序完成任务。小组选派代表进行汇报分享。分享时采用普通话，口齿清晰，声音洪亮。</td></tr>
<tr><td rowspan="5">任务分组</td><td>组长</td><td></td><td>学号</td><td></td></tr>
<tr><td rowspan="4">组员</td><td>姓名</td><td colspan="2">学号</td></tr>
<tr><td></td><td colspan="2"></td></tr>
<tr><td></td><td colspan="2"></td></tr>
<tr><td></td><td colspan="2"></td></tr>
</table>

## 四、任务实施

以小组为单位，在课前完成《城市轨道交通车辆车钩缓冲装置简介》PPT 制作，要求版式新颖，内容正确。在课中由各小组进行展示汇报，老师结合任务完成情况进行点评和相关知识点的讲解。以对车钩缓冲装置的作用和类型和特点介绍的准确性（50%）、PPT 制作质量（25%）、PPT 汇报讲解表现（25%）评定成绩。

## 五、任务评价

根据各组任务完成情况，填写评价表。

评价表

| 序号 | 评价项目 | 分值 | 自我评价 | 互相评价 | 教师评价 | 总评 |
|---|---|---|---|---|---|---|
| 1 | 学习准备 | 0~10 | | | | |
| 2 | 是否在规定时间完成 | 0~10 | | | | |
| 3 | 是否有序规范安全 | 0~20 | | | | |
| 4 | 是否主动参与互动 | 0~10 | | | | |
| 5 | 展示汇报 | 0~30 | | | | |
| 合计 | | 100 | | | | |

## 六、任务拓展

结合实训设备分析对比铁路车辆车钩缓冲装置和城轨车辆车钩缓冲装置的差异，并制作科普小视频。

## 七、任务关联知识

车端联结装置在城市轨道交通车辆起着重要作用，实现了车辆间的机械连接、电气通路和空气通路的连接，以及车辆和车辆之间空间上的连接。机械连接的作用主要是使连接各车辆彼此间保持一定的距离，并且传递和缓和车辆在运行过程中及调车过程中产生的纵向力及冲击和振动。电气通路和空气通路连接为车辆间提供各种电压的电气通路与压缩空气通路。空间上的连接使得乘客可以自由穿行于各节车厢。本书重点对车钩缓冲装置进行介绍。

### （一）车钩缓冲装置的作用及要求

车钩缓冲装置是轨道车辆最基本的部件之一，它是用来连接列车各车辆使之彼此保持一定距离，主要由车钩和缓冲装置等零部件组成。其中，车钩主要起连接车辆作用；缓冲器用来缓和车辆运行及调车作业时的纵向冲击，吸收冲击能量，从而提高车辆的运行舒适性和平稳性。对其基本要求主要有如下：

（1）应有足够的强度承受列车的牵引、制动及冲击力；

（2）车辆连接及分解操作应简单、可靠，应考虑到操作人员的安全问题；

（3）能缓解加、减速时列车内产生的冲击力，以保障乘客的安全及有良好的舒适性。

### （二）车钩的分类

根据两车钩连接面在垂直方向是否有相对位移，车钩可以分为非密接式车钩和密接式车钩。

非密接式车钩又称为非刚性车钩（见图 4-1），车钩间隙远大于 3 mm。非密接式车钩允许两个相连的车钩钩体在垂直方向上有相对位移。当两个车钩的纵轴线存在高度差时，两车钩呈阶梯状，并且各自保持水平位置，如图 4-2 所示。

图 4-1　非密接式车钩实物图

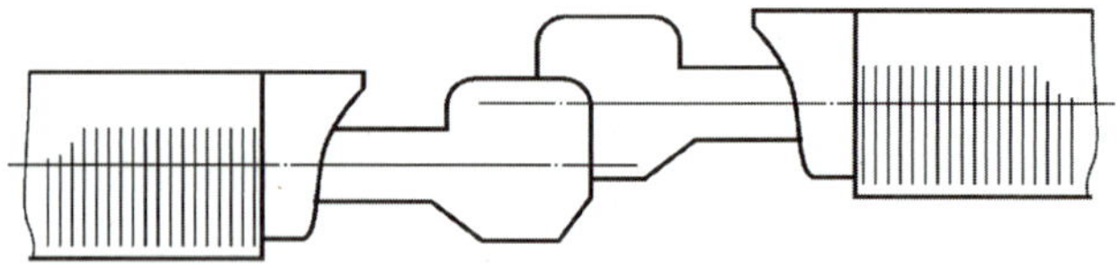

图 4-2　非密接式车钩连接示意图（非刚性车钩）

密接式车钩又称为刚性车钩，车钩间隙一般在 3 mm 以下。密接式车钩不允许两个相连的车钩钩体在垂直方向上有相对位移。若两车钩在连挂前轴线高度已有偏差，则两车钩在连挂后轴线处在同一条直线上且呈倾斜状态，钩体尾端完全相接，如图 4-3 所示。

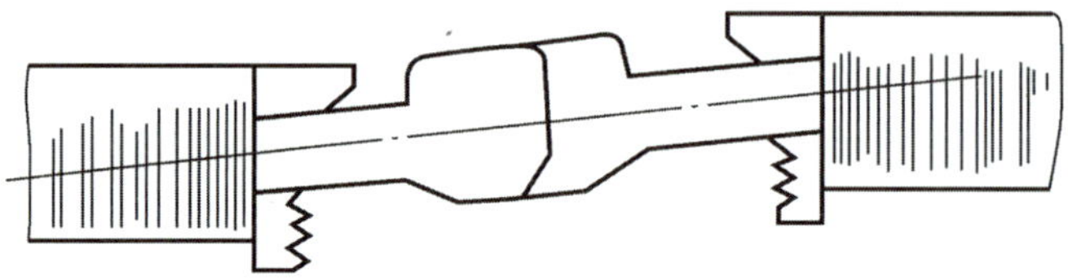

图 4-3　密接式车钩连接示意图（刚性车钩）

刚性车钩与非刚性车钩相比有如下优点：

（1）大大简化了制动空气主管、电气线路等自动连挂的条件，这对于列车实现编组完全自动化具有重大意义，并且也改善和减轻了工人的劳动条件；

（2）减小了两个车钩连接表面之间的间隙，从而也降低了列车中的纵向力，提高了列车运行的平稳性；

（3）由于车钩零件的位移减小了，并且在这些零件上所作用的力也减小了，因此改善了自动车钩内机构的工作条件；

（4）减小了车钩连接表面的磨耗；

（5）减小了由于两连挂车钩相互冲击而产生的噪声，这对于城市轨道车辆和客车尤为重要；

（6）避免在意外撞车事故时，发生一个车辆爬到另一个车辆上的危险。

非刚性车钩与刚性车钩相比有如下优点：

（1）简化了两车钩纵向中心线高度偏差较大的车辆相互连挂的条件（例如，不同类型的车辆，车轮及其他部件磨耗程度不同的车辆，以及空车和重车）；

（2）不需要复杂的钩尾销连接结构和复杂的对心装置；

（3）车钩钩体的结构和铸造工艺较为简单。

由于这些特点决定了刚性车钩主要用于地下铁道车辆和城市轻轨车辆，以及高速列车上，非刚性车钩较普遍地应用于一般铁路客车、货车上。城市轨道交通列车启动和变速过程中纵向加（减）速度较大，对车辆舒适度要求较高，通常要求气路、电路能自动连接，而传统结构的非刚性车钩缓冲装置联挂间隙较大、自动化程度较低，不能满足其使用要求，因此必须采用密接式车钩缓冲装置。

**【知识拓展】**

密接式车钩缓冲装置根据密接式车钩制式的不同，主要分为日本模式和欧洲模式两种形式。日本模式的代表作为柴田式车钩；欧洲模式的代表作为夏芬伯格车钩（Scharfenberg coupler）。日本模式采用的是半圆形钩舌密接式车钩，而欧洲模式采用的是锁形（Latch Type）密接式车钩。

欧洲模式的密接式车钩由 Karl Scharfenberg 于 1903 年设计制造，几经完善，前由德国沙库公司生产，现已被德国福伊特公司收购。目前，主要的钩缓生产商有德国的福伊特公司、瑞典的丹纳公司、法国的法维莱公司。夏芬伯格密接式车钩缓冲装置由密接式车钩、电连接器、缓冲器组成，并根据功能需要，可在产品中设计过载保护装置。其产品具有自动化程度高、可靠性高、市场认知度高等优点，为目前轨道交通市场的主流产品。

日本模式的密接式车钩由柴田卫氏于 1929 年提出了设计方案，1931 年完成产品试制和现车试验，1932 年，柴田式车钩开始在新造动车组上全面采用，之后大部分的动车组都采用了柴田式密接车钩，产品已经系列化。柴田式车钩均带有凹锥和起承载、导向对冲作用的凸锥。根据导向凸锥形状的不同，柴田式车钩分为方锥形密接式车钩和圆锥形密接式车钩。车钩和缓冲器采用接头连接，其优点是结构简单、维护方便，缺点是关节众多，安装复杂，联挂间隙大，缓冲器容量低，不具备过载保护装置，或采用简单的屈曲管实现过载保护，自动化程度低。钩缓生产商有住友金属工业株式会社和铸钢所。

我国中车集团的戚墅堰机车车辆工艺研究所和四方车辆研究所通过引进国外成熟产品，在消化引进技术的基础上实现了创新，已实现密接式车钩缓冲装置的国产化，完全满足目前的市场需求。

### （三）城市轨道交通车辆车钩缓冲装置分类

城市轨道交通车辆车钩缓冲装置根据连挂方式的不同，可分为自动车钩、半自动车钩和半永久牵引杆（见图 4-4）。

图 4-4　城轨车辆车钩缓冲装置配置

1. 自动车钩

自动车钩位于列车端部，电路和气路等连接装置都组装在车钩上，可实现机械、电路和气路完全自动连挂和解钩。解钩后，车钩处于待挂状态，电气连接器通过盖板自动关闭，风管连接器也自动关闭。

2. 半自动车钩

半自动车钩一般设置在两编组单元之间，有时也设置在列车端部。半自动车钩的连挂方式与自动车钩相同，可实现机械、气路的完全自动连挂和解钩，但电路必须靠人工连挂和解钩，以方便检修作业。

3. 半永久牵引杆

半永久牵引杆又称半永久车钩，用于同一编组单元内车辆的连接，其机械、气路和电路的连挂和解钩都需要人工操作，且通常只在架修以上的作业时才分解。采用半永久牵引杆连挂两车时，连接间隙小，纵向运动和转动也很小。这种连接方式可使列车出轨时仍能保持车辆之间的相对位置，防止车辆重叠和颠覆，减少列车启动和制动时的冲击。在半永久牵引杆上设有贯通道支撑座，用于支撑贯通道。

由于成本较高、系统复杂，目前很多城市的城轨车辆尚未采用自动车钩，在列车端部和单元之间采用半自动车钩缓冲装置。

# 任务 2　车钩缓冲装置结构及原理认知

## 一、任务导入

查阅关联知识和相关资料，完成以下问题。

1. 分析比较重庆 1 号线、重庆 2 号线、重庆 5 号线车辆车钩缓冲装置的结构有什么不同。

2. 车钩缓冲装置常见的连挂系统有哪些？不同连挂系统的特点是什么？

## 二、任务目标

掌握城市轨道交通车辆自动车钩、半自动车钩和半永久车钩缓冲装置结构组成，掌握不同类型的连挂系统、缓冲系统的工作原理

## 三、任务内容

<table>
<tr><td>任务描述</td><td colspan="4">查阅图书馆和网络上相关资料，阅读单元四任务 2 中“七、任务关联知识”，掌握常见地铁车辆车钩缓冲装置的结构组成，以某型车钩缓冲装置为例，指出其各部分的名称、作用。</td></tr>
<tr><td>任务要求</td><td colspan="4">以小组为单位，每组 3~5 人，剖析三、任务内容，制定工作计划，明确成员分工，规范有序完成任务。参观不同类型的车钩缓冲装置，学生要穿戴工装，注意安全。小组成员，逐一指认车钩缓冲装置结构，要求采用普通话，口齿清晰，声音洪亮。</td></tr>
<tr><td rowspan="5">任务分组</td><td>组长</td><td></td><td>学号</td><td></td></tr>
<tr><td rowspan="4">组员</td><td>姓名</td><td colspan="2">学号</td></tr>
<tr><td></td><td colspan="2"></td></tr>
<tr><td></td><td colspan="2"></td></tr>
<tr><td></td><td colspan="2"></td></tr>
</table>

## 四、任务实施

以小组为单位，对车钩缓冲装置的结构进行指认，并介绍各结构作用。老师结合学生的介绍进行点评并进一步介绍车钩各部分结构的工作原理，对相关知识点进行讲解。以对车钩缓冲装置各部件及作用的表述完整性（50%）、准确性（50%）评定成绩。

## 五、任务评价

根据各组任务完成情况，填写评价表。

评价表

| 序号 | 评价项目 | 分值 | 自我评价 | 互相评价 | 教师评价 | 总评 |
|---|---|---|---|---|---|---|
| 1 | 学习准备 | 0~10 | | | | |
| 2 | 是否在规定时间完成 | 0~10 | | | | |
| 3 | 是否有序规范安全 | 0~20 | | | | |
| 4 | 是否主动参与互动 | 0~10 | | | | |
| 5 | 展示汇报 | 0~30 | | | | |
| 合计 | | 100 | | | | |

## 六、任务拓展

结合实训设备，以小组为单位参观并查阅资料学习铁道机车 13 号车钩。

## 七、任务关联知识

目前城轨车辆上使用的车钩缓冲装置通常采用模块化设计，通常由连挂系统、缓冲系统、压溃装置、过载保护装置（头车）和安装及吊挂系统组成，各部分之间采用卡环连接。不同类型和型号的自动/半自动车钩缓冲装置，其系统组成基本相同，结构有所差异。自动/半自动车钩缓冲装置相比，半永久车钩缓冲装置采用卡环连接，无连挂系统和过载保护装置。如图 4-5 至 4-8 所示为头车半自动车钩缓冲装置、中间半自动车钩缓冲装置、凹锥半永久久钩缓装置结构、凸锥半永久车钩缓装置结构图。

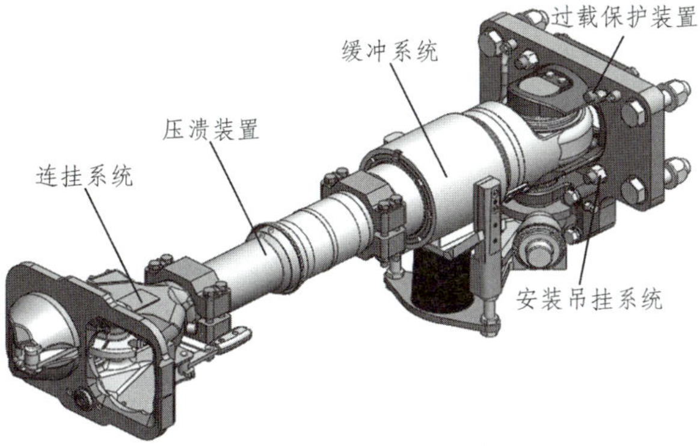


图 4-5　头车半自动车钩缓冲装置

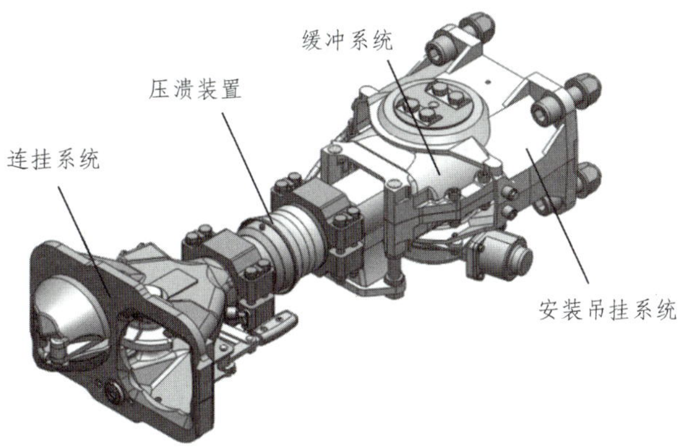


图 4-6　中间半自动车钩缓冲装置

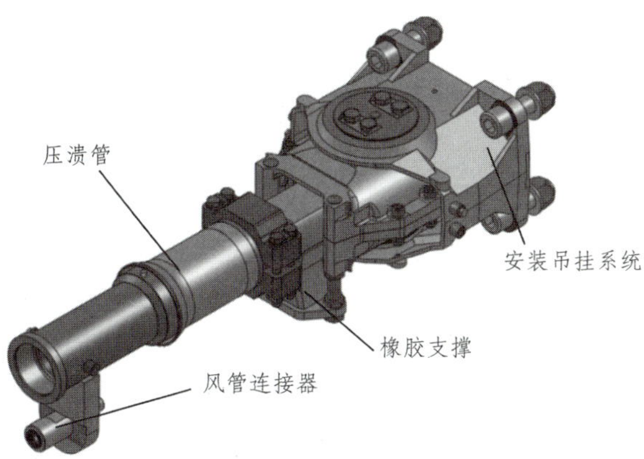


图 4-7　凹锥半永久车钩缓装置结构

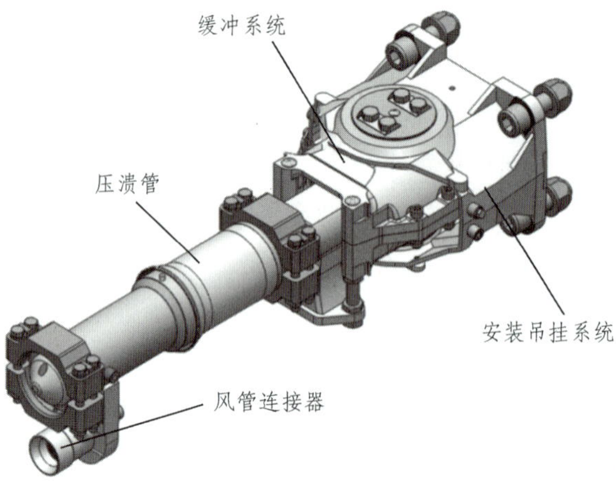


图 4-8　凸锥半永久车钩缓装置结构

自动、半自动车钩连挂系统集成机械连挂和风路连通和连挂反馈的功能，可自动或者人工进行解钩操作。

缓冲系统、压溃装置、过载保护装置属于能量吸收装置，缓冲器用来吸收车辆正常连挂及运行过程中的冲击能量，压溃管用来吸收车辆在发生意外碰撞时的冲击能量。当车钩受到过大冲击力时，过载保护装置作用车钩可以脱离车钩安装板，并使防爬器发挥作用，保护车辆、人员及财产不受损失。

吊挂系统作用是保证钩缓装置能够在水平面和垂直面内一定范围内灵活转动，并具有垂直面内自支撑功能和水平面一定范围内自动对中的功能。

## （一）自动/半自动车钩连挂系统

根据密接式车钩的机械连挂原理，目前我国主流城轨车辆采用的密接式车钩连挂系统主要有三种，包括采用拉杆式连接结构的 330 型、35 型和采用半圆形钩舌的 CG-5 型，如图 4-9 所示。

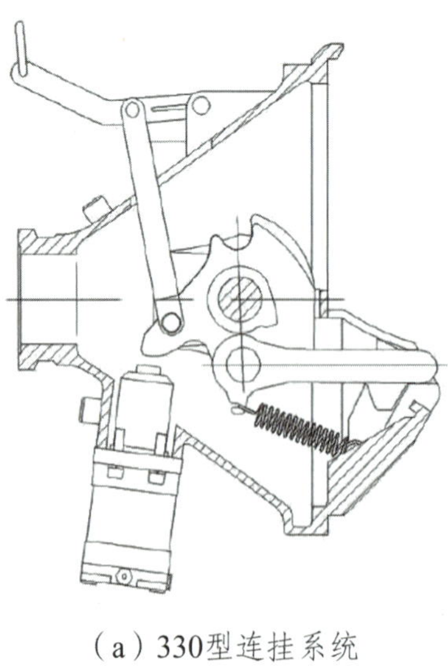

（a）330型连挂系统

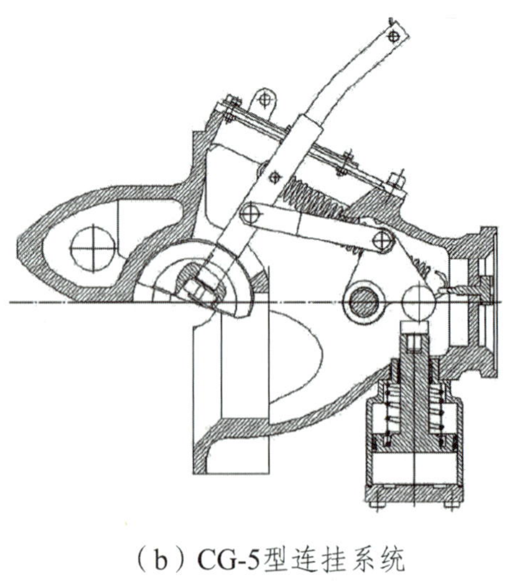

（b）CG-5型连挂系统

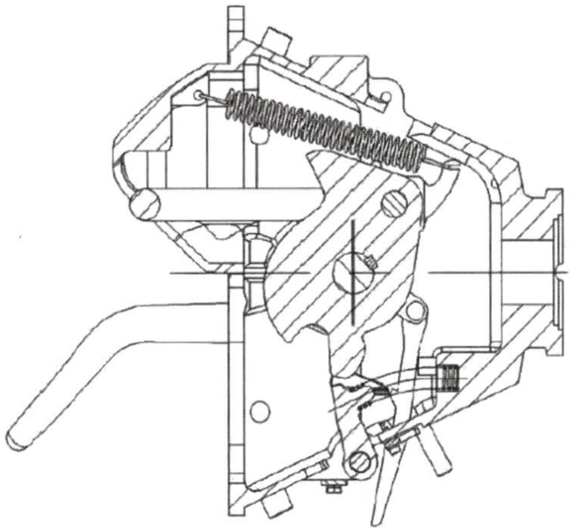

（c）35型连挂系统

图 4-9　密接式车钩的连挂系统

1. CG-5 型连挂系统

采用 CG-5 型连挂系统的车钩如图 4-10 所示，其与日本柴田式车钩的连挂原理相同，由凸锥、凹锥和半圆形钩舌，半圆形钩舌与解钩手柄相连，可通过销轴转动，其内部结构见图 4-11。

图 4-10　采用 CG-5 型连挂系统的车钩

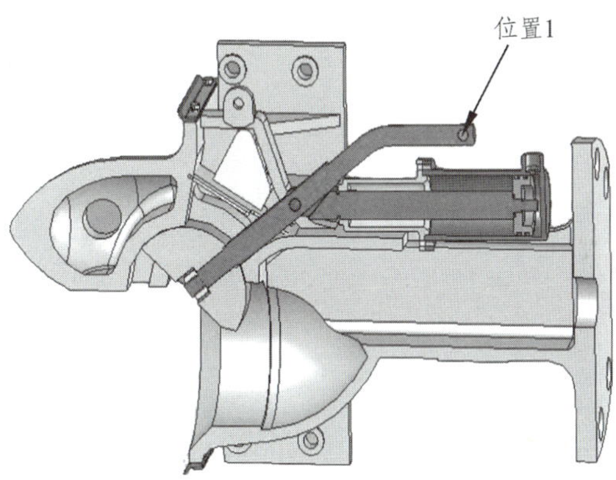


图 4-11　CG-5 型连挂系统内部结构

连挂原理：

待挂状态：连接前的准备状态，此时钩舌定位杆被固定在待挂位置，解钩风缸活塞杆处于回缩状态，半圆形钩舌的连接面与水平面呈 40°角。

连挂状态：两钩连挂时，凸锥插进对方车钩相应凹锥孔中。这时凸锥的内侧面在前进中压迫对方的钩舌转动，使解钩气缸的弹簧受压，钩舌沿逆时针方向旋转 40°。当两钩连接面相接触后，凸锥内侧面不再压迫对方的钩舌，此时，由于弹簧的作用，使钩舌恢复到原来的状态，即处于闭锁位置（见图 4-12）。

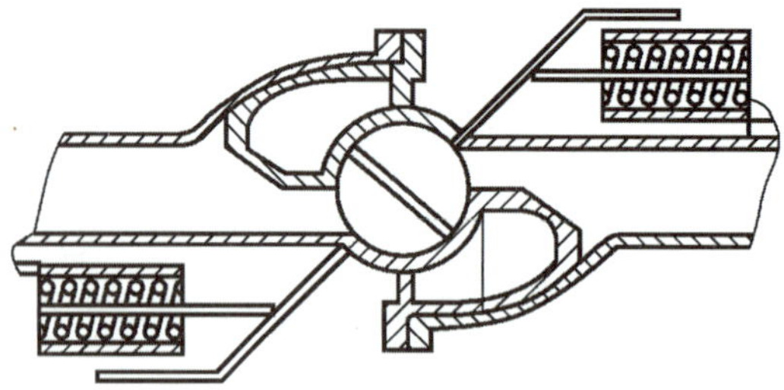

图 4-12　CG-5 型连挂系统连挂状态

解钩状态：司机操纵解钩阀，压缩空气由总风管进入解钩气缸，经解钩风管连结器送入相连挂的解钩气缸，活塞杆向前推并带动解钩杆，使钩舌转动至开锁位置，此时两钩即可解开（见图 4-13）。两钩分解后，解钩气缸的压缩空气迅速排出，解钩弹簧复原，带动钩舌顺时针转动 40°恢复到原始状态，为下次连挂作好准备。如果采用手动解钩，只要用人力扳动解钩杆，也能使钩舌转动至开锁位置，实现两钩的分解。

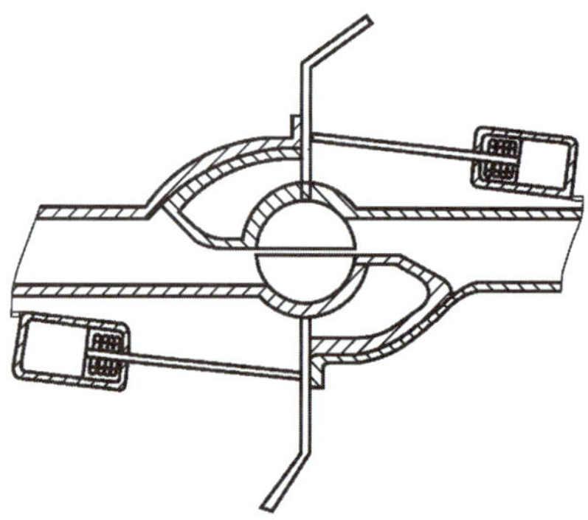

图 4-13　CG-5 型连挂系统解钩状态

CG-5 型车钩的凸锥、凹锥在车辆连挂时起到定位和导向作用，决定了车钩的连挂范围，图 4-14 所示为 CG-5 型车钩在平直轨道上的连挂范围。

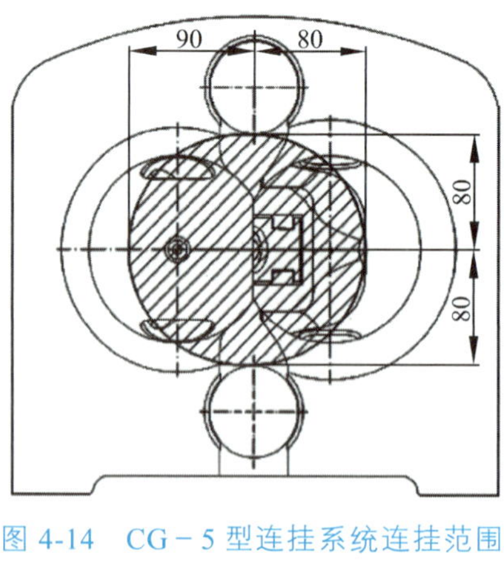


图 4-14　CG－5 型连挂系统连挂范围

2. 330 型连挂系统

330 型连挂系统由钩舌、连挂杆、恢复弹簧、解钩装置等构成。其中钩舌、连挂杆通过销轴实现转动，连挂前，靠弹簧力保持在解钩位。其内部结构见图 4-15。

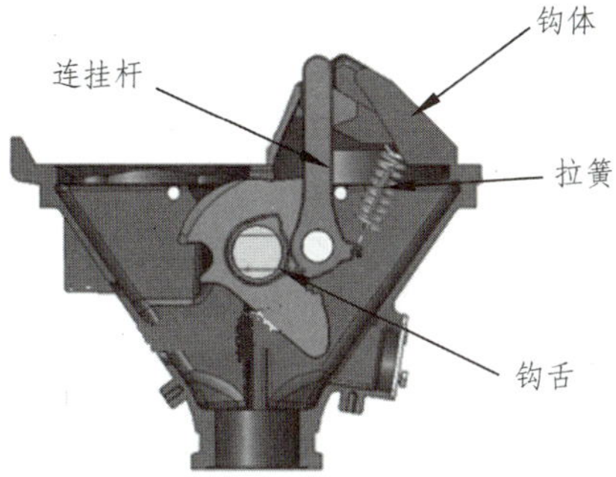


图 4-15　330 型连挂系统

连挂原理：

当车钩要连挂时，通过两车钩的相互撞击，钩体内部的钩舌等机构发生顺时针（见图 4-16）旋转，在两钩相互连挂过程中，对方钩体的凸锥推动本钩钩舌等连挂机构旋转到最大角度，到达全开位，然后在恢复弹簧的作用下迅速恢复到锁定位，到达完全连挂后车钩连挂机构的位置状态。

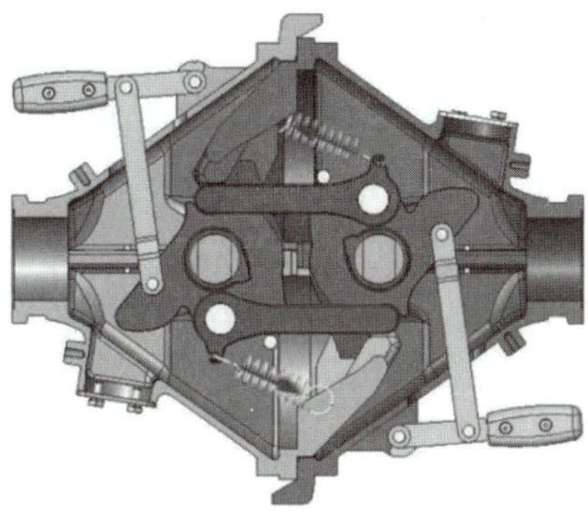

图 4-16　330 型连挂系统连挂状态

在解钩时，向解钩气缸充风或者人工扳动解钩手柄，使钩体内部的钩舌及其他机构旋转到最大角度，到达全开位，此时两车钩可以正常分离，然后释放解钩手柄，在恢复弹簧力的作用下，钩舌等其他内部机构回复到待连挂位（见图 4-17）。

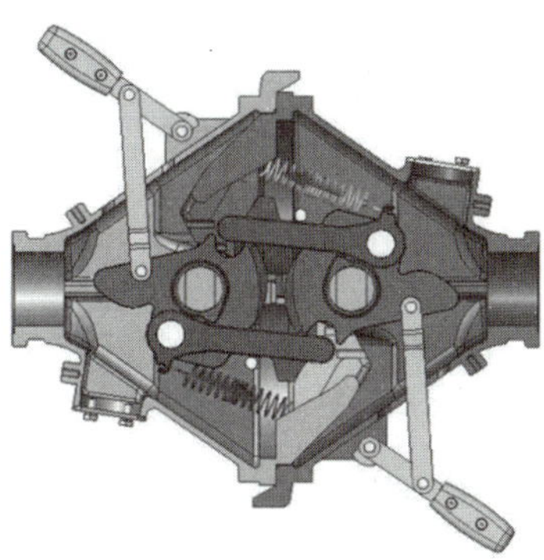

图 4-17　330 型连挂系统解钩状态

330 型钩头的连挂面设有凸锥和凹锥，两钩的凸锥和凹锥锥面相互导向使得车钩连挂时可以自动对中，确保车钩在垂直方向和水平方向均有一个较大的连挂范围，图 4-18 为 330 型车钩在平直轨道上的连挂范围。

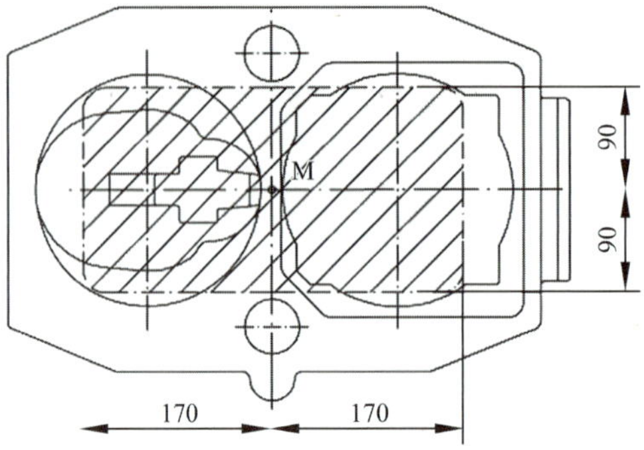


图 4-18　330 型连挂系统连挂范围

### 3. 35 型连挂系统

35 型连挂系统（见图 4-19）主要包括连挂面、钩舌、连杆、中心轴、定位杆、弹簧、解钩手柄等，连挂面设有凸锥和凹锥，两钩连挂时相邻车钩的凸锥体和凹锥孔互相插入；中心轴上固定有钩舌，钩舌绕中心轴转动可带动钩锁连接杆动作；钩舌呈不规则几何形状，设有供连接时定位和供解钩时解钩风缸活塞杆作用的凸舌，以及钩锁连接杆的定位槽、钩嘴等，是车钩实现动作的关键零件；钩锁连接杆在钩锁弹簧拉力作用下使车钩连接可靠；钩舌定位杆上设有两个定位凸缘，是钩舌定位在待挂或解钩状态；定位杆顶块可以在连接时顶动钩舌定位杆实现两钩的闭锁。

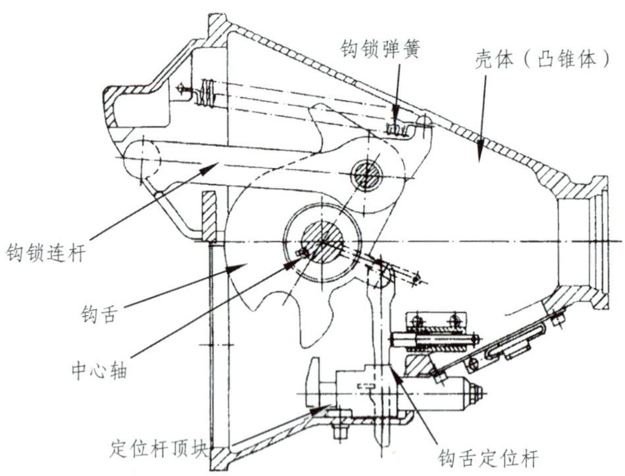


图 4-19　35 型连挂系统内部结构图

待挂状态：连接前的准备状态，此时钩舌定位杆被固定在待挂位置，钩锁弹簧处于最大拉力状态，钩锁连接杆退至凸锥体内，钩舌上的钩嘴对着钩头正前方。

连挂状态：相邻车钩的凸锥体伸入对方车钩的凹锥孔并推动定位杆顶块，定位杆顶块推动钩舌定位杆离开待挂位置。由于钩锁弹簧的恢复力使钩舌作逆时针转动，带动钩锁连接杆伸进相邻车钩钩舌的钩嘴，完成两钩的连接锁闭。此时，连挂两钩的钩锁连接杆和钩舌形成平行四边形（见图 4-20）。

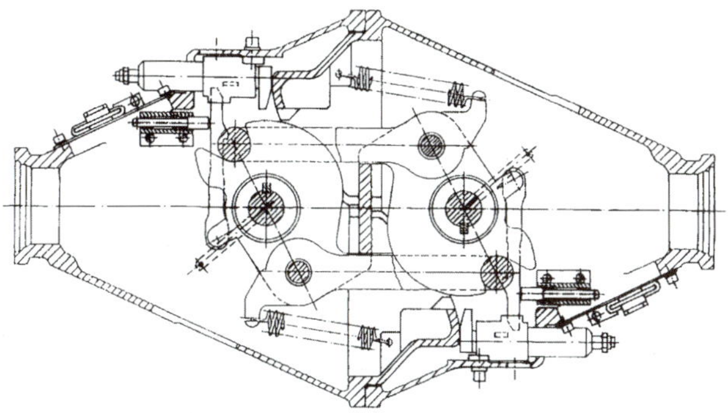

图 4-20　35 型连挂系统连挂状态

解钩状态：司机操纵按钮控制电磁阀，压缩空气进入解钩风缸，风缸活塞杆推动钩舌顺时针转动，使相邻车钩的钩锁连接杆脱开钩舌，同时使自身的钩锁连接杆克服钩锁弹簧拉力缩入钩头凸锥体内，脱离相邻车钩的钩舌，此时定位杆顶块控制钩舌定位杆使钩舌处于解钩状态，两钩即可解开（见图 4-21）。两钩分解后，解钩风缸的压缩空气迅速排出，定位杆顶块在弹簧作用下复原，钩舌定位杆回至待挂位，车钩又恢复到待挂状态。

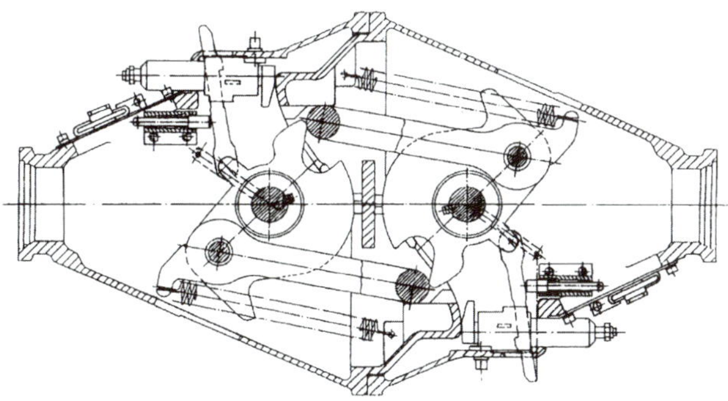

图 4-21　35 型连挂系统解钩状态

35 型车钩的连挂端面设置有引导杆和引导钩肩，增大了车钩的连挂范围，图 4-22 所示为 35 型车钩在平直轨道上的连挂范围。

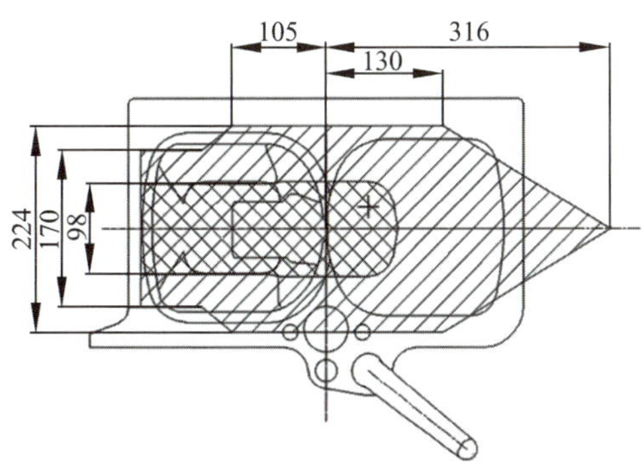


图 4-22　35 型连挂系统连挂范围

相比于 CG-5 型钩头，330 型和 35 型钩头结构较复杂，但连挂范围较大。若项目有较小曲线的自动连挂要求，应优先选用 330 型和 35 型钩头。需要注意的是，同种类型的车钩，不同生产厂家的设计参数也略有不同，未必可以相互连挂。

4. 风管连接器

头车连挂系统钩体上集成了自闭塞式的主风管连接器（见图 4-23），可以在列车连挂时由于列车上风压的作用打开柱塞后端，自动连通列车管路，在列车分解时，由于内部弹簧力的作用下后端封闭，自动关断管路。

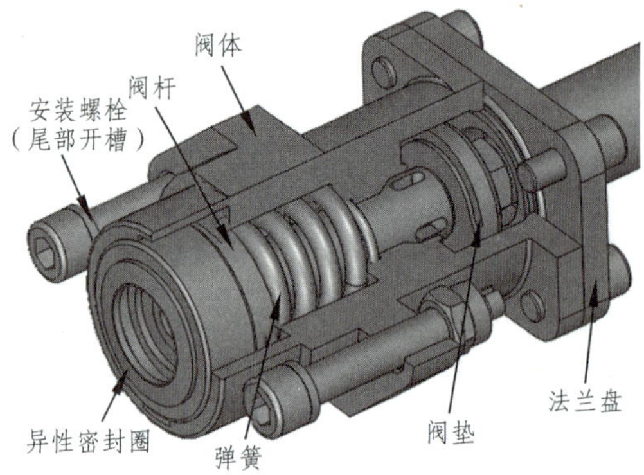


图 4-23　风管连接器

## （二）能量吸收装置

能量吸收装置用来缓和列车在运行中由于车辆牵引力的变化或在起动、制动及调车作业时车辆相互碰撞而引起的纵向冲击和振动，吸收车辆之间冲击和振动的能量，从而减轻对车体结构的破坏作用。车钩缓冲装置上的能量吸收装置包括缓冲器、压溃装置和过载保护装置。

当一列 AW0（空载）的列车与一列 AW0 处于停放制动的列车相撞时：以小于 7 km/h 的速度相撞时，由缓冲器吸收冲击能量；大于 7 km/h 但小于 15 km/h 的速度相撞时，压溃装置发生塑性变形收冲击能量；以大于 15 km/h 的速度相撞时，车钩尾部区域过载保护装置动作，使车钩脱离安装座推向后部，列车前端车体底架司机室前端吸能区吸收剩余能量，从而以保护乘客安全，能量吸收示意图见图 4-24。

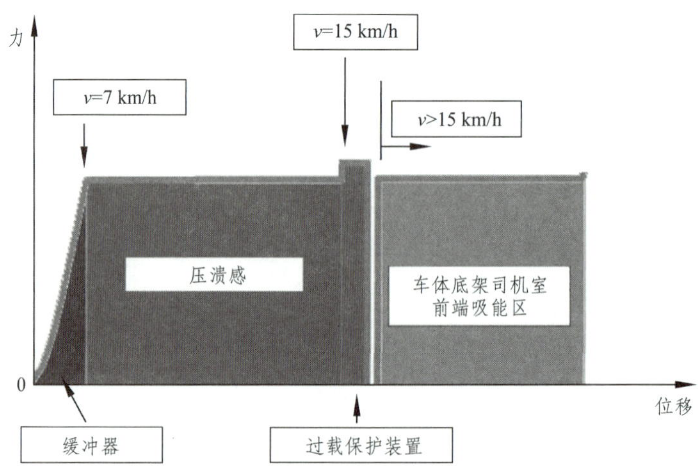


图 4-24　列车前端能量吸收示意图

1. 缓冲器

根据缓冲器的结构特点和工作原理，城市轨道车辆使用的缓冲装置主要有橡胶缓冲器、气液缓冲装置、弹性胶泥缓冲器等。

1）橡胶缓冲器

由于橡胶具有较好的弹性，因此在很多需要缓冲减震的场合都可以看到它的身影，橡胶缓冲器属于可恢复变形缓冲装置。橡胶缓冲器根据其作用原理不同又分为平面拉压型缓冲装置和剪切型缓冲装置。

（1）平面拉压型缓冲装置。

如图 4-25 所示为层叠式橡胶金属片缓冲装置，属于平面拉压型缓冲装置，由橡胶金属片，前、后钢制从板，牵引杆和缓冲器体组成。牵引杆由缓冲器后端，经橡胶金属片中间圆孔插至前端，并用螺栓紧固，置于缓冲器体中。缓冲器体中共装有 12 片橡胶金属片，每片厚 25 mm，直径 180 mm，中间开有 60 mm 直径的圆孔。

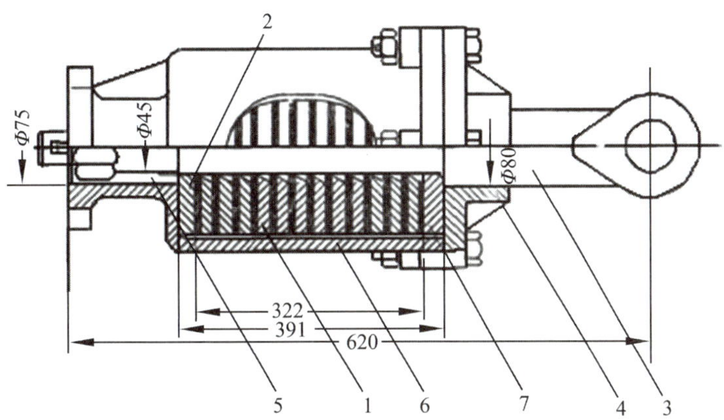


1—橡胶金属片；2—前从板；3—牵引杆；4—缓冲器后盖；
5—滑套；6—缓冲器体；7—后从板

图 4-25　橡胶缓冲器

两车不论受牵拉或冲击均对缓冲器的橡胶片产生压缩作用，橡胶片在受压缩变形过程中吸收一部分冲击能。当两车相互牵拉时，牵拉力首先由车体传至牵引杆，牵引杆随车体向右移动，通过前从板将作用力传递到橡胶金属片上，橡胶金属片受压并把力传递到后从板上，再通过后从板与缓冲器体的接触使该牵引拉力传至钩头。最后经十字头传至后车。其作用原理是当车辆受到压缩载荷作用时，缓冲器体和牵引杆受压，此时力的传递方向为：牵引杆压缩后从板→橡胶金属片→前从板和缓冲器的前端。橡胶金属片受到压缩，起到缓冲作用。在牵引载荷工况下，缓冲器体和牵引杆受拉，此时力的传递方向为：牵拉力（前车）→牵引杆上的滑套压缩前从板→橡胶金属片→后从板和缓冲器体后盖→钩头锥体与钩舌，同样起到缓冲作用。

缓冲器缓和冲击的能力决定于它所能承受最大力和在该力下产生的行程（变形）之乘积，即缓冲器的容量，单位为 kJ（千焦耳）。如果所承受的外力超过其允许值，弹性元件就要产生永久变形，失去缓和冲击的能力。该型缓冲器是按承受最大冲击力 25 t

设计的。

（2）环形橡胶缓冲器。

如图 4-26 所示为环形橡胶缓冲器，属于剪切型缓冲器，主要由牵引杆、缓冲器体、环形橡胶弹簧等几部分组成，属于免维护的橡胶缓冲装置。缓冲器安装在车钩安装座上，可以吸收拉伸和压缩能量。缓冲装置不存在间隙，在承受拉伸和压缩载荷的同时，可以承受较大的剪切力。

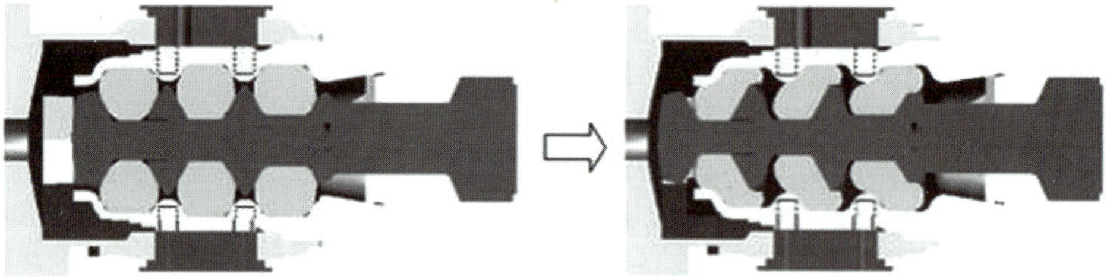


图 4-26　EFG3 橡胶缓冲器

2）弹性胶泥缓冲器

弹性胶泥缓冲器（见图 4-27）取用一种未经硫化的有机硅化合物，称弹性胶泥作为缓冲介质，它具有弹性、可压缩性和可流动性，其物理化学性能在 − 50 ~ +250℃范围内具有较高的稳定性，抗老化、无臭、无毒，对环境无污染。

弹性胶泥具有固体和液体两种属性的特征，其动黏度比普通液压油大几十至几百倍，且可根据需要改变配方予以调节，因此在液压缓冲器中十分困难的密封问题在这里变得极为简单。因此目前弹性胶泥缓冲器在城轨车辆上得到了广泛的运用。

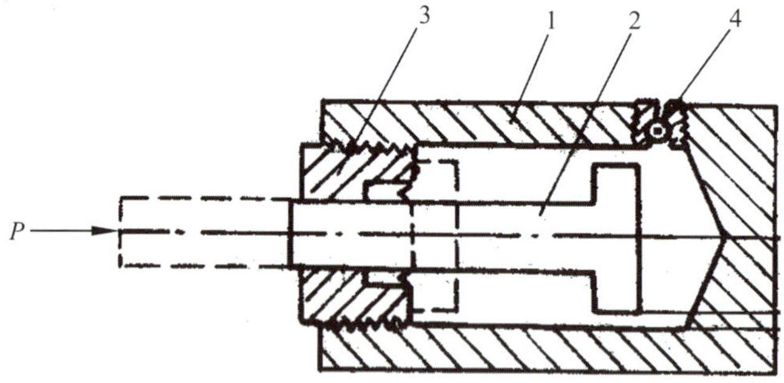


1—缓冲器壳体；2—活塞与活塞杆；3—密封盖；4—充料阀

图 4-27　弹性胶泥缓冲器

3）液压缓冲器

液压缓冲器是在车钩缓冲器系统中广泛使用的一种可恢复式缓冲器，其结构及工作原理如图 4-28 所示。

液压缸内充有黏度很高的液压油，活塞位于液压缸的左端，活塞上开有小孔，车钩中的力通过活塞、液压油传递到液压缸上，并进一步传递到车钩尾部。正常情况下，车钩中的力不是很大，液压油不会通过活塞上的小孔流到左边，整个液压缓冲器表现为一根刚性杆。当发生较大冲击时，液压油作用在活塞上的力很大，液压油会通过小孔流到左边，同时产生热量，使车钩受到的冲击能量转变为液压油的热能，通过这种方式降低车钩在受到冲击时的受力水平，保护车底架不受损坏。这种缓冲器使用液压油作为介质，在发生吸能作用时只有油的温度升高，并没有机械零部件的损坏，吸收能量后温度升高的液压油通过活塞上的小孔重新回到右边，温度降低后，油的黏度增加，又可以传递力，重新发挥缓冲器的功能，所以这种液压缓冲器是可以反复使用的。

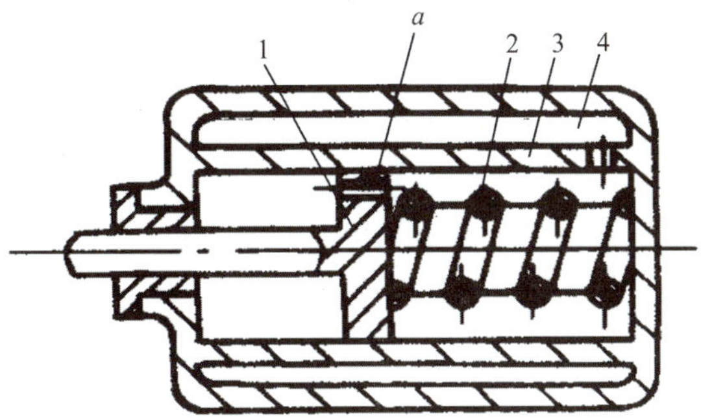


1—活塞；2—弹簧；3—缸体；4—空腔；a—溢流孔

图 4-28　液压缓冲器

4）液-气缓冲装置

液气缓冲器是在液压缓冲器的基础上发展起来的新型缓冲装置，于 20 世纪后期在欧洲铁路机车车辆上开始运行。图 4-29 为液气缓冲器的结构。

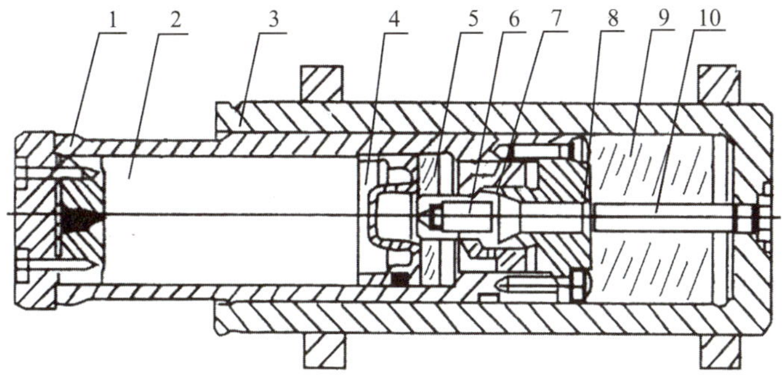


1—柱塞；2—气腔；3—缸体；4—浮动活塞；5—油腔 2；6—单向锥阀；7—锥阀节流孔；8—节流阻尼环；9—油腔 1；10—节流阻尼棒

图 4-29　液-气缓冲器

液压缓冲器具有容量大、性能稳定且便于调整等特点，但其对密封效果和密封寿命有较高的要求。目前，液压缓冲器在起重机、汽车及航空等领域已得到较为广泛的应用。铁道机车车辆由于运营环境和应用条件的特殊性，使得液压缓冲器在铁道机车车辆上的应用受到一定的限制，在国外铁道机车车辆上仅有少量运用实例，在我国的应用目前基本是空白。主要原因是液压缓冲器一般采用钢弹簧作为复原弹簧，而铁道机车车辆经常出现往复性冲击，钢弹簧的疲劳寿命极大地限制了其应用。相比之下，液气缓冲器取消了原有的钢弹簧，利用气体的可压缩性作为复原弹簧，不仅消除了钢弹簧的疲劳现象，而且实现了无磨耗工作，从而大大提高了使用寿命，减少了维修工作量，是未来铁道机车车辆缓冲器发展的方向。

5）不同类型缓冲器对比

橡胶缓冲器通过橡胶块压缩吸能，结构比较简单，价格低。橡胶件作为吸能部件，刚度较低，有利于缓和车辆间冲击力。但是橡胶件的吸能容量较小，能量吸收率低，并且性能受运营环境影响较大，橡胶老化后需要更换。

气液缓冲器和胶泥缓冲器从减振介质上分类同属于流体类缓冲器，结构较为复杂，价格较高。两种缓冲器的区别在于：胶泥缓冲器利用胶泥的压缩复原性能提供缓冲器的复原力；气液缓冲器采用高压氮气为缓冲器提供复原。此类缓冲器的吸能容量主要与冲击速度有关：速度较低时，缓冲器刚度较低，有利于缓和冲击；速度较高时，缓冲器刚度变大，吸能容量变大。此类缓冲器内部介质密封，一般寿命较长。

橡胶缓冲器和弹性体缓冲器一般用于满足 2 列车 5 km/h 连挂的需求，气液缓冲器和胶泥缓冲器一般用于满足 2 列车 8 km/h 的连挂速度要求。但在更高速的列车碰撞过程中（比如 25 km/h、36 km/h），橡胶缓冲器可以缓和列车的初始冲击力，更有利于压溃管开始动作吸能。

### 2. 压溃装置

压溃装置通常采用膨胀式压溃管，属于不可复原的能量吸收装置，用于吸收车辆发生意外冲击时产生的能量。压溃装置结构示意图如图 4-30 所示。

膨胀式压溃管具有较大的能量吸收能力，当列车在运行或连挂过程中发生碰撞，压载荷低于压溃管触发力时，压溃管吸能元件不发生产动作，所有的冲击能量将由缓冲器来吸收；当压载荷大于设定值时，装在车钩杆上的可压溃变形管受到挤压将冲击能转化为变形能，最大限度吸收冲击能量，以达到保证车辆人身安全和保护车辆设备目的。

在正常使用中，钩缓装置在牵引工况时，牵引载荷会通过压溃装置内部的刚性连接来传递，变形元件不受到影响；在压缩工况时，钩缓装置压载荷远低于压溃装置设定力值，变形元件不发生动作，压缩能量由缓冲器来吸收。当压溃装置触发时，必须进行更换。如图 4-31 所示为触发前后的压溃管。

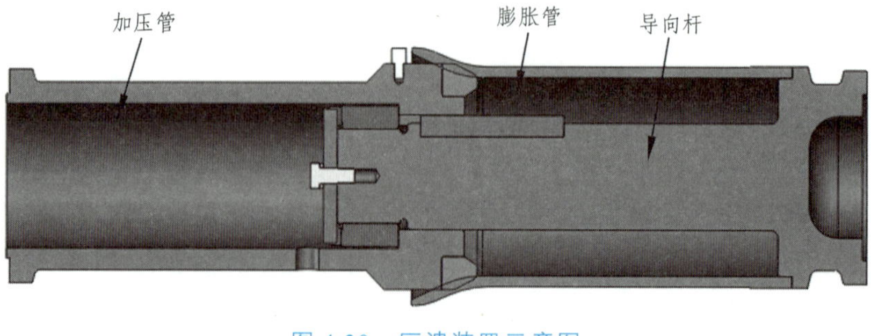


图 4-30　压溃装置示意图

图 4-31　压溃管触发前后对比图

3. 过载保护装置

过载保护装置用于列车在超速连挂或者受到强烈冲击所受外力超过标定值时，使车钩脱离车体安装板向后回退，以使车体上的防爬器互相咬合。

车钩过载保护装置从结构上分为鼓形套筒、螺栓内剪切、螺栓内拉断三种形式。

1）鼓形套筒式过载保护装置

鼓形套筒式过载保护装置由鼓形套筒、安装轴承座、退出导轨组成鼓形套筒安装在车钩安装螺栓与车钩安装面之间，如图 4-32 所示。车钩发生过载保护时通过鼓形套的压缩变形实现能量吸收。

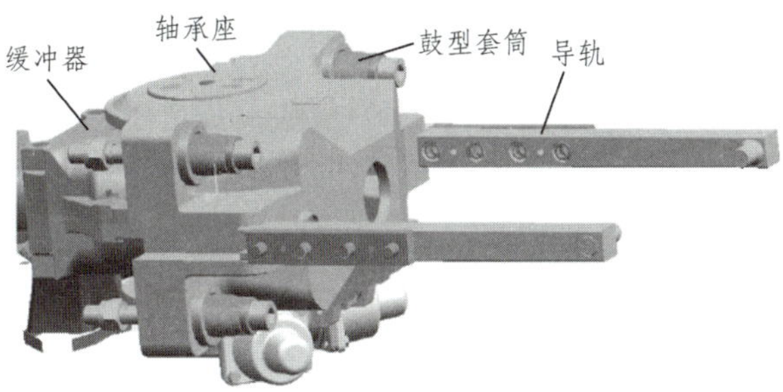


图 4-32　鼓形套筒式过载保护装置

当两列车碰撞达到预置的触发力，鼓形套筒式过载保护装置自动车钩的缓冲器及安装轴承座与车体脱落，沿着导轨向后部退出，使车辆前部吸能区相接触，以此实现过载保护功能，如图 4-33 所示。

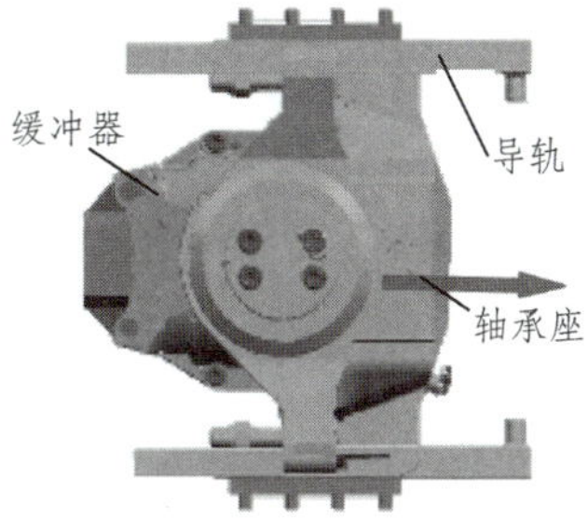


图 4-33　鼓形套筒式过载保护装置触发示意图

2）螺栓内剪切式过载保护装置

螺栓内剪切式过载保护装置由 8 个内剪切螺栓、安装轴承座、缓冲器组成，过载内剪切螺栓将缓冲座与安装轴承座连接起来，如图 4-34 所示。

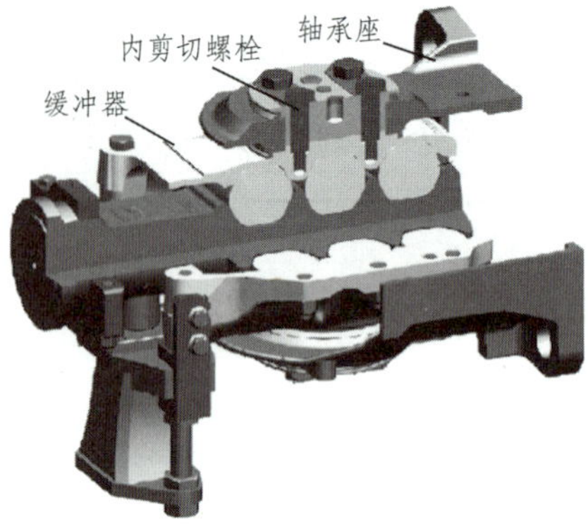


图 4-34　螺栓内剪切式过载保护装置

当车钩缓冲器受到的压缩载荷达到过载保护装置的额定触发力时，过载保护螺栓发生切剪断，车钩在压缩力的作用下向后运动，从而使钩缓装置与车体牵引梁分离，橡胶支撑与轴承座分离，车钩通过车辆底架下的轴承座，实现过载功能，如图 4-35 所示。

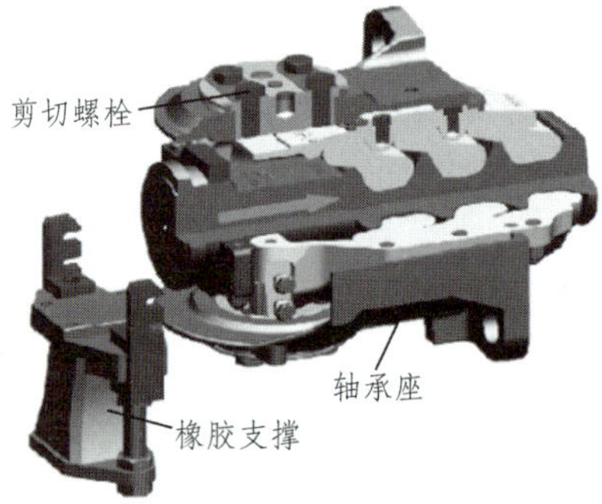


图 4-35　螺栓内剪切式过载保护装置触发示意图

3）螺栓内拉断式过载保护装置

螺栓内拉断式过载保护装置由 4 个拉断螺栓、安装轴承座、缓冲器组成，缓冲器通过 4 个拉断螺栓组装在缓冲器壳体上，如图 4-36 所示。

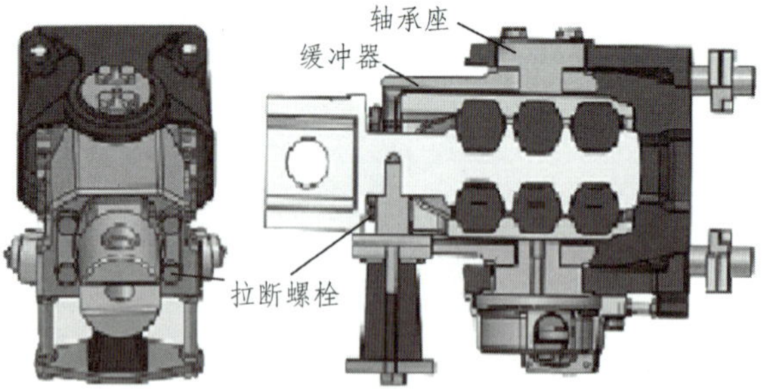


图 4-36　螺栓内拉断式过载保护装置

当车钩缓冲装置在正常牵引状态时，牵引力通过缓冲器壳体传递，过载保护螺栓并不承受牵引力。在车钩受压缩载荷状态下，当压缩载荷达到过载保护装置额定触发力时，位于缓冲器尾部的 4 个拉断螺栓断裂，车钩向后运动，钩缓装置内部结构与车体牵引梁分离，从而使受冲击车辆的防爬器和车体吸能区发挥作用，如图 4-37 所示。

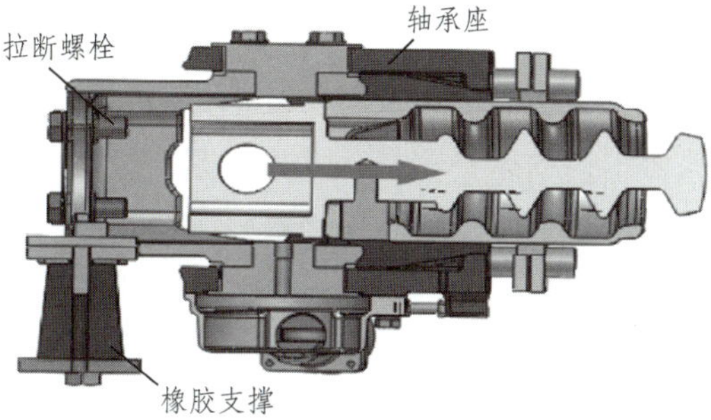


图 4-37　螺栓内拉断式过载保护装置触发示意图

4）三种过载保护装置对比

（1）安装方式比较。

根据安装方式的不同，车钩分为前装式车钩与后装式车钩。结构设计时，前装式车钩与后装式车钩仅安装座不同，与使用功能和性能相关的如连挂、解钩及能量吸收可保持一致。两种车钩都可根据实际使用要求对连挂钩头和缓冲吸能装置进行具体配置和结构设计。前装式和后装式全自动车钩的安装结构如图 4-38、图 4-39 所示。前装式车钩安装时仅需 4 套紧固件将车钩直接安装到车体上，车钩安装座的安装面与车体安装面贴合，拧紧螺栓即可完成安装。

后装式车钩安装时首先需要使用 4 套紧固件将车钩安装到车钩板上，然后通过 2 块围板和 8 套紧固件将车钩板安装到车体上。与后装式车钩相比，前装式车钩方案省去了车钩板、围板和车钩安装紧固件的安装，结构更加简单，质量减轻约 100 kg。鼓形套筒式过载保护装置仅能采用前安装形式，螺栓内剪切式和螺栓内拉断式过载保护装置前安装和后安装形式都可采用。

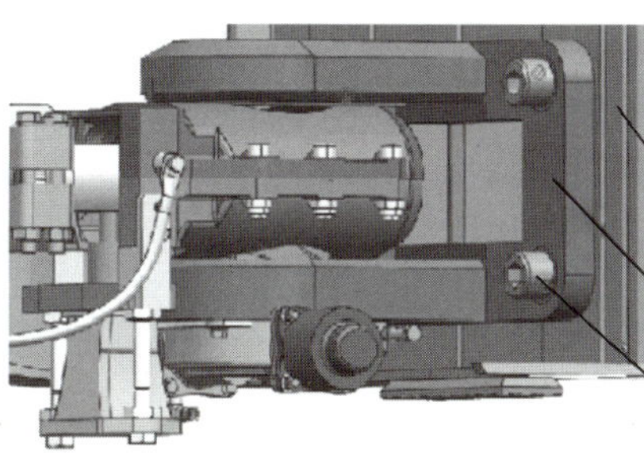


图 4-38　前装式全自动车钩安装结构

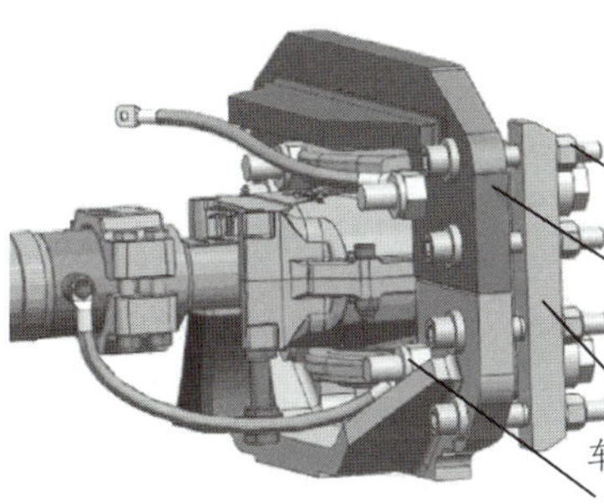


图 4-39　后装式全自动车钩安装结构

（2）可靠性对比。

采用内置剪切过载保护装置的车钩仅需安装车钩的 4 个安装螺栓，然后打上扭力便可完成安装。内置剪切车钩的过载保护触发力是预置好的，其主要受到拉断螺栓或剪切销的制造误差影响，浮动范围较小。采用鼓形套筒过载保护装置的车钩安装时还需安装导轨，且鼓形套筒需要专用工具施加一定的预紧力，对维修人员要求高。如果安装不到位，会导致预紧力误差大，影响车钩过载保护时的触发力。因此，鼓形套筒过载保护装置的过载保护触发力受到人为的影响因素较大，较难控制。

## （三）安装及吊挂系统

安装吊挂系统（见图 4-40）通常由安装座、钩尾销、对中机构、支撑机构等组成。其作用是保证钩缓装置能够在水平面和垂直面内一定范围内灵活转动，并具有垂直面内自支撑功能和水平面一定范围内自动对中的功能。

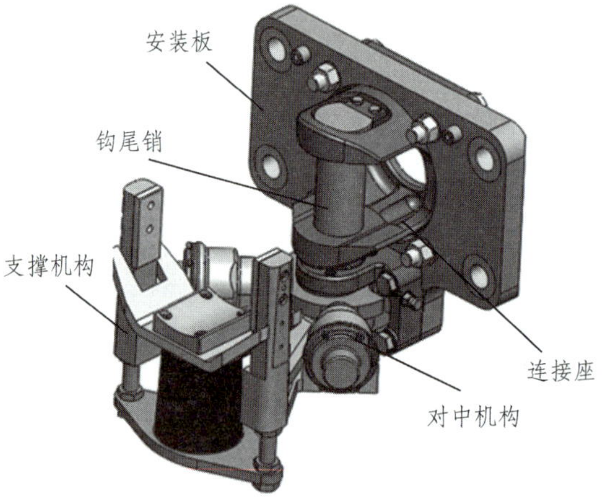


图 4-40　安装吊挂系统

钩缓装置的支撑与钩高调整是由支撑机构实现的。当需要调整钩高时，先将支架下面锁紧螺母松开。如果车钩钩头下垂，顺时针方向拧紧两侧螺栓相同的圈数，直至车钩达到垂直对中要求，重新拧紧螺母。如果车钩钩头上翘，逆时针方向松动螺栓相同的圈数，直至车钩达到垂直对中要求，重新拧紧螺母，即可实现钩高的调整。

对中机构采用机械对中方式，主要由凸轮板、滚轮和碟簧组成。通过碟簧提供回复力，使滚轮压迫凸轮板转动，从而带动钩缓装置整体转动。凸轮板与滚轮配合能够提供回复力的角度范围为 15°，超过 15°滚轮与凸轮板结合处将在两者中心连线上，不再有回复对中的力。

## （四）半永久车钩缓冲装置

半永久钩缓装置分为 A、B 部分，A 部分为带凹锥的半永久钩缓装置，B 部分为带凸锥的半永久钩缓装置，中间采用卡环连接。两种半永久钩缓装置在车辆间成对使用。半永久钩缓装置与车体采用四个专用的安装螺栓连接。

### 1. 凹锥半永久钩缓装置

凹锥半永久钩缓装置结构如图 4-41 所示。采用 EFG3 橡胶缓冲器或弹性胶泥缓冲器，与半自动钩缓装置相同，取消了对中装置。在带压溃管半永久钩缓装置头部集成了直通式的总风管连接器，可以在连接钩缓装置的同时完成列车内部总风的连接。

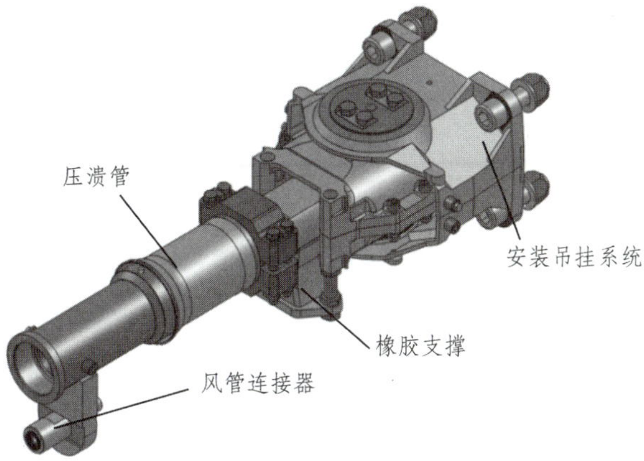


图 4-41　凹锥半永久钩缓装置结构

### 2. 凸锥半永久钩缓装置

凸锥半永久钩缓装置结构示意图如图 4-42 所示，头部是带有凸凹锥的卡环连接结构，以保证与 A 部分半永久车钩连接。车钩中部为牵引杆结构，后部与半永久钩缓装置 A 相同，都采用无对中 EFG3 缓冲器以满足整列车冲击工况的能量吸收要求该半永久钩缓装置头部也集成了直通式的总风管连接器，和 A 部分车钩风管连接器连接，保证列车车间风路系统的连通。

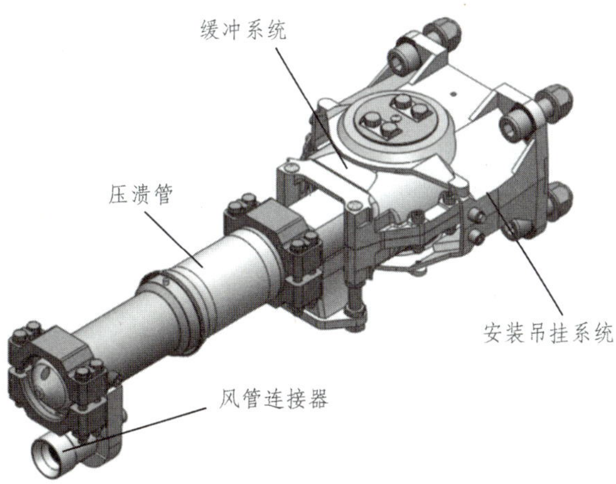


图 4-42　凸锥半永久钩缓装置结构

### 3. 半永久车钩之间的连接

带压溃装置半永久车钩和带弹性胶泥缓冲器半永久车钩的连挂由专用的连接卡环通过 4 个专用螺栓连接，如图 4-43 所示。可以保证连接环节完全消除纵向间隙。连接及分解操作由人工完成。

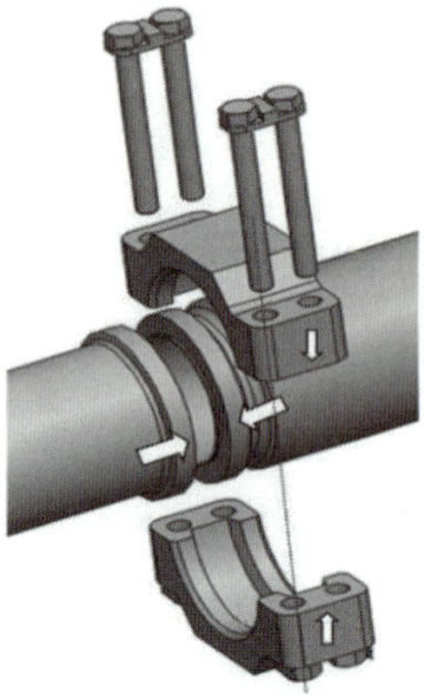

图 4-43　卡环连接

连挂前将两套半永久车钩通过人工调整至车体中心位置，车辆相互接近时，车钩牵引杆前端的凸凹锥结构将自动进行导向，使风管连接器位置对正，人工安装连接卡环后即可完成连挂操作，如图 4-44 所示。

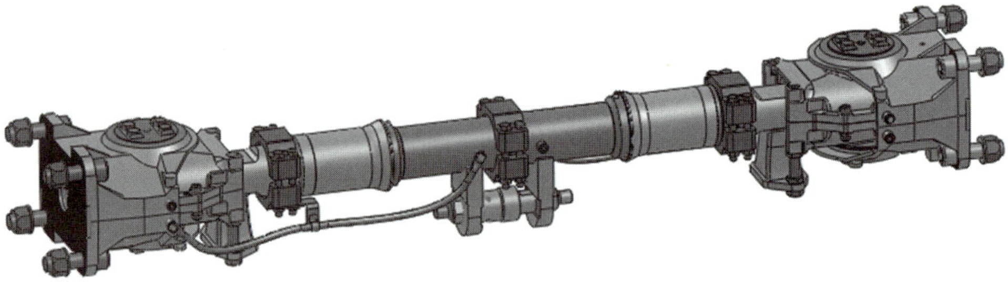

图 4-44　半永久车钩之间的连接

# 任务 3　贯通道结构认知

## 一、任务导入

查阅关联知识和相关资料，完成以下问题。

1. 城市轨道交通车辆贯通道和铁路客车风挡有什么区别?

2. 重庆地铁 1 号线和重庆单轨 2 号线车辆的贯通道外观和结构有什么不同?

## 二、任务目标

了解城市轨道交通车辆贯通道的类型，掌握贯通道结构组成。

## 三、任务内容

<table>
<tr><td>任务描述</td><td colspan="4">查阅图书馆和网络上相关资料，阅读单元四任务 3 中“六、任务关联知识”，掌握常见地铁车辆贯通道的结构组成，以某型车辆贯通道为例，指出其各部分的名称。</td></tr>
<tr><td>任务要求</td><td colspan="4">以小组为单位，每组 3~5 人，剖析三、任务内容，制定工作计划，明确成员分工，规范有序完成任务。参观车辆贯通道，学生要穿戴工装，注意安全。小组成员，逐一指认贯通道结构名称，要求采用普通话，口齿清晰，声音洪亮。</td></tr>
<tr><td rowspan="5">任务分组</td><td>组长</td><td></td><td>学号</td><td></td></tr>
<tr><td rowspan="4">组员</td><td>姓名</td><td colspan="2">学号</td></tr>
<tr><td></td><td colspan="2"></td></tr>
<tr><td></td><td colspan="2"></td></tr>
<tr><td></td><td colspan="2"></td></tr>
</table>

## 四、任务实施

以小组为单位，对贯通道的结构进行指认。老师结合学生的介绍进行点评并进一步介绍贯通道的内部结构。以对贯通道结构介绍的表述完整性（50%）、准确性（50%）评定成绩。

## 五、任务评价

根据各组任务完成情况，填写评价表。

评价表

| 序号 | 评价项目 | 分值 | 自我评价 | 互相评价 | 教师评价 | 总评 |
|---|---|---|---|---|---|---|
| 1 | 学习准备 | 0~10 | | | | |
| 2 | 是否在规定时间完成 | 0~10 | | | | |
| 3 | 是否有序规范安全 | 0~20 | | | | |
| 4 | 是否主动参与互动 | 0~10 | | | | |
| 5 | 展示汇报 | 0~30 | | | | |
| 合计 | | 100 | | | | |

## 六、任务关联知识

贯通道实现两辆车之间空间的连接，不受天气影响，并且防水和隔音，是乘客通行的可靠通道。贯通道是一个弹性部件，能满足车辆之间相对运动，并能提供一个安全舒适的通道，使乘客从一辆车走到另一辆车，均匀地在列车中分布，还能在拥挤的载荷条件下提供额外的乘客站立区域，如图 4-45 所示。

图 4-45　贯通道

贯通道分为整体式和分体式（见图 4-46、4-47），分体式贯通道即贯通道的一半装在每辆车的端部，多用于车端间距较大的 A 型车，分体式贯通道重量大，在车端安装后需由车钩支撑。整体式贯通道多用于车端间距较小的 B 型车，因整体式贯通道重量轻，在车端安装后可实现自支撑。

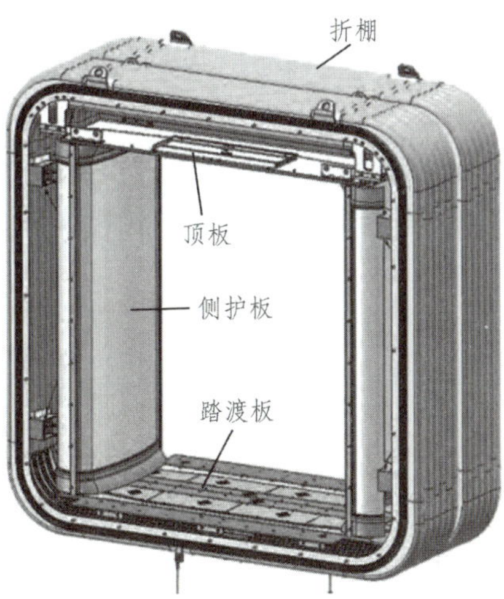


图 4-46　分体式贯通道

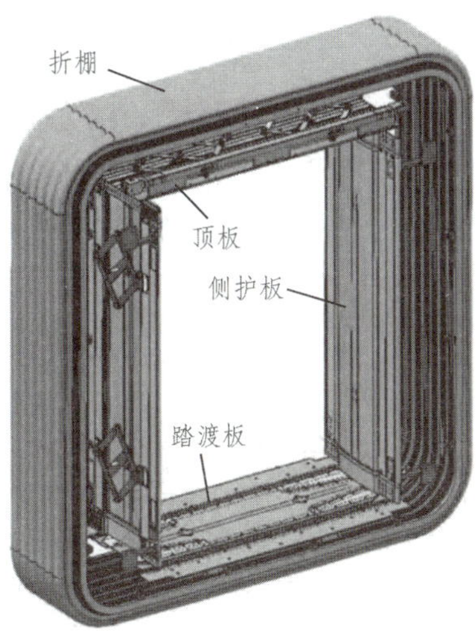


图 4-47　整体式贯通道

无论是整体式贯通道还是分体式贯通道，其结构组成基本相同。下面以整体式贯通道为例，对贯通道结构进行介绍。整体式贯通道主要由折棚、踏板、渡板、渡板连杆、顶护板、侧护板等组成，如图 4-48 所示。

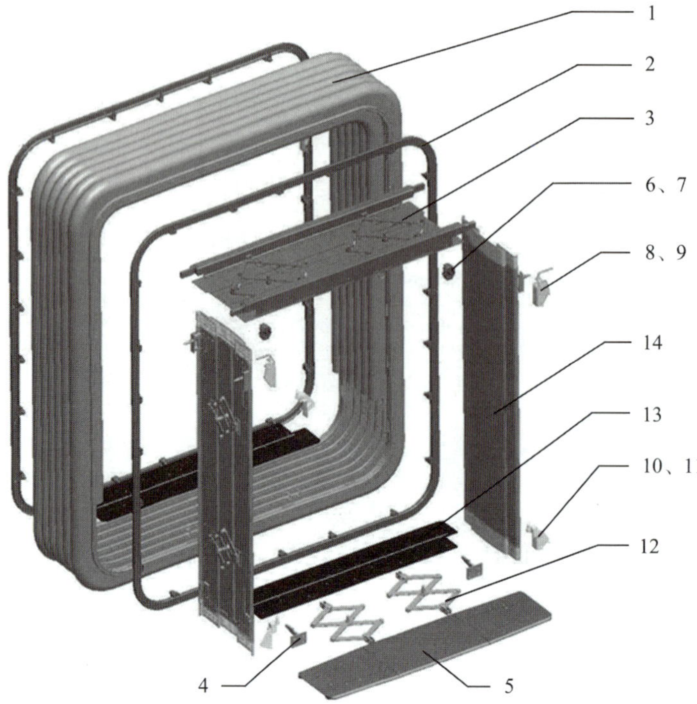


1—折棚组成；2—车体安装框组成；3—顶护板组成；4—踏板支撑组成；5—渡板组成；
6、7—顶板安装座组成（分左右）；8、9—上护板安装座组成（分左右）；
10、11—下护板安装座组成（分左右）；12—渡板连杆组成；
13—踏板组成；14—侧护板组成

图 4-48　整体式贯通道组成

## （一）折棚组成

折棚组成包括内折棚组成、外折棚组成。内折棚和外折棚通过底部连接夹连接在一起，从而保证内、外折棚在经过曲线运动时的一致性。

内、外折棚组成由 6 折环状折棚构成，折棚由特制材料制成，具有防火性、高强度、防老化等特性。每折棚布缝制边缘用铝型材制成的面料框压夹，折棚体的两端与车体安装框通过锁舌进行连挂与解锁，而且每折环的下部设有 2 个排水孔(见图 4-49)。

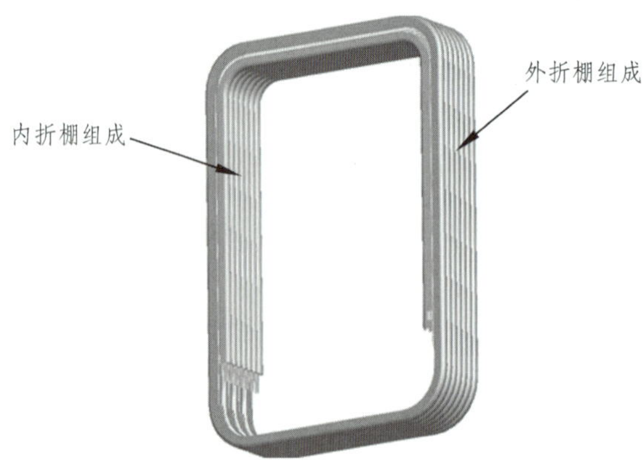


图 4-49　折棚组成

### （二）侧护板组成

每套侧护板组成包括安装架组成、中间护板组成、边护板组成及连杆组成（见图4-50）。侧护板组成通过安装架与安装在车端的护板安装座固定。

由于配有快速锁闭机构，侧护板组成可迅速安装在车端，并可快速开启。边护板为铝型材，表面喷漆。中间护板、边护板通过连杆连接形成一体。风挡运行时，各部件复合运动，中间护板、边护板可在同一平面内实现拉伸和压缩，在中间护板弹性范围内实现轻微的转动（即侧滚运动）。中间护板、边护板上下均装有裙边，裙边由橡胶制成，当侧护板上下运动时，裙边有弹性变形，使侧护板能与车体的运动保持一致。

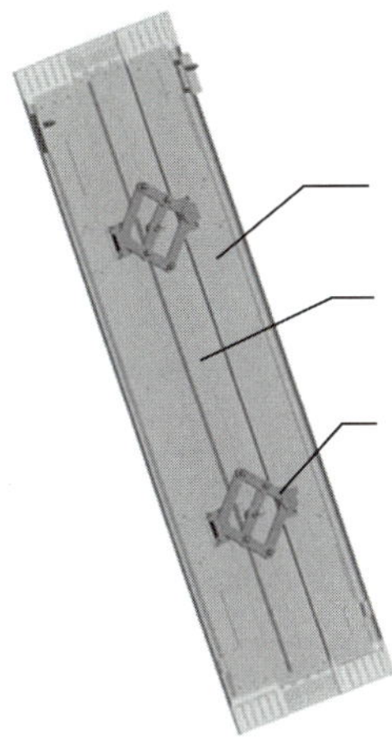


图 4-50　侧护板组成

### （三）顶护板组成

顶护板组成由边梁、边顶板、中间顶板及连杆机构等组成（见图4-51），中间顶板通过连杆机构将边顶板连接在边梁上。由于连杆机构为铰接式，可适应车辆运行中车端的各种变化。

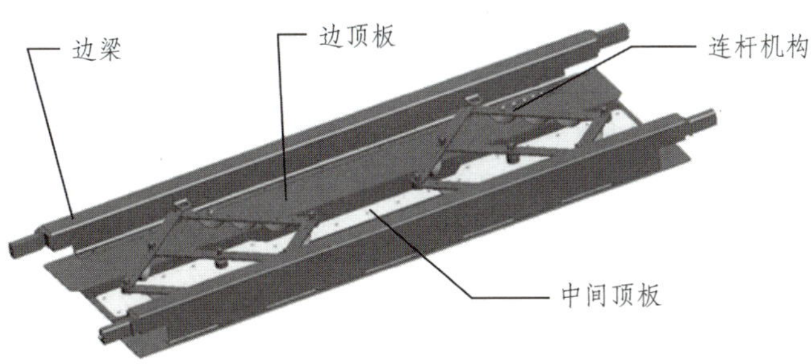


图 4-51　顶护板组成

### （四）渡板组成

渡板组成位于贯通道内侧底部，在乘客于车辆间过渡过程中起承载作用。渡板组成由渡板体、折页及磨耗条等组成（见图4-52）；渡板体两端置于踏板上，渡板与踏板结合面间装有尼龙磨耗条，渡板体由具有防滑作用的不锈钢扁豆形花纹板制成。渡板折页结构可降低车辆过曲线时与踏板间的错动量，且通过此结构渡板可以抬起，以便日常检查和清洁，渡板开有两处观察孔，拆下观察孔盖的固定螺钉，可以观察底部渡板连杆是否脱落。磨耗条底部有磨耗标记槽，方便观察磨耗条磨损情况。

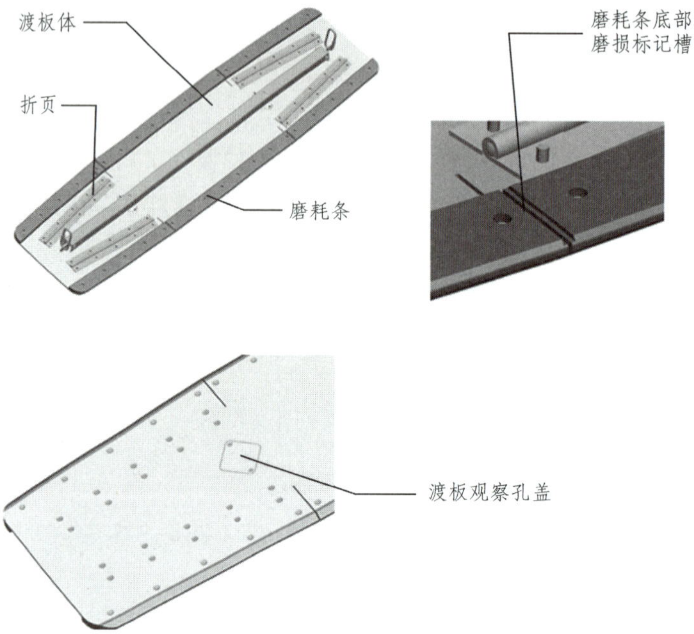


图 4-52　渡板组成

## （五）踏板及踏板支撑

如图 4-53 所示，踏板为不锈钢板，一侧安装在车体地板上，并将踏板页平放在踏板支撑上。踏板支撑调整好位置后，固定于车端。

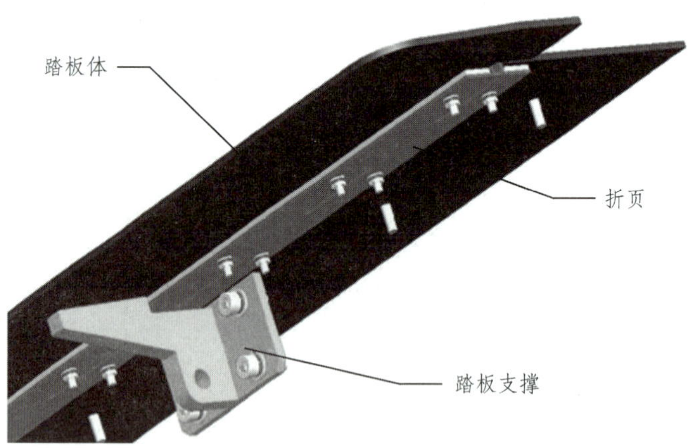


图 4-53　踏板及踏板支撑

## （六）渡板连杆

渡板连杆机构（见图 4-54）通过踏板支撑固定在两车端上，渡板置于其上，连杆机构上设有渡板对中装置，在车辆运行时渡板不会偏移，确定渡板的运动关系。

图 4-54　渡板连杆

### （七）车体框组成

车体框组成由框架及锁舌组成（见图 4-55）。在车体框上安装有锁舌锁闭机构，通过锁舌与折棚组成连接，实现折棚的连挂与解锁，锁闭机构操作简单，快速解锁、分离或连挂接合、锁定。

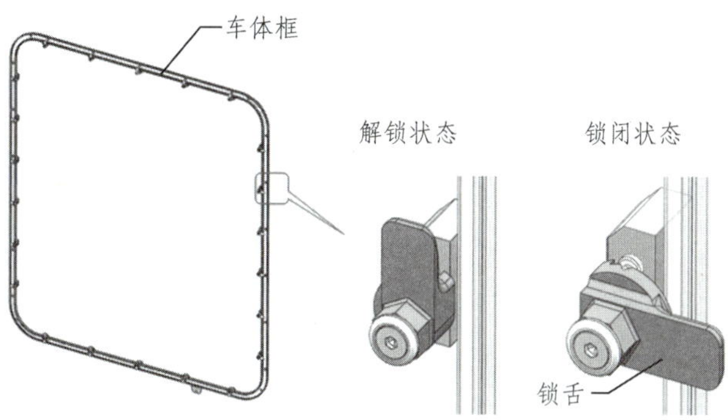


图 4-55　车体框组成

## 课程思政小课堂

**【榜样力量】姚鸿洲：脚踏实地 攻坚创新的“技术宅”**

2008 年，刚从西南交通大学电气工程及其自动化专业毕业的姚鸿洲（见图 4-56）加入了重庆中车长客轨道车辆有限公司，成为了一名年轻的轨道交通技术员。正像年轻的姚鸿洲一样，中国的单轨事业也像姚鸿洲一样年轻，甚至于姚鸿洲刚进厂时，重庆中车长客轨道车辆有限公司还是一片热火朝天的建设工地。

以前是教室、图书馆、实验室“三点一线”，现在是办公室、车间、实验室“三点一线”，姚鸿洲觉得“很适应”，他自觉屏蔽了周围一切干扰，全身心投入到轨道车辆技术的学习和研发当中，每一次工序优化，每一个技术创新，都让他兴奋不已。经过近一年的学习钻研，姚鸿洲掌握了单轨车辆的设计制造技术，开始牵头自行生产制造第一列重庆造单轨列车。一列轨道车辆就是一个布满各种电路的“电线盒”，电线数量多达 18 000 多根。作为“大脑”的司机室更是电路众多，在不到 1.5 平方米的空间内密布着 7000 多根电线。过去，这些电线在司机室里必须一根根由工人布置，不仅操作困难，准确率也不高。为了解决这个难题，在此后的几年时间里，姚鸿洲泡在司机室里摸索布线，最终发明出“司机室下线模板”。这种模块化布线模式不仅改善了工人的劳动环境和劳动强度，提高了作业效率，还大大提高了产品安全性能，节约大量成本。

图 4-56 姚鸿洲

生产出第一列重庆造轻轨列车后，姚鸿洲不满足于简单复制现有的设计模板，针对生产实践中的具体问题，进行了二次工艺设计。一次，有工人反映，将电线插进连接器困难。原来，连接器只有拇指大小，需对接的电线多且细，操作起来十分不方便。如何优化操作？姚鸿洲一连几天泡在车间找问题，失败一次再试一次，查了上千遍，终于找到了问题症结，新型连接器组接方法就连实习生也能轻松操作。

姚鸿洲还把这些优化的工艺进行总结，编撰了《轨道车辆装备工艺作业指导书》，成为轨道领域的教科书，更成为我国轨道车辆质量保障的关键使用技术之一。姚鸿洲带领公司技术团队先后获得轨道车辆领域 10 余项发明技术专利，30 余项实用新型技术专利。从事轨道交通建设工作十多年来，姚鸿洲积极投入创新型轨道交通车辆产品研发及生产建设，以城市轨道交通车辆、双流制市域车辆、城轨快线车辆等轨道交通装备建设为根基推动打造“四网融合”轨道交通网络和“轨道上的都市圈”，为重庆市轨道交通产业建设发展做出突出贡献。2014 年 3 月被人力资源和社会保障部、中国机械工业联合会授予“全国机械工业劳动模范”称号，2015 年 4 月被中共中央、国务院授予“全国劳动模范”称号，2018 年 12 月被共青团重庆市委、重庆市人力资源和社会保障局授予“重庆市青年岗位能手”称号。中国共产党重庆市第五次代表大会代表，中国共产党第十九次全国代表大会代表。

姚鸿洲和同事们在轨道交通领域凭借着科技创新，为“重庆造”轨道车辆创下了多个全国第一、全球第一。2014 年底，姚鸿洲参与研发的轨道交通 3 号线 8 辆编组列车上线运行，这是全球首款最长编组的跨座式单轨列车，它的上线运行有效缓解了 3 号线客流量大的问题。2017 年，由姚鸿洲主导研发的全国首款 As 型地铁列车在 10 号线上线运行，这款列车可以说是为重庆轨道交通“量身打造”，适用于山地环境，具有爬坡能力强、转弯半径小、载客量大等特点。2022 年，姚鸿洲牵头研发的全国首创“双流制”市域列车实现了列车在地铁和铁路之间的跨线运行，已经在重庆江跳线和重庆 5 号线上实现贯通运营。

# 单元五　城市轨道交通车辆车门认知

## 任务 1　城市轨道交通车辆车门总体认知

### 一、任务导入

查阅关联知识和网络相关资料，完成以下问题。

1. 同样作为城市公共交通工具的公交车通常只有两个车门，地铁车辆却至少有 8 个车门，原因是什么?

2. 重庆地铁 1 号线和重庆单轨 2 号线轨道车辆具有前端逃生门，重庆地铁 5 号线等新线路车辆取消了前端逃生门，你认为原因是什么?

3. 重庆单轨 2 号线车辆客室车门只有 4 个，重庆地铁 1 号线车辆客室车门有 8 个，原因是什么?

## 二、任务目标

了解城市轨道交通车辆车门的类型，了解不同类型的客室车门的特点。

## 三、任务内容

<table>
<tr><td>任务描述</td><td colspan="4">查阅图书馆和网络上相关资料，阅读单元五任务 1 中“七、任务关联知识”；了解不同类型城市轨道交通车辆客室车门的特点，制作 PPT，各小组展示汇报。</td></tr>
<tr><td>任务要求</td><td colspan="4">以小组为单位，每组 3~5 人，剖析三、任务内容，制订工作计划，明确成员分工，规范有序完成任务。小组选派代表进行汇报分享。分享时采用普通话，口齿清晰，声音洪亮。</td></tr>
<tr><td rowspan="5">任务分组</td><td>组长</td><td></td><td>学号</td><td></td></tr>
<tr><td rowspan="4">组员</td><td>姓名</td><td colspan="2">学号</td></tr>
<tr><td></td><td colspan="2"></td></tr>
<tr><td></td><td colspan="2"></td></tr>
<tr><td></td><td colspan="2"></td></tr>
</table>

## 四、任务实施

以小组为单位，在课前完成《城市轨道交通车辆客室车门的类型及特点》PPT 制作，要求版式新颖，内容正确。在课中由各小组进行展示汇报，老师结合任务完成情况进行点评和相关知识点的讲解。以车辆类型、特点描述的准确性（50%）、PPT 制作质量（25%）、PPT 汇报讲解表现（25%）评定成绩。

## 五、任务评价

根据各组任务完成情况，填写评价表。

评价表

| 序号 | 评价项目 | 分值 | 自我评价 | 互相评价 | 教师评价 | 总评 |
|---|---|---|---|---|---|---|
| 1 | 学习准备 | 0~10 | | | | |
| 2 | 是否在规定时间完成 | 0~10 | | | | |
| 3 | 是否有序规范安全 | 0~20 | | | | |
| 4 | 是否主动参与互动 | 0~10 | | | | |
| 5 | 展示汇报 | 0~30 | | | | |
| 合计 | | 100 | | | | |

## 六、任务拓展

查阅资料并现场考察，了解所在城市不同线路轨道交通车辆所选择的客室车门类型。

## 七、任务关联知识

如图 5-1 所示，城市轨道交通车辆的车门包括客室侧门、司机室侧门以及位于客室和司机室之间的间壁门。出于保障乘客安全的考虑，有的城市轨道车辆会在列车两端司机室的前端设置紧急逃生门，用于列车发生火灾或者紧急事故时疏散乘客。

图 5-1　城市轨道交通车辆的车门布置

### （一）客室侧门概述

客室侧门的主要用途是用于乘客上下车（见图 5-2），其均匀分布于车体两侧。为方便乘客上下车，客室车门采用了双扇自动车门，由司机操纵车门的开关。为了方便乘客上下车，缩短乘客上下车时间，满足列车运行密度的要求，城轨车辆的客室车门应该满足以下要求：

（1）车门应具有一定的宽度，以满足在早晚高峰时因客流量大能够快速安全的上下车需求；

（2）门扇应具有较高的刚度，避免因客流量大乘客在车厢内拥挤对车门造成损害；

（3）车门应设置均匀且美观，并且可以缩短乘客上下车时间，提高地铁车辆运营的工作效率；

（4）必须具有紧急解锁操作装置，如有特殊意外的情况发生，保障乘客的人身安全，满足乘客上下车的安全性。

图 5-2　乘客进出车门

城轨列车车门按照门扇的运动方式和开关门轨迹的不同，城轨列车门可以分为内藏式车门、外挂式车门、塞拉门及外摆式车门等。

1. 内藏式车门

内藏式车门如图 5-3、5-4 所示，全称叫内藏对开式双滑门。内藏式车门主要由门扇和驱动机构等构成。门扇在车辆外墙板与内墙板之间完成开关门平行移动，在车门的顶部和底部设有导轨，门扇上设置导轮可使其在导轨上平行移动。门扇上部配置驱动机构，通过皮带或丝杆连接电动机驱动，从而带动门扇，完成开关门动作。

内藏门开关门动作时只有行车方向的平行直线移动，没有复杂的曲线运动，所以驱动机构也较为简单。但内藏门也有一定缺点，因为内藏门处于夹层中运动，一旦发生故障，给维修带来不便。内藏门和门板之间存在一定的间隙，不具备良好的密封性。并且，内藏门外表面与车体外表面不在同一平面，列车运行中具有较大风阻，运行速度会相对降低，在一定的程度上降低了运行效率。

图 5-3　内藏式车门

图 5-4　内藏式车门

2. 外挂式车门

外挂式车门（见图 5-5、5-6）结构和工作原理与内藏式车门的区别在于：门扇以及部分传动机构位于车体外侧，电子门控单元和驱动电机位于车体内侧。车门在开关门动作时，车门沿着车体外侧做平行直线运动。因为车门结构比较简单，且车门位于车体外侧，所以便于车门的安装与检修。但由于车门在车体外侧，在隔音、隔热、密封性等方面较差。外挂门与内藏门一样也有风阻大的缺点，不同的是内藏门相较于车体侧墙表面向内凹陷，而外挂门相较于车体侧墙表面向外突出。

图 5-5　外挂式车门

图 5-6　外挂式车门

3. 塞拉式车门

塞拉式车门（简称塞拉门，见图 5-7、5-8）的运动特点是当两门扇接近完全闭合时，两门扇有一个向车内方向的“塞紧”动作。塞拉门在开启状态时，两门扇与车体外表面平行，车门在关闭状态下，两个车门外表面与车体外表面形成一个平面，大大加强了整个车体的密封性与美观性，不占用车内的有效空间。并且，门扇与外表面平行，降低了车辆运行过程中的空气阻力。但是，塞拉门也有一定缺点，塞拉门开关门过程是由直线运动和曲线运动构成，因此需要相对较大的关门力，结构相对复杂，更容易出现机械故障，降低塞拉门的可靠性。

图 5-7　塞拉式车门

图 5-8　塞拉式车门

4. 外摆式车门

外摆式车门（见图 5-9）开门时通过转轴和摆杆使门页向外摆出并贴靠在车体的外

墙，门关闭后门页外表面与车体成一平面，这种车门的结构特点是当门在开启的过程中，门页需要较大的摆动空间。由于城市轨道交通对于限界具有较高的要求，外摆式车门极少应用。

图 5-9　外摆式车门

目前城轨车辆上使用较多的是塞拉门、内藏门和外挂门，其中性能最好的是塞拉门。同内藏门和外挂门相比，塞拉门有以下优点：

（1）由于塞拉门在关门状态时门板外表面与车体外表面齐平，所以使车体外形美观，在行车时空气阻力小，也不会产生空气涡流而产生噪声。

（2）塞拉门的密封性比外挂门、内藏门的好，可以减少车内噪声。根据香港地铁的试验，与外挂门相比，采用塞拉门时车内噪声可降低 2 ~ 3 dB。

（3）采用塞拉门能使车内有效宽度增加，载客量也会增加。

塞拉门也存在一些缺点，主要包括：

（1）由于塞拉门多了一个塞紧动作，结构比较复杂，价格比外挂门约高 20%。

（2）故障率高。根据香港地铁提供的资料，市区线车辆（外挂门）故障总数中，外挂门故障占 16%；机场快线车辆（塞拉门）故障总数中，塞拉门故障占 33%。随着设计、制造技术的不断改进和用户使用、维护经验的增加，其可靠性将会不断提高。

根据开关门的驱动方式，客室车门又可分为电控气动门和电控电动门。

气动式车门由压缩空气驱动传动气缸，再通过机械传动系统和电气控制系统完成车门的开关动作。机械传动系统的作用是将传动气缸活塞杆的运动传递至车门，使车门动作，如图 5-10 所示。

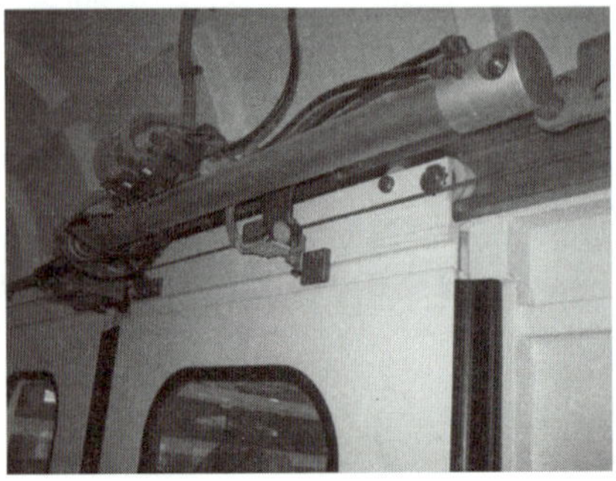

图 5-10　气动式车门

电动式驱动装置由电动机、传动装置、控制器、闭锁装置和紧急开门装置组成。电动式车门有皮带传动和丝杠传动两种形式。与气动式车门相比，电动式车门具有易于控制、故障率低、维修量少等特点，目前已经成为主流。本书主要介绍电动塞拉门和电动内藏门。

### （二）司机室门概述

司机室门（见图 5-11）主要用于司机上下车，对轨道交通车辆而言，司机室侧门一般采用手动门，根据结构形式又可分为折页门、塞拉门或内藏门，具体采用何种形式取决于客室车门的形式。

司机室门由支框、导轨、滑轮、门叶和底轨组成。为手动操作，由人工开启或关闭。解锁和开门通过安装在门内和门外的手柄来达到。关门时固定在门扉上的锁销自动碰闩，并有保险装置将门锁住。门叶由层式结构组成，门框架由铝合金材料焊接而成，内外表面采用 1 mm 厚的铝合金板，铝合金板外表面经自然抛光喷丸表面处理。车门上部装有滑动式窗，该窗镶有厚 5 mm，无涂层，不着色的单层玻璃，玻璃周边用氯丁橡胶密封条进行密封并有阳极氧化铝合金窗框。安装在其上部的窗为外滑型、垂向降落式，在关闭位置可以安全地锁闭。

图 5-11　司机室门布置

### （三）间壁门概述

在客室和司机室之间设置了间壁门，折页门结构，门上有锁、手柄、窥视孔和通风口。用于分隔驾驶室和客室，在紧急情况时，乘客可通过该门进入驾驶室，再通过紧急疏散门从逃生梯进入隧道，离开列车。通常间壁门采用手动方式由司机使用专用钥匙打开。也有部分车辆采用了电控打开方式，司机可以在司机室侧通过按钮开关打开。

在列车正常行驶时，间壁门关闭，不允许乘客进入司机室内；在需要对乘客进行紧急疏散时，司机可以通过远程控制，将列车另一端的司机室间壁门打开。当以紧急方式打开司机室间壁门时，有声光报警并在司机室列车监控系统显示屏上显示；若以正常方式打开，则不进行报警。由于该门为电控门，可以通过在客室侧设置一个紧急按钮的形式，实现紧急情况下让乘客自主打开该门进入司机室后通过设在司机室前端的前端逃生门。

### （四）前端逃生门概述

逃生门系统设置在司机室前端（见图 5-12），是保证紧急情况下能及时疏散旅客的逃生系统。在正常状况下，逃生门处于锁闭状态，逃生门起到隔音、隔热、密封等功能，保证司机室正常工作环境。在紧急情况下，可手动将紧急前门向上打开，并配合紧急疏散梯，用于疏散人群（见图 5-13）。由逃生门和疏散梯两部分组成。紧急情况下，打开疏散门后，乘客沿疏散梯从车上疏散到车下。

如果地铁线路大部分为路面和高架线路，此线路上所使用的车辆从车辆制造成本上考虑，也不会有疏散门。此外部分线路在隧道内左右两侧设置有专门的疏散平台，也不会有疏散门，如重庆轨道交通 5 号线等。

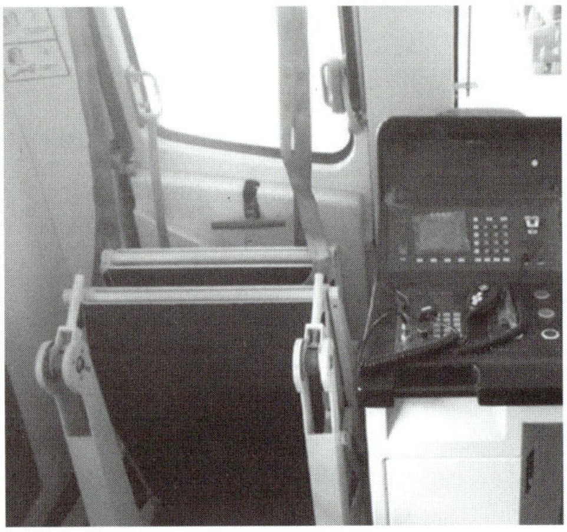

图 5-12　前端逃生门（车内）

图 5-13　通过前端逃生门逃生救援

# 任务 2　双扇电动内藏门结构及工作原理认知

## 一、任务导入

查阅网络资料和关联知识，完成以下问题。

1. 内藏门在城轨车辆中运用较多，但却没有在高速列车上运用，其主要原因是什么？

2. 城轨车辆客室车门通常都具有防夹功能，但是时有车门夹人的新闻出现，其原因是什么？

## 二、任务目标

掌握电动内藏门的结构组成、功能及工作原理。

## 三、任务内容

<table>
<tr><td>任务描述</td><td colspan="4">查阅图书馆和网络上相关资料，阅读单元五任务 2 中“七、任务关联知识”，掌握地铁车辆客室电动内藏门的结构组成，结合实训基地电动内藏门实物或模型，介绍车门各部分结构名称及开、关门工作原理。</td></tr>
<tr><td>任务要求</td><td colspan="4">以小组为单位，每组 3~5 人，剖析三、任务内容，制定工作计划，明确成员分工，规范有序完成任务。参观实训基地内藏门实物，学生要穿戴工装，注意安全。小组成员，逐一指认车门部件并介绍开关门工作原理，要求采用普通话，口齿清晰，声音洪亮。</td></tr>
<tr><td rowspan="5">任务分组</td><td>组长</td><td></td><td>学号</td><td></td></tr>
<tr><td rowspan="4">组员</td><td>姓名</td><td colspan="2">学号</td></tr>
<tr><td></td><td colspan="2"></td></tr>
<tr><td></td><td colspan="2"></td></tr>
<tr><td></td><td colspan="2"></td></tr>
</table>

## 四、任务实施

以小组为单位，每组选取 1 人对电动内藏门各部分结构的名称进行指认，并介绍开关门工作原理。老师结合任务完成情况进行点评和相关知识点的讲解。以各部分结构及工作原理的表述完整性（50%）、准确性（50%）评定成绩。

## 五、任务评价

根据各组任务完成情况，填写评价表。

评价表

| 序号 | 评价项目 | 分值 | 自我评价 | 互相评价 | 教师评价 | 总评 |
|---|---|---|---|---|---|---|
| 1 | 学习准备 | 0~10 | | | | |
| 2 | 是否在规定时间完成 | 0~10 | | | | |
| 3 | 是否有序规范安全 | 0~20 | | | | |
| 4 | 是否主动参与互动 | 0~10 | | | | |
| 5 | 展示汇报 | 0~30 | | | | |
| 合计 | | 100 | | | | |

## 六、任务拓展

结合实训基地内藏门实物，以小组为单位研究内藏门的结构并编制车门拆卸工艺文件。

## 七、任务关联知识

双扇电动内藏门由门板和驱动机构组成，驱动机构位于门扇上方的侧顶板内，门扇吊挂在驱动机构的导轨上。根据驱动形式不同，内藏门又可以分为丝杆螺母副传动（见图 5-14）和齿轮皮带传动（见图 5-15）两种类型的内藏门。驱动机构可以分为机械及电气控制两部分。机械部分由传动导向装置、锁闭装置、内外侧紧急解锁装置、故障隔离锁等设备组成。传动导向装置由安装底板、悬挂导向部件、传动装置等部件组成。电气控制部分由门控器、驱动电机及实现自动门功能的其他附件组成。

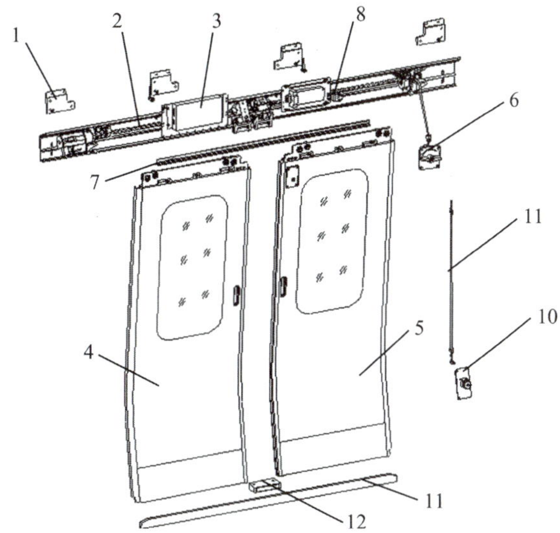


1—安装架；2—承载驱动机构；3—电子门控器；4—左门扇；5—右门扇；
6—内部紧急出口装置；7—上密封毛刷；8—蜂鸣器；9—钢丝绳；
10—外部入口装置；11—下滑轨；12—挡块

图 5-14　丝杆螺母副传动内藏门结构

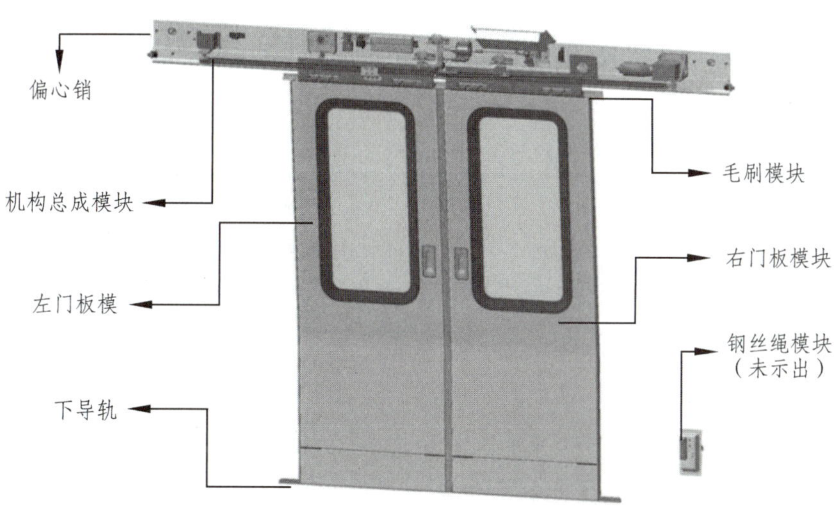


图 5-15　齿轮皮带传动内藏门结构

## （一）双扇电动内藏门结构组成

### 1. 门扇

门扇通过携门架与驱动机构连接，携门架上设有腰形孔，通过螺钉和门扇连接，可调节门扇与车体内外侧墙间隙；携门架与门扇之间设有高度调整垫片，通过加减调整垫片，来调节门扇之间位置和高度。

（1）结构组成。

门板为弧形、铝蜂窝复合结构，具有铝框架，外蒙板采用不锈钢板（与车体侧墙一致），内蒙板采用铝板，门扇内部填充铝蜂窝芯，采用热固化。为加强机械强度，蒙板的周边都包在铝框架上（见图 5-16）。

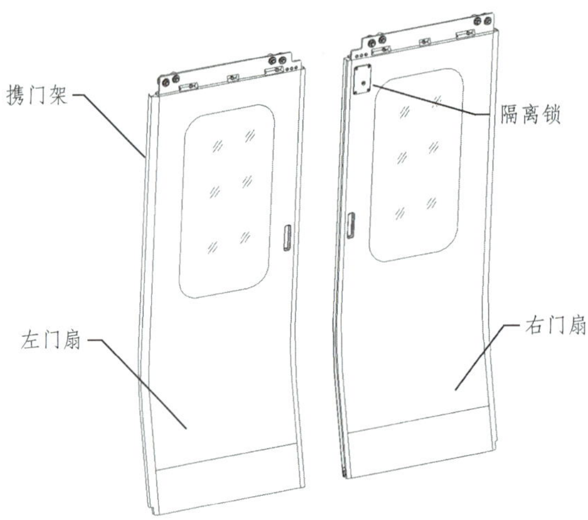


图 5-16　门板结构

（2）门扇的密封。

门扇上部采用毛刷密封，上部毛刷安装在车体上，毛刷安装后与门板配合形成密封；下部装耐磨内滑道，与下导轨配合导向运动（见图 5-17）。门扇中间前沿采用凹凸式密封胶条，两门扇处于关门位置时凹凸式密封胶条紧密配合达到良好的密封效果（见图 5-18）；门扇后缘采用胶条密封，在关门位置密封条与车体凸出部分紧密贴合，实现良好的密封效果。

图 5-17　门扇上部、后缘密封

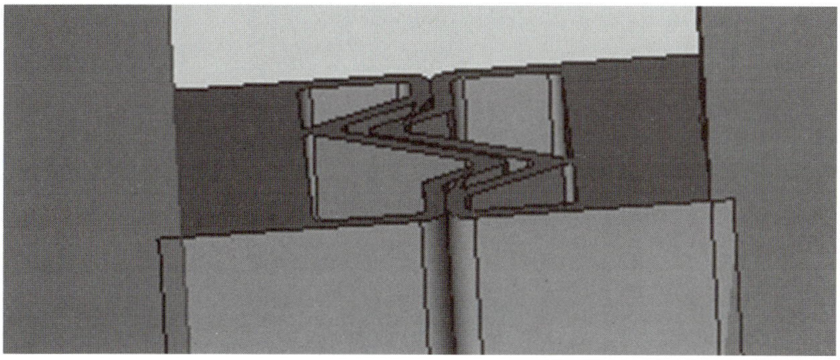

图 5-18　门扇中间密封

（3）隔离锁。

在每套门系统的右门扇上装有一把退出服务（隔离）锁，万一门出现故障，乘务员可从内侧或外侧用四方钥匙实现门的机械和电气隔离。

2. 驱动机构

1）安装底板

安装底板组成为整个机构的安装基础，在其上安装驱动机构组成的所有零部件。安装底板的材质为抗弯曲抗扭曲的铝合金型材。安装底板的功能为：承受吊挂装置及门扇的所有重量，并保证在开门和关门状态下门板与车体平行。

2）悬挂导向部件

悬挂导向部件用于悬挂、承载车门，并形成车门的运动轨迹。不同类型的车门悬挂导向部件有所差异，丝杠螺母副传动内藏门通常采用图 5-19 所示的悬挂及导向机构。

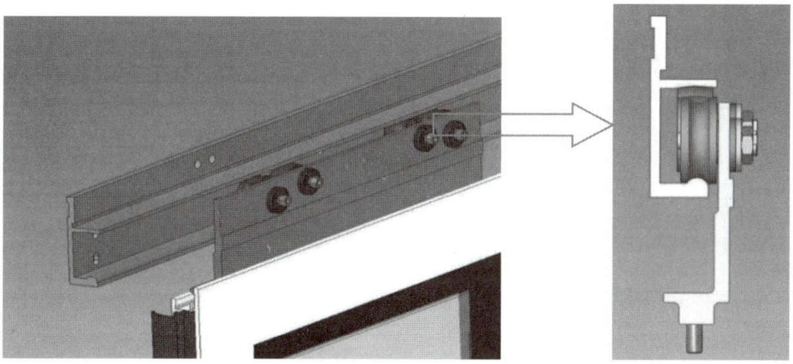

图 5-19　内藏门的悬挂及导向机构示意图

该悬挂导向装置主要由 C 型导轨和携门架构成，C 型导轨采用高强度铝合金材料，位于安装底板上，通过安装在携门架上的承载轮组件和防跳轮组件承受门板的重量，并起开门和关门过程中导向的作用。C 型导轨采用圆弧面设计，能自动适应安装过程中出现的倾斜，承载轮组件和防跳轮组件的滚轮轴采用偏心结构，方便调节门板的高度位置和消除携门架在上部导轨中运动的间隙，如图 5-20 所示。

图 5-20 承载轮和防跳轮

3）传动装置

（1）丝杆/螺母传动。

丝杆/螺母系统通过一个弹性或齿形联轴节并通过带轮与电动机相连接（见图 5-21）。门页的同步动作是由丝杆和球形螺母组成的系统来实现的。丝杆是大螺距不锈钢的特制丝杆，采用特殊的工艺方法制成，保证丝杆有较长的寿命。螺母采用高强度工程塑料制成。丝杆和球形螺母通过三个支撑部件安装在主梁上，这种丝杆一半是右旋螺纹，另一半是左旋螺纹，螺纹旋转方向在安装时是任意的。两个球形螺母安装在丝杆上（每一半丝杆用一个球形螺母），螺母与不锈钢丝杆配合工作，使丝杆螺母副具有阻力小、无噪声和维护工作量小的特征。由于此配合装置，当一门页向一个方向移动时，则引起另一门页向相反方向移动，从而实现力门页的同步运动。螺杆传动主要的部件是螺杆和螺母组件。丝杆传动具有传动准确、平衡、扭力大的特点。

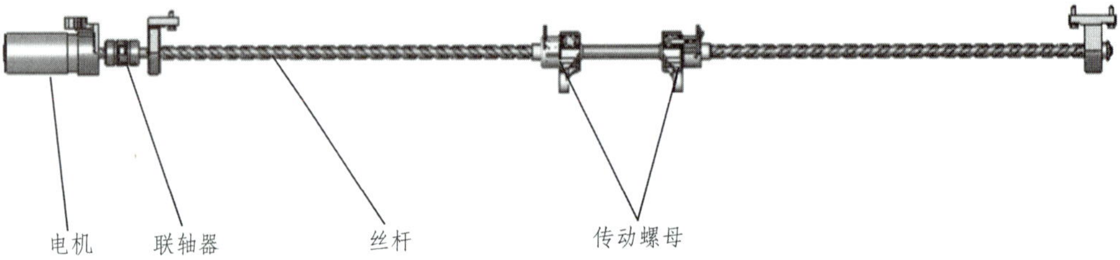


图 5-21 丝杆/螺母传动系统

（2）齿轮皮带传动。

齿轮皮带传动（见图 5-22）是指车门系统的左右两门页分别通过齿带夹板与齿带两侧相连，齿带两端有齿带轮架，使齿带形成一个闭环；通过驱动元件的驱动，使齿带绕着齿带轮做旋转运动，同时带动左右两门页做相反方向的运动，达到两门页同步运动的状态。齿带传动主要的部件为齿形同步带，同步带内衬钢丝。其传动综合了齿轮传动、链传动和带传动的优点，克服了打滑和伸长等缺点，构成一种独特的传动形式。同步带传动准确、平衡、噪声小、无滑差且节能、承载能力高、寿命长、带齿受力均匀合理、具有最小膨胀系数和最大可靠性等特点。同步齿带可获得恒定的速比，且速比范围大，一般可达到 10；允许的线速度高，可达 50 m/s；其传递功率可从几瓦到数百千瓦，传动效率可达 0.98（三角带传动最高为 0.95），并且结构紧凑，具有耐油、耐潮、不需润滑等优点，可在有污染和环境较为恶劣的场合下工作。

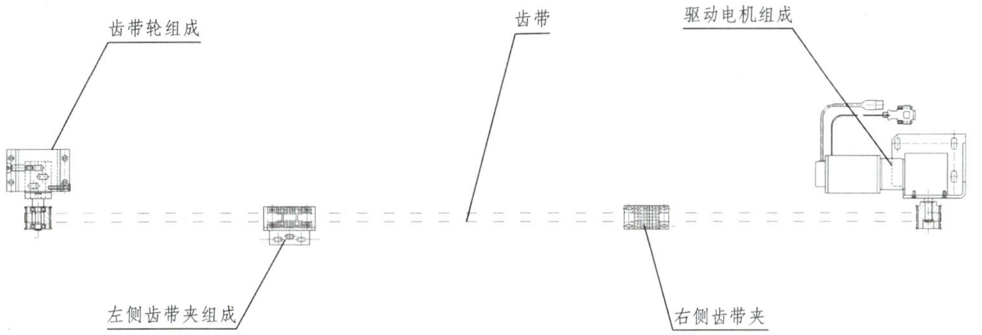


图 5-22　齿轮皮带传动系统

4）锁闭装置

锁闭装置是车门系统的重要组成部分，关系着整个门系统的可靠性和安全性。轨道交通自动门锁闭方式有电磁锁、机械锁、电机摆动锁、单向离合器与电磁锁组合锁以及单向超越离合器锁等。丝杆/螺母传动、齿轮皮带传动两种传动方式对应两种不同的锁闭装置。

（1）丝杆/螺母传动系统锁闭装置。

丝杆螺母传动系统通常采用 LS 锁闭装置。该锁闭装置是依据变升角螺旋传动原理开发出的新型无源螺旋门机锁闭装置，实现螺旋传动门机的无“锁”锁闭和无源自解锁。具有结构简单、安全可靠等特点。变升角螺杆的螺旋槽分为三段（见图 5-23），一段是螺旋升角大于摩擦角的工作段，一段是螺旋升角小于摩擦角的锁闭段，以及介于这两者之间的过渡段，所以称该丝杆为变升角或者变导程丝杆。

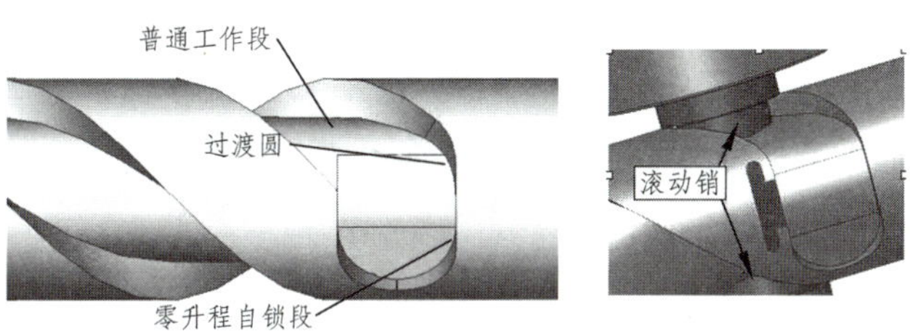


图 5-23　LS 锁闭装置

变升角螺杆与电动机连接，自适应螺母与门连接。电动机使变升角螺杆可正、反双向转动；自适应螺母由轴套、销轴等零件连接而成，它与变升角螺杆装配成螺旋运动副，自适应螺母中的销轴深入到变升角螺杆的螺旋槽内并与螺旋槽呈线接触，使销轴与任意螺旋升角的螺旋槽形成相匹配的螺旋副，实现动力和运动的传递；在变升角螺杆的锁闭段，依靠螺旋副螺旋升角小于摩擦角而产生自锁的原理，使变升角螺杆锁住自适应螺母，即能可靠地锁住门；当电动机使变升角螺杆正、反双向转动时，使自适应螺母和门产生与变升角螺杆轴线相平行方向的同步移动，通过使自适应螺母进入与退出变升角螺杆的锁闭段来实现门机的锁闭与无源自解锁。

（2）齿轮皮带传动锁闭装置。

锁闭解锁装置安装在安装底板上，组成部件包括电磁铁组成、锁钩组成、复位汽缸组成等（见图 5-24）。在门关闭的过程中，4 个位于门吊板组成之上的锁闭撞轴进入锁钩中，锁钩通过复位汽缸内部的弹簧可以使之自动复位，门系统以这种方式被锁闭，同时门关到位行程开关被触发，提供锁闭到位信号。开门时，通过对行程电磁铁的控制，可使锁钩转动从而释放出锁闭撞轴，门系统以这种方式实现解锁，解锁后门才可以打开。还可通过拉动紧急解锁手柄实现特殊情况下的机械解锁，同时触发相应的行程开关，提供门被紧急解锁信号。紧急解锁完毕后，通过复位汽缸内部的弹簧可以使之自动复位。

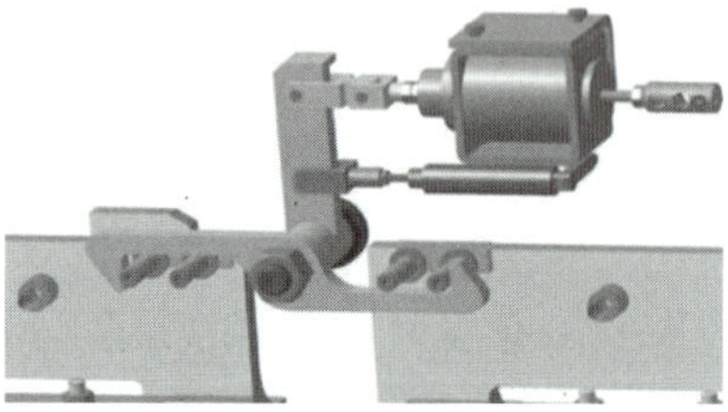

图 5-24　齿轮皮带传动锁闭装置

5）内外侧紧急解锁装置

内外操装置作用于在紧急情况下，在车门内或车门外能够人工手动进行解锁的机械解锁装置，在车体内部能进行紧急解锁的装置叫作内操作装置，在车体外部进行紧急解锁的装置叫作外操作装置。当电控系统等出现故障时，工作人员或乘客可以按照指示进行手动开启或关闭塞拉门，最大限度地保障广大乘客的安全。内操作装置可由乘客或工作人员按操作进行手动打开，而外操作装置只能工作人员用钥匙进行开启。

（1）内部紧急解锁装置。

在车辆内，每个门都设有一个可供乘客在紧急情况下使用的紧急解锁装置。紧急解锁装置是一个标准的子系统，安装在车辆内部车门顶部操纵机构上，或车体内部靠近车门的地方，以方便乘客疏散。紧急解锁装置的形式及结构可根据用户不同的要求及车体安装位置来进行不同的设计。下面介绍一种典型的紧急解锁装置，该装置为一装在平板上的手柄，一根钢丝绳连接手柄和操纵机构的旋转开锁装置，如图 5-25 所示。

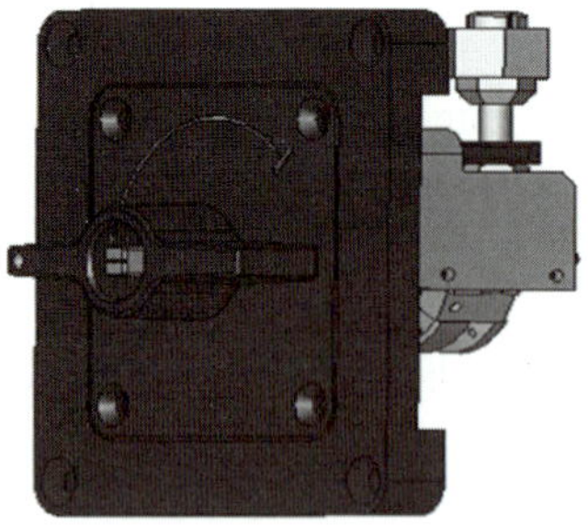

图 5-25　内部紧急解锁装置

图 5-26　外部紧急解锁装置

通常，紧急解锁装置都设有防护罩以防止误操作，并且涂成红色。

操作该装置启动“门解锁”行程开关，车门解锁，同时发出“紧急解锁”信号，通过钢丝绳实施机械解锁。当车辆处于静止状态时，车门可以手动打开。当列车处于运动状态时，一旦紧急解锁装置被启动后，牵引联锁将消失，并产生一个信号送给列车诊断系统，列车产生紧急制动。

通过专门的钥匙可以对该装置进行复位。

（2）外部紧急解锁装置。

该装置通过解锁钢丝绳与锁闭装置相连，每辆车每侧各 1 个，如图 5-26 所示。操作装置包括操作面板、开门和关门操作装置、联动钢丝绳、微动开关。

紧急入口装置只能在车辆处于零速状态时于车体外操作，其设计如下：

门系统工作正常时，使用专用钥匙操作外部操作装置，可通过电控方式实现自动开关门功能；门系统断电时，使用专用钥匙操作外部操作装置中在，可通过钢丝绳实现门的机械解锁并手动开关门。

6）故障隔离锁

当个别车门出现故障而不能正常开关门时，列车安全回路将不能正常接通，列车将无法启动。为了保证车辆的正常运行（可用性），在承载驱动机构上特别设计了一个隔离开关，门页上设计有隔离装置，通过四方钥匙顺时针旋转 90°，锁舌将向上伸出，进而触发这个开关，如图 5-27 所示。

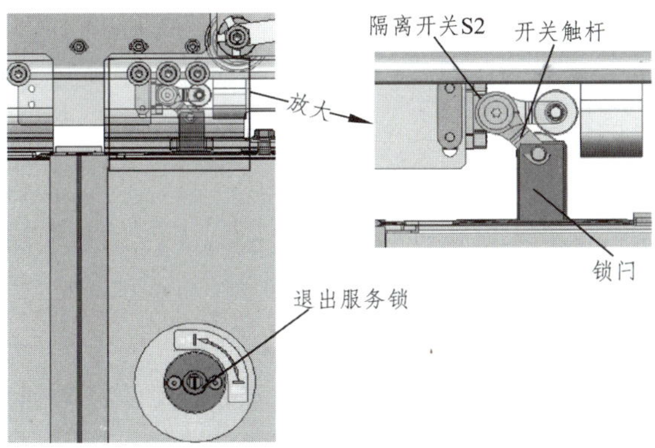


图 5-27　隔离锁

当门页出现故障而不能自动关门时，需要人工手动将门关闭和锁闭，才能进行隔离操作。隔离后，被隔离的门将一直处于关闭状态，不再进行开门，此时列车安全回路将通过隔离开关接通（见图 5-28），从而列车可以继续运行，直到运营结束回车库后再进行故障排除。

图 5-28　车门安全回路

7）门控器

门控器即电子门控单元，负责接收来自司机的指令来控制塞拉门的开、关门动作。每一套塞拉门系统有独自的控制单元，每一个电子门控单元（EDCU）控制一套塞拉门。

电子门控单元（EDCU）可以全面准确地控制门的动作，同时完成安全保护功能，如智能障碍检测、门隔离监测、降级模式功能、安全电路等。电子门控单元还具有自动故障监视、诊断和报告功能。诊断程序能够识别不同类型的故障，也可以记录门在循环工作中不同的故障数据，以及这些故障出现的次数，以便于检测周期性故障。这些记录的数据还可以传递给车辆信息系统或下载到 PC 机中进行故障分析。根据用户的需要，门控单元支持的网络通信类型有 MVB、CAN、RS485、LON 和 ISO3309/4335 等，可将全面的门状态信息和记录的故障数据传递给车辆信息系统，以便于司机根据当前门的状态和故障情况，及时进行适当的处理。

在 EDCU 中，由 PWM 信号驱动断路器控制永久磁性直流电机的转矩及速度，电机输出有过流保护并能自动恢复。EDCU 可以稳定地控制电机电流和电机电压，使门的运动快速、平稳。开关门均具有二级缓冲功能，门在接近全开或全关时转为低速运动，其余区段为高速运动，高、低速区段可以通过软件设定。正常开关门时间可以通过软件进行调节。

8）车门关门、锁闭到位检测装置

（1）关门位置检测。

“关门”位置检测装置由一关门行程开关组成，用于检测门是否处于关闭位置。实际上，丝杆/螺母系统已经保证两门页动作的同步性，因此，在一个门页上设置关门行程开关就可以检测到整个门页是否处于关闭位置。

关门行程开关有一对常开触点和一对常闭触点，它们是机械连接，但电气分离。一对触点用于向列车安全回路传送信号，另一对触点向 EDCU 发送“门关好信号”。EDCU 收到该信号后，控制电机降低转速，已达到车门在完全关闭前实现缓冲。当一对触点发生故障时，EDCU 收不到“门关好”信息，EDCU 将向列车诊断系统发出“车门故障”信息。如图 5-29 为典型的关门位置检测装置。

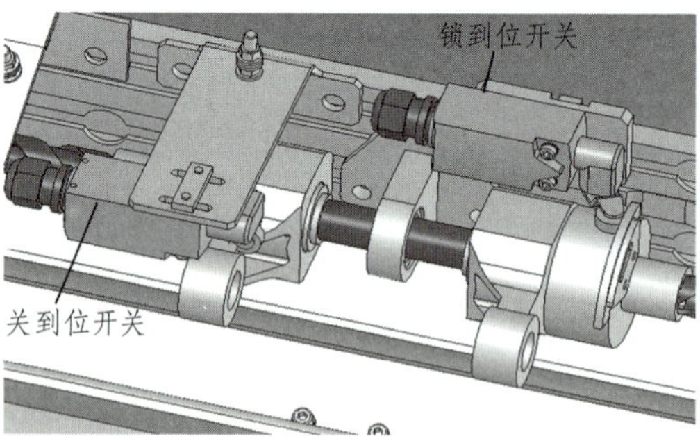


图 5-29　关门、锁门到位检测装置

（2）“锁门”位置检测装置。

“锁门”位置检测装置用于检测车门是否处于“关闭并锁好”位置。“锁门”位置检测装置包括一行程开关，该行程开关具有与“关门”位置检测行程开关相同的特性，也是由一对常开触点和一对常闭触点组成。当其被激活后，向 EDCU 送出车门已锁信号，同时向列车安全回路传送信号。图 5-29 所示为一典型的锁门位置检测装置。

## （二）双扇电动内藏门工作原理

丝杠螺母副传动方式的内藏门系统的运动由电子门控器控制、电机驱动。电机减速器与丝杠螺母副连接；丝杠上的左右螺母副通过铰链与携门架相连。门扇与携门架相连；携门架上安装的承载轮和防跳轮在车体上安装的 C 形导轨中进行直线运动。电机旋转带动具有左右螺旋的丝杠旋转，丝杠上的左右丝杠螺母副同步向相反的方向运动。通过左右螺母副的运动，将动力传递给门板，从而实现了双扇门板的同步运动。丝杠螺母副传动方式的内藏门工作原理如图 5-30 所示。

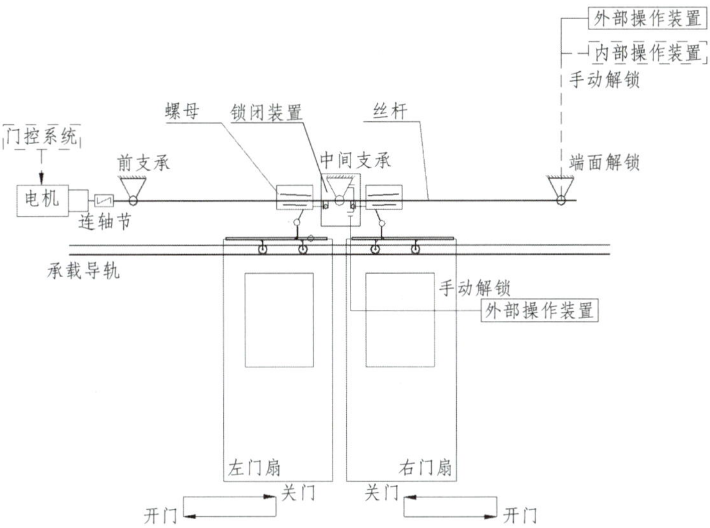


图 5-30　内藏门工作原理图

齿轮皮带传动内藏门系统的运动由电子门控器控制、电机驱动。电机减速器与垂向齿轮连接；垂向齿轮带动皮带运动，在皮带上适当的位置安装有齿带夹，齿带夹与携门架相连，携门架与门扇安装在一起，携门架上的承载轮和防跳轮在车体上安装的 C 形滑道中进行直线运动。电机旋转带动垂向齿轮旋转，垂向齿轮的旋转带动皮带运动，皮带运动带动左右齿带夹运动，齿带夹的运动带动携门架运动，携门架带动门扇运动，从而实现双扇门板的同步运动。

### 1. 开/关门功能

整个门系统的运动是由电子门控单元来控制，电机驱动。电机通过传动系统驱动丝杆/螺母系统；丝杆上的螺母通过铰链与携门架相连，从而驱动门扇开关。丝杆/螺母机构保证了门页的同步性。

通常开关门是通过安装在司机室内的开关门按钮来实现的。开关门按钮安装在司机室内，司机室内每侧设一套。当司机用主控钥匙启动司机台时，开关得电。当所有车门被关闭和锁闭时，关门按钮灯亮。如果有任何门保持在打开状态的时候，所有关门按钮都不会亮。这样是为了向司机提供车门的状态指示。司机可以通过每侧的开关门按钮来操纵该侧车门，每侧车门都有单独的电路。

车门既可在 ATO（列车自动驾驶）模式下自动打开，也可以由司机进行开关。考虑到安全的因素，有两种不同的门控信号：门开使能和“开门”指令。在通常的操作中车门打开可以由 ATP（列车自动保护）系统来使能。这些操作都是在开门过程中通过电子门控单元来进行控制的。只有当列车静止且在站台正确的位置时，ATP 系统才能给出使能信号。在 URM（人工驾驶）模式下操作，可以通过司机室的按钮来实现开门使能。在这种情况下，车门使能与牵引控制单元的“零速”信号互锁。车门只有在司机操纵台激活时才能打开。当司机按下关门按钮后，关门信号通过列车线向每个车门发出，每个车门的电子门控单元收到关门信号后将控制电机驱动丝杆，从而使门页关闭并锁好。单个车门的开关还可以通过乘务员钥匙开关来实现。在每辆车上的两个车门内外侧都安装有乘务员钥匙开关。当车门关闭并锁上且蓄电池电源可用时，该乘务员钥匙开关可被授权人员使用。钥匙开关有三个档位，即“开”“断”和“关”。只有当开关处于“断”位置时，钥匙才能被插入和拔出。当该装置处于“开”位时将导致车门解锁并部分打开，然后才能手动全部打开；将钥匙重新设定在“断”位不会影响车门的状态。打开车门将会断开车辆的安全回路。将钥匙旋转至关闭位置将使车门关闭并锁上；一旦锁上，列车安全回路将重新形成。如果所有门接收来自司机室开关门按钮的指令开门时，操纵该装置将不会起作用。

2. 防夹人/物功能（障碍物探测重开门功能）

如果关门时碰到障碍物，最大关门力最多持续 0.5 s，然后车门重新打开一段距离，再重新关闭或保持原位置一段时间后，再完全关上。如果障碍物一直存在，经过几次探测后，门将处于打开状态。障碍物探测的次数及障碍物的大小可以通过电子门控单元来设定。障碍探测是通过测定电机电流值实现的，关门时序中每一时序的额定电流曲线存储并可自动调整，如果电机电流实际值超过额定值，则启动障碍物探测功能。

3. 车门故障切除功能

当单个车门故障时，为了不影响列车的运行，通过专用的钥匙将该车门进行电隔离称为切除车门。切除车门后，安全回路将通过“门切除”行程开关组成安全回路。门切除后，该门将不再受开关门指令控制，可以通过专用钥匙将该车门复位。

4. 安全回路

锁闭开关检测到车门完全关闭后，其常开触点闭合，同一节车同侧所有车门的锁闭开关常开触点串联，形成关门安全联锁电路。一列车的关门安全联锁电路形成环路，所有车门关好后，司机室内“门已锁闭”指示灯亮，列车方可启动。列车左右侧安全联锁电路完全隔离，无共用元件。由于车门的状态关系到乘客及运营安全，为确保列车运行过程中车门正确锁闭，只要检测到有一个车门没有正确锁闭，列车将无法启动；而在运行过程中，如果有乘客将紧急解锁手柄拉下或车门意外打开，安全回路断开，列车将触发紧急制动并停车。

5. 零速保护功能。

车速为“0”时，车门控制器得到“零速”信号后开门功能才能作用；当车速大于 5 km/h 时，车门仍然开启时，将启动自动关门，在司机室有相应的报警。

# 任务 3　双扇电动塞拉门结构及原理认知

## 一、任务导入

查阅关联知识，完成以下问题。

1. 轨道车辆客室车门的防夹功能和电梯门的防夹功能有什么不同之处？

2. 相比电动内藏门，电动塞拉门的结构差异主要体现在哪些部件？

## 二、任务目标

掌握电动塞拉门的结构组成、功能及工作原理。

## 三、任务内容

<table>
<tr><td>任务描述</td><td colspan="4">查阅图书馆和网络上相关资料，阅读单元五任务 3 中“七、任务关联知识”，掌握地铁车辆客室电动塞拉门的结构组成，结合实训基地电动塞拉门实物或模型，介绍车门各部分结构名称及开、关门工作原理。</td></tr>
<tr><td>任务要求</td><td colspan="4">以小组为单位，每组 3~5 人，剖析三、任务内容，制定工作计划，明确成员分工，规范有序完成任务。参观实训基地塞拉门实物，学生要穿戴工装，注意安全。小组成员，逐一指认车门部件并介绍开关门工作原理，要求采用普通话，口齿清晰，声音洪亮。</td></tr>
<tr><td rowspan="5">任务分组</td><td>组长</td><td></td><td>学号</td><td></td></tr>
<tr><td rowspan="4">组员</td><td>姓名</td><td colspan="2">学号</td></tr>
<tr><td></td><td colspan="2"></td></tr>
<tr><td></td><td colspan="2"></td></tr>
<tr><td></td><td colspan="2"></td></tr>
</table>

## 四、任务实施

以小组为单位，每组选取 1 人对电动塞拉门各部分结构的名称进行指认，并介绍开关门工作原理。老师结合任务完成情况进行点评和相关知识点的讲解。以各部分结构及工作原理的表述完整性（50%）、准确性（50%）评定成绩。

## 五、任务评价

根据各组任务完成情况，填写评价表。

评价表

| 序号 | 评价项目 | 分值 | 自我评价 | 互相评价 | 教师评价 | 总评 |
|---|---|---|---|---|---|---|
| 1 | 学习准备 | 0~10 | | | | |
| 2 | 是否在规定时间完成 | 0~10 | | | | |
| 3 | 是否有序规范安全 | 0~20 | | | | |
| 4 | 是否主动参与互动 | 0~10 | | | | |
| 5 | 展示汇报 | 0~30 | | | | |
| 合计 | | 100 | | | | |

## 六、任务拓展

结合实训室的电动塞拉门实训设备，以小组为单位研究塞拉门结构并编制车门拆装工艺文件。

## 七、任务关联知识

塞拉门最开始只是在高速列车上运用，随着城轨车辆速度的提高，城轨车辆上也逐渐开始使用塞拉门系统。根据动力来源可以分为电控气动塞拉门和电控电动塞拉门，因为气动塞拉门结构较为复杂，目前新造车辆已经很少使用，因此本书主要介绍电控电动塞拉门。

### （一）塞拉门结构组成

塞拉门系统由多个子系统构成，主要组成部件为门扇、承载导向机构（基架、长导柱、短导柱、携门架、上下滑动导轨、平衡压轮、摆臂组件）、驱动传动装置（驱动电机、行星减速器、联轴器、传动丝杆、传动螺母副）、锁闭装置（LS 型锁闭装置、端面解锁装置）、安装架、隔离锁及电子门控器（EDCU），如图 5-31 所示。

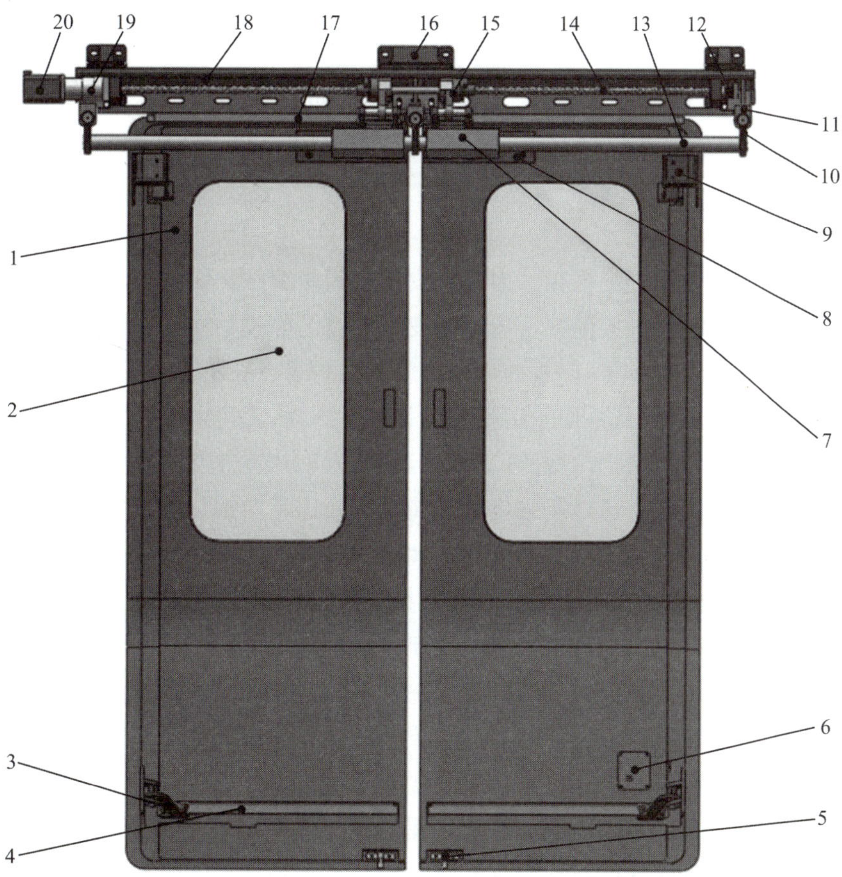


1—门扇；2—钢化玻璃；3—摆臂组件；4—下滑道；5—下挡销；6—隔离锁；7—移动套筒；8—携门架；9—平衡压轮组件；10—长导柱支架；11—短导柱支架；12—端面解锁装置；13—长导柱；14—丝杆；15—丝杆螺母；16—安装架；17—上滑道；18—基架；19—联轴器；20—驱动电机

图 5-31　双扇电动塞拉门

1. 门扇

塞拉门两侧左右门扇对称，每页门扇均由含有铝蜂窝特殊结构的门板、钢化玻璃、密封胶条、护指胶条等组成，如图 5-32 所示。

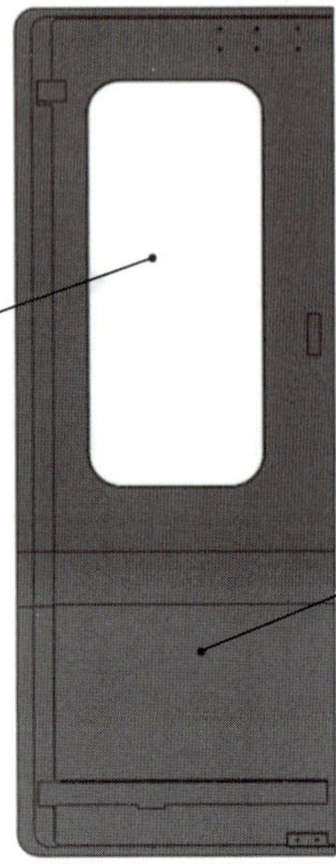


图 5-32　门扇

塞拉门的门扇由铝合金框架、内外封皮以及铝蜂窝结构组成，其中铝合金框架由长短不一的铝合金型材拼接而成，内外封皮则通过结构胶粘接至铝合金框架上，使门扇的内外表面变得光滑平整。门板内部的铝蜂窝结构可以在不影响门扇强度的前提下，大幅度降低门扇的总重，而且由于铝蜂窝结构的特殊性，还可以显著提高门扇的隔音、隔热性能。这种复合型结构门板的比重小但刚度大，其等效刚度指标比同等材料的铝制型材要高得多。门板上通过高强度的玻璃结构胶固定有钢化玻璃，既可以确保门扇自身的密封性，还可以提高门扇的隔音、隔热性能。门扇周边安装有密封胶条，可以提高车门的密封性。左右门扇之间安装有护指胶条，不仅可以提高车门密封性还可以避免车门因强行关闭而夹伤乘客或是车门关闭时夹到障碍物而造成车门自身损失的后果。

塞拉门的密封胶条由门扇周边的密封胶条与左右门扇之间的护指胶条组成。当塞拉门处于完全关闭状态时，周边密封胶条会紧紧贴合在车体的外部密封面上，周边密封胶条会因为发生变形而产生压力，来达到塞拉门与车体的密封目的。左右门扇之间的护指胶条有着特殊的不对称结构来提升密封性。此外，护指胶条预留有足够的变形量，避免关门时门扇夹伤乘客或者夹到硬物对门扇自身结构造成损害。可以通过涂聚四氟乙烯涂层的方法来减小周边密封胶条的摩擦力，延长周边密封胶条的使用寿命，从而增强车门的密封性。

2. 承载导向机构

塞拉门的承载导向机构主要由基架、长、短导柱、长、短导柱支架、携门架组件、上下滑动导轨、平衡压轮以及摆臂组件等组成，如图 5-33 所示。

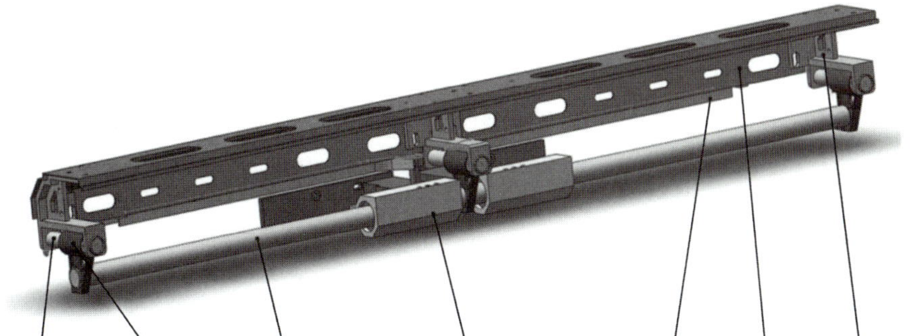


图 5-33　承载导向机构

携门架组件由携门架和移动套筒组成。其中携门架上设有可调节的偏心轮辅助门扇进行安装定位,调整门扇与车体外侧表面之间的平行度,进而保证车门的密封性能。

塞拉门的导向系统作用是控制门扇在开关门过程中进行塞拉运动。导向系统主要由上下滑动导轨、携门架滚轮和下滚轮组成。塞拉门导向机构的上滑动导轨固定在基架底部上，携门架滚轮沿着上滑动导轨进行滑动，如图 5-34 所示。塞拉门的下滑动导轨通常安装在门扇的内表面下侧位置处，固定在车体左右两侧的下滚轮沿着下滑动导轨进行滑动，如图 5-35 所示。

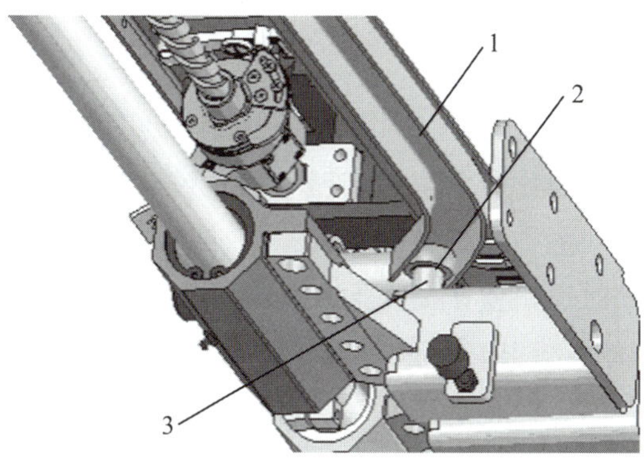


1—上导轨；2—滚轮；3—滚轮轴

图 5-34　上导轨

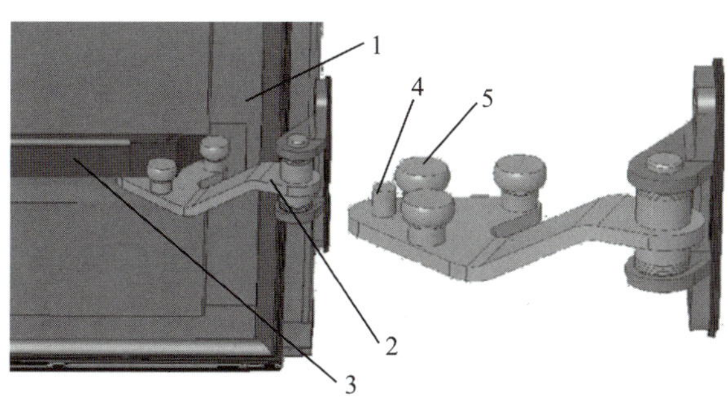


1—门页；2—摆臂组件；3—下导轨；4—防脱销；5—滚轮

图 5-35　下导轨

3. 驱动传动装置

塞拉门通常采用丝杆螺母传动系统，驱动传动装置主要由驱动电机、行星减速器、联轴器、传动丝杆、传动螺母副组成，如图 5-36 所示。驱动电机与传动丝杆—传动螺母机构并排安装且通过行星减速器与联轴器进行连接，从而实现塞拉门开关门运动的动力传动。

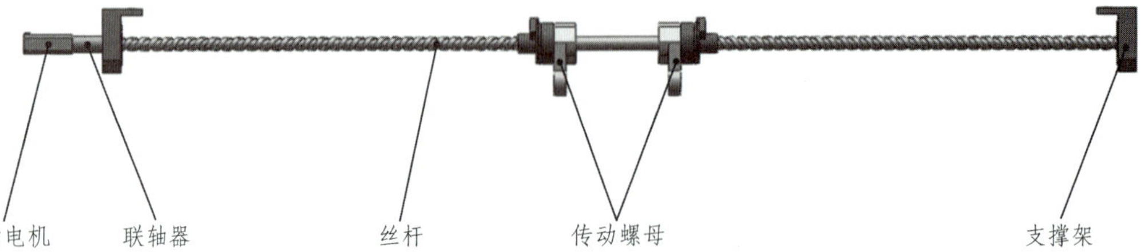


图 5-36　塞拉门驱动传动装置

传动丝杆通过三个支撑架固定在基架上，传动丝杆的一侧为右旋螺纹，另一侧为左旋螺纹，两个相应的传动螺母安装在丝杆两侧。由于传动丝杆特殊的对称式旋向结构，当电机工作时，通过联轴器带动传动丝杆转动，此时传动螺母与丝杆互相配合，一侧门扇向某一个方向移动的同时必将引起另一侧门扇向相反的方向移动同样的距离，进而实现左右两侧门扇的同步运动。

4. 锁闭/解锁装置

锁闭装置采用 LS 型锁闭装置。端面解锁装置（见图 5-37）安装在传动机构上，在门锁闭到位的情况下，操作紧急解锁装置将通过钢丝绳旋转解锁轮。当解锁轮往解锁方向旋转时，通过手动解锁装置转动丝杆从而使门机械解锁，同时解锁轮的旋转将触发紧急解锁开关，此时司机室 HMI 上将显示相应车门紧急解锁信息。当紧急出/入口装置操作到位后，手动解锁装置将通过内部特定装置脱离丝杆，丝杆可以自由转动，乘客可以手动将门打开。紧急解锁开关仅在紧急出/入口装置复位后才能复位。紧急解锁开关的常闭触点与车门安全回路串联，常开触点与 EDCU 连接。

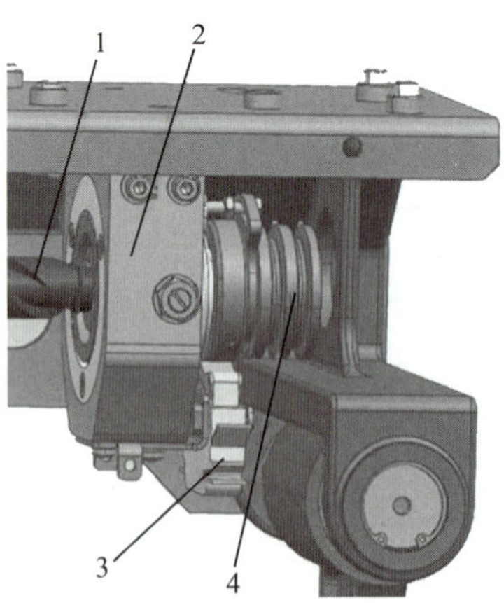


1—转动丝杆；2—手动解锁装置；3—紧急解锁开关；4—解锁轮

图 5-37　端面解锁装置

### 5. 电子门控单元 EDCU

电子门控单元( EDCU )用于控制车门的开关动作，监测车门状态，响应门控指令，并通过接口通信与车辆监控系统通信以控制车门位置的检测。此外，EDCU 还可与计算机连接，用于故障检测、参数设置和状态显示等功能。

每个客室车门配置有一个电子门控单元( 见图 5-38 )，电子门控器安装在车门左侧( 由内往外看 ) 的侧顶板内。其中每辆车的 1/3 和 2/4 门的门控器为主电子门控器( MDCU )，其余门的门控器为本地电子门控器 ( LDCU )。

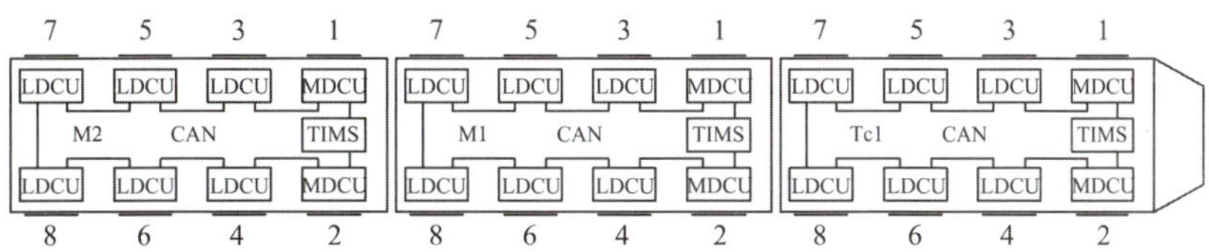


图 5-38 电子门控单元布置

每个客室门均由一个独立的 EDCU 控制。MDCU 配有 MVB 总线接口，以便通过多功能车辆总线 ( MVB ) 实现与列车的信息交换。其中一个带有 MVB 总线接口的 MDCU 用来执行与列车的通信任务。另一个 MDCU 则作为主控冗余，在前一 MDCU 故障的情况下接管主控功能。其他客室门( 3 至 8 )则为不带 MVB 总线接口的( 本地 ) 控制单元 ( LDCU )，可通过一个 CAN 总线接口与 MDCU 进行单独通信。

EDCU 包括内部电源、微控制器和程序存储器。微控制器驱动车门电机，并控制电机转矩以及电机电流和速度。EDCU 可以编程，输入和输出信号由软件控制，并可通过更新软件来实现车门功能的更改。可以通过位于每个 EDCU 上的“USB”接口实现软件上载。

根据列车控制信号和门驱动机构上检测装置发出的信号，电子门控器控制车门的开启和关闭。

### 6. 开关门状态检测装置

检测装置采用行程开关，每个车门包括 4 个行程开关，分别是关到位开关、锁到位开关、紧急解锁开关和门隔离开关。通过 4 个行程开关检测到的信息与来自列车控制系统的指令一起控制车门的开和关。如图 5-39 所示为车门关到位和锁到位检测装置。

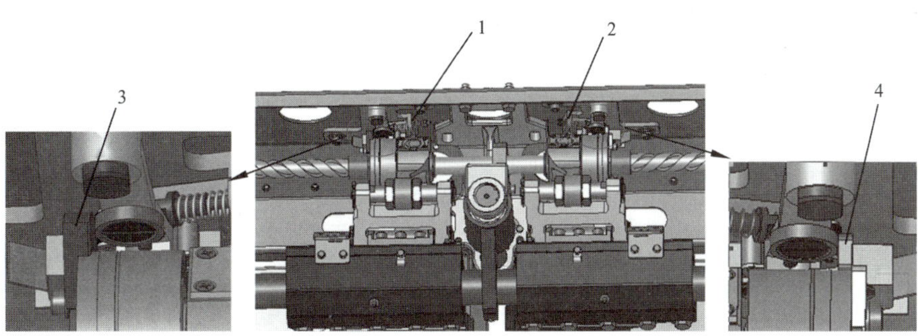


1—关到位行程开关；2—锁到位行程开关；3—螺母撞板 ( 左 )；4—螺母撞板 ( 右 )

图 5-39 开关门状态检测装置

## （二）塞拉门工作原理

塞拉门处于关闭状态时，门扇与车体外表面平齐，开门时，门扇进行横向+纵向的复合运动，沿着车体侧面滑动直到车门完全打开。如图 5-40 所示为电动塞拉门的工作原理图，电动机通过连接装置与丝杆螺母副相连；丝杆上的螺母通过铰链与携门架相连，门扇与携门架相连。同时，携门架在纵向沿长导柱上滑动，长导柱沿着短导柱滑动。

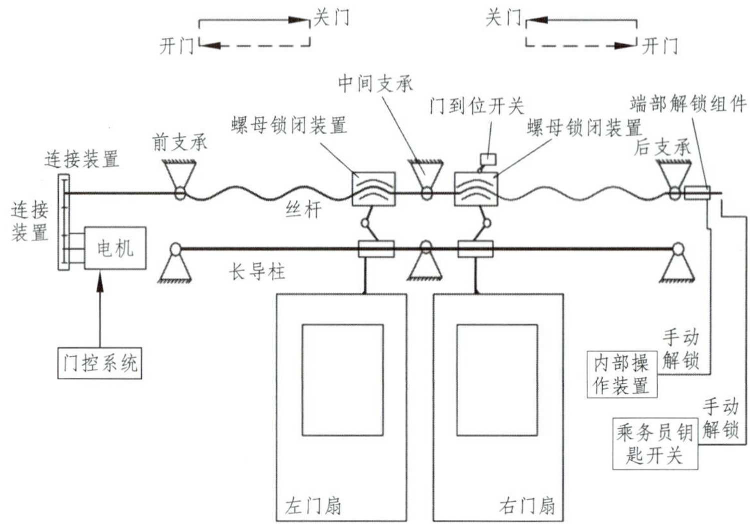


图 5-40　塞拉门工作原理图

### 1. 开门的工作原理

如图 5-41 所示，开门时，由列车控制系统发出开门指令（按压开门按钮或自动运行模式下的自动开门指令）→列车控制系统检测列车状态→EDCU 接收到开门指令→EDCU 控制电路接通电机电源→电机通电并工作→端面解锁装置解锁（螺母锁闭装置退出丝杆的锁闭段）→携门架上的滚轮、上滑道、摆臂、下滑道及短导柱配合，实现门扇塞拉动作→携门架、长导柱、上下滑道配合，实现门扇平移运动→车门开启直到完全打开。

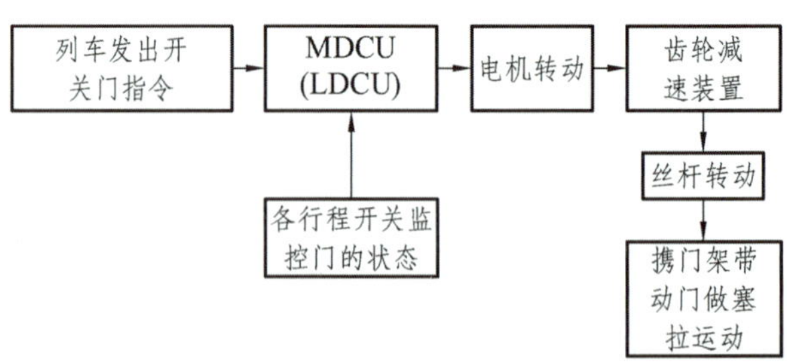


图 5-41　开门的工作原理

### 2. 关门的工作原理

关门时，由列车控制系统发出关门指令（按压关门按钮或自动运行模式下的自动开门指令）→EDCU 接收到关门指令→EDCU 控制电路接通电机电源→电机通电并工作→车门开始关闭检测列车状态（由关到位行程开关和锁到位行程开关检测、障碍检测等）→进行下一步动作直到门完全关闭。

### 3. 紧急解锁的工作原理

操作内部或者外部紧急解锁装置→钢丝绳带动端面解锁装置滑轮→滑轮转动→带动解锁装置解锁，启动紧急解锁行程开关→EDCU 收到相应信号→门控器根据列车状态进行下一步动作（若零速信号有效，则车门解锁，则可手动打开车门；若零速信号无效，则电机朝关门方向施加一个 300N、持续三分钟的力，以阻止车门被打开。）

### 4. 门隔离的工作原理

在车门关闭状态下，操作门隔离开关，可使车门机械锁住，电气上从安全环路上隔离。该门即从列车控制系统中隔离开来，不受列车控制系统的控制。

### 5. 塞拉门电气控制原理

电子门控单元 EDCU 是车辆电气和车门机械操纵机构之间的接口，电子门控单元对车门的控制由可编程序控制器实现，车门电气控制原理如图 5-42 所示。当零速信号有效且有开门使能信号时，EDCU 接收到开门指令后将控制车门电动机朝开门方向动作，并将车门的相关状态传送给列车控制及诊断系统。关门是一个相反的过程。同时，车门具有零速保护盒安全联锁电路，开关门有报警装置、障碍物检测等安全保护措施。

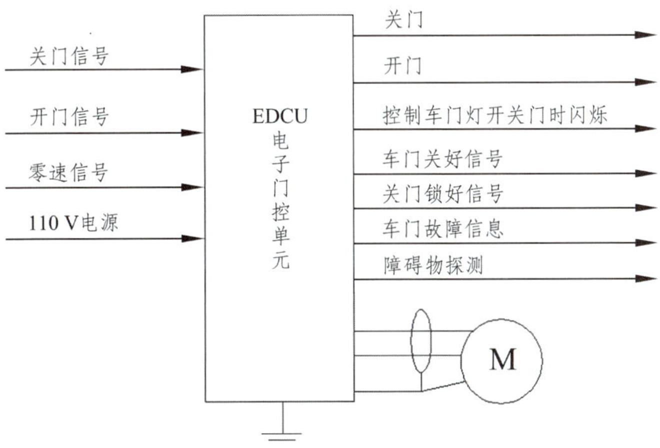


图 5-42 车门电气控制原理框图

（1）零速保护。

车速为“0”时，车门控制器得到“零速”信号后，开门功能才能起作用。当车速大于零，车门仍然处于开启状态时，将启动自动关门功能。

（2）安全联锁电路（安全回路）。

锁闭开关检测到车门完全关闭后，其常开触点闭合，同一节车同侧所有车门的锁闭开关常开触点串联，形成关门安全联锁电路。一列车的关门安全联锁电路形成环路，所有车门关好后，司机室内“门已锁闭”指示灯亮，列车方可启动。列车左右侧安全连锁电路完全隔离，无共用元件。由于车门的状态关系到乘客及运营安全，为确保列车运行过程中车门正确锁闭，只要检测到某个车门没有正确锁闭，列车将触发紧急制动并停车。

（3）障碍物探测。

如果关门时碰到障碍物，最大关门力最多持续 0.5 s，然后车门可以重新打开一段距离，再重新关闭，或保持这个位置进行一段时间的调节，再完全关上。关门过程中的障碍物探测包括电机电流监控和路程/施加监测。

电机电流监控：每次关门过程中电机正常关门电流曲线已被储存并自动调整、如果电机的实际电流超过额定值，障碍检测被激活。

路程/时间监测：通过门位置传感器的检测，将门的运动分成距离段。如果在给定的时间内门未通过这些距离段，障碍检测被激活。

（4）车门状态指示。

在每个客室侧门的上方均设有一个橙黄色的指示灯。当指示灯亮时表示该门开启；当指示灯闪烁时表示已发出关门指令，但车门尚未关上或锁闭。车门全部关好后橙黄色指示灯灭。在连续 3 次关门过程中均检测到障碍物，指示灯持续明亮，直到开门或关门指令重新将门启动。

在每个客室侧门上方设有一个红色指示灯，该灯亮表示该车门已经切除，不能操作。

## 课程思政小课堂

**【榜样力量】张健：专家型的技术工人**

1990 年 7 月，19 岁的张健（见图 5-43）从大连机车厂技校毕业后，由于成绩突出，以四级工起步，成为中车唐山公司一名设备安装维修电工。上班第一天，当踌躇满志的张健看到一台台拆开后的机床里复杂的电路走线时，却理不出一点头绪。当师傅们翻开图纸，分析电路故障原因时，他只能站在一旁似懂非懂地听着。他为自己感到惭愧，学校的知识与现实工作相比，差距明显，从那时起他就给自己定下了目标——一定要学有所长，做一名知识型的高素质工人。

图 5-43　张健

学习是进步之源。张健（见图 5-44）从一名新手成长为专家型高铁工人，走过了一条不同寻常的道路，也克服了重重的困难。为了提高自己的理论水平，张健放弃了业余休闲娱乐的时间。下班后，他一头扎进业务学习中，《高级电工工艺学》《电力拖动》《电子技术》《触摸屏应用》《变频器原理及应用》等书籍，都是他利用业余时间自己“啃”下来的。针对工厂电力控制设备增加较多，而电力控制方面的知识掌握较少的情况，张健从基础学起，自己购买了《PLC 编程与控制》《数控机床编程与操作》等书籍完善充实自己。为锤炼自己的实践技能，他多次报名参加青工技术比武，取得了不错的成绩。1992 年，他第一次参加唐山市青工技术比武，取得维修电工第二名；2002 年，唐山市职工技能大赛，他拿下电工技术“状元”；2005 年河北省职工技能大赛，张健位列电工第五名。

图 5-44　张健

机会垂青有准备的人。2005 年，中车唐山公司与德国西门子公司合作，研制 60 列 CRH3 型高速动车组。2007 年，张健作为电工高手，通过考试被选拔到高速动车组出厂前的最后一道工序——调试中心，负责动车组的调试试验和交付工作。作为“门外汉”，为尽快熟悉业务，张健如饥似渴地投入到调试技术学习中。在德国培训期间，他夜以继日、如饥似渴地学习，恨不得把所有的知识一股脑吞进肚里。回国后，他注重理论联系实际，白天组织调试试验，晚上埋头恶补理论知识，校验学习效果。图纸、调试日志成了他的随身物品，从动车组电路符号、标识、代码开始，一步步理顺线路图的定义、标注和走向，验证单车和列车网络系统的逻辑关系，边学习边操作，很快掌握了单车调试技能。

2008 年 3 月，张健奉命组建列调班，接到的第一个任务就是国产首列时速 350 公里高速动车组的编组调试。他带领班组员工，马不停蹄，连续 30 多个日夜，几乎天天“连轴转”，漫漫长夜大多在椅子上“打个盹”熬过来的。2008 年 4 月 11 日，CRH3 动车组在中车唐山公司下线，我国由此成为世界上少数几个能够制造时速 350 公里高速动车组的国家之一。

2007 年至今，张健先后任高速动车组调试工段长和列调班班长、国家技能大师工作室领衔技师，我国首列“和谐号”高速动车组和国家“863”计划高速综合检测动车组等公司新产品的调试技能负责人，研究实施了《动车组运行中网络故障快速处理方案》等 30 多项关键技术成果，发表 10 多篇专业论文。牵头编写整理了 13 万字的岗位通用能力培训教材《车辆电工》，为高铁动车组调试技术、技能人员培养提供了重要资料，为调试、运维、动检部门培养输送大量技能操作人才。

张健以“工匠”精神学习摸索轨道车辆调试关键技术，解决了大量调试技术难题、方法创新，并成功打造高铁动车技术先锋品牌，为我国铁路装备制造业走向国际化作出了重要贡献。先后获得 “河北省劳动模范”“全国五一劳动奖章”“全国劳模模范”等多项荣誉称号。通过导师带徒，培养了全国技术能手 2 人、河北大工匠 1 人、河北省突出贡献技师 2 人、河北省技术能手 4 人、高铁工匠 1 人，中车（首席、资深）专家 13 人。

# 单元六 城市轨道交通车辆空调系统认知

## 任务1 城市轨道交通车辆空调通风系统认知

### 一、任务导入

查阅关联知识和网络资料，完成以下问题。

1. 中国古代出现了自雨亭、含凉殿等避暑降温的建筑，有诗云“琥珀盏红疑漏雨，水晶帘莹更通风（刘禹锡《刘驸马水亭避暑》）”，通过将冷水输送到顶部，然后从房檐四周流下形成水帘，起到避暑降温的效果，其原理是什么?

2. 地铁车上乘客较多，通常也无法打开车窗换气，如何保证车内空气清洁?

3. 为什么部分城市的地铁车辆在冬天的时候不采用空调装置制热，而采用座椅下方的电暖设备制热?

## 二、任务目标

掌握城市轨道车辆空调系统的作用；掌握通风系统的组成及作用。

## 三、任务内容

<table>
<tr><td>任务描述</td><td colspan="4">查阅图书馆和网络上相关资料，阅读单元六任务 1 中“六、任务关联知识”，掌握常见城轨车辆空调系统组成，面对某城轨车辆，指出其空调系统各组成部分的位置、作用以及通风系统气流组织的路径。</td></tr>
<tr><td>任务要求</td><td colspan="4">以小组为单位，每组 3~5 人，剖析三、任务内容，制定工作计划，明确成员分工，规范有序完成任务。参观某城轨车辆，学生要穿戴工装，注意安全。小组成员，逐一指认空调系统各组成部分位置、作用及通风系统气流组织的路径，要求采用普通话，口齿清晰，声音洪亮。</td></tr>
<tr><td rowspan="5">任务分组</td><td>组长</td><td></td><td>学号</td><td></td></tr>
<tr><td rowspan="4">组员</td><td>姓名</td><td colspan="2">学号</td></tr>
<tr><td></td><td colspan="2"></td></tr>
<tr><td></td><td colspan="2"></td></tr>
<tr><td></td><td colspan="2"></td></tr>
</table>

## 四、任务实施

以小组为单位，对轨道车辆空调系统各部件进行指认，并介绍其名称、作用，指出并介绍通风系统气流组织的路径。老师结合任务完成情况进行点评和相关知识点的讲解。以空调系统各部分、作用以及通风系统气流组织路径的表述完整性（50%）、准确性（50%）评定成绩。

## 五、任务评价

根据各组任务完成情况，填写评价表。

评价表

| 序号 | 评价项目 | 分值 | 自我评价 | 互相评价 | 教师评价 | 总评 |
|---|---|---|---|---|---|---|
| 1 | 学习准备 | 0~10 | | | | |
| 2 | 是否在规定时间完成 | 0~10 | | | | |
| 3 | 是否有序规范安全 | 0~20 | | | | |
| 4 | 是否主动参与互动 | 0~10 | | | | |
| 5 | 展示汇报 | 0~30 | | | | |
| 合计 | | 100 | | | | |

## 六、任务关联知识

地铁车辆空调系统通过夏季制冷、冬季制热，使车厢温度达到人体感觉舒适的范围，同时它还可以使车厢与外部空气循环流通，为乘客创造卫生、舒适的乘车环境，以保证旅客的身体健康，减少旅途中的疲劳。世界上工业比较发达的国家，早在 20 世纪 30 年代就已开始使用空调客车，50 年代比较普遍，60 年代得到了大量发展。我国自行设计、制造空调客车始于 20 世纪 50 年代。1966 年四方机车车辆厂设计制造出第一列空调客车。1998 年，国祥公司研制出采用旋转压缩机的新型空调机组，之后又研制出变频式新型空调机组，使空调机组的性能提升到更高水平。

城轨车辆空调系统一般由通风系统、制冷系统（空调机组）、加热系统、加湿系统和控制系统 5 大部分组成。考虑到实际运行区域的气候条件，有些车辆可不设加热系统和加湿系统。空调控制系统通过控制空调机组，将车内保持在舒适的环境下。本书主要对车辆的通风系统和制冷系统进行介绍。

通风系统的作用是吸入车外新鲜空气，并将其与车内循环空气混合，在过滤灰尘等杂质后输送至车内各处，同时排出车内污浊空气，以保证车内较高的空气洁净度，使车内获得良好的气流组织，如图 6-1 所示。

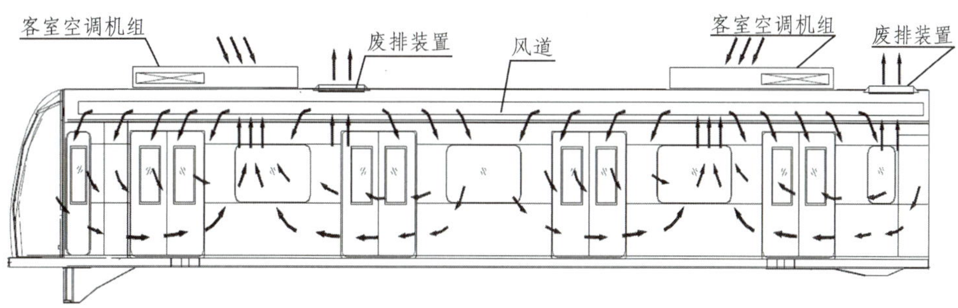


图 6-1　城轨车辆通风系统

### （一）通风系统的气流组织

如图 6-2 所示通风系统通过合理设计送风口和回风口位置、送风口形式等以保证整个客室内均匀的空气分配，客室内各处风速基本一致，气流流动路线合理，送入客室的冷风与客室内的空气充分混合，以形成均匀的温度场和速度场，给乘客提供舒适的环境。客室气流主要分为四路：送风、回风、新风和排风。

1. 送风

送风口设在客室天花板上，空调系统通过天花板上方的风道送风，并通过沿车厢纵向布置的送风格栅将空调处理过的冷空气送到车厢内各处。送入客室内的空气经过与车内空气充分混合后，一部分作为回风，在空调机组送风机的作用下，与车外新风在蒸发器前，经过过滤、冷却、除湿后，并经空调送风机增压，通过风道系统和送风口均匀地向客室送风。

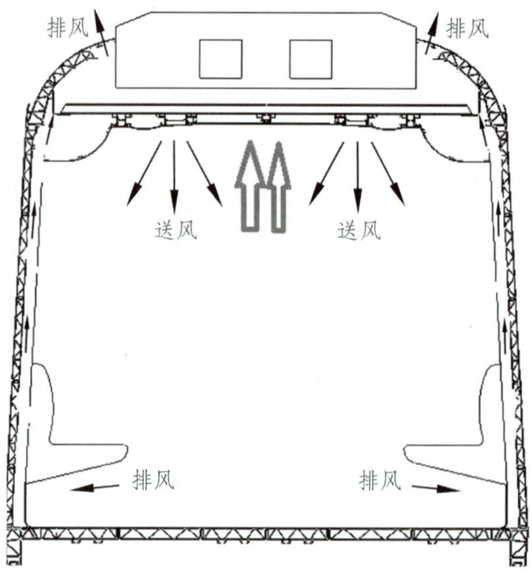


图 6-2　城轨车辆气流组织

2. 回风

客室内的大部分空气作为回风，经过车顶中间的空调机组回风口进入空调机组循环使用，与新风混合后，经过滤、冷却、除湿后送入车内。空调回风口设有自动风量调节阀，能够调节回风门开度，从而调节新、回风混合比例。

3. 新风

空调机组新风口设有带挡水百叶窗的过滤格栅和过滤网，可防止灰尘及雨水进入空调机组。新风在空调混合腔内与回风混合后进入客室。机组内部设有自动风量调节阀，能够根据需要调节新风量的大小。新风门的开闭可由列车诊断系统监控。

4. 排风

为保证客室内气压保持在正常水平，车顶设有废排装置。客室内小部分空气作为排风，与新风量等量的车内废气，在车内正压作用下，车内排风通过座椅下部及侧墙缝隙排风道进入车厢天花板上方空间，通过安装在车顶的废排装置排出车外。

### （二）通风系统的组成

通风系统一般由通风机组、风道、风口及空气过滤器等组成。

1. 通风机组

通风机组的作用是吸入车外新风和室内回风，并将处理后的混合空气加压，通过风道送入客室。通风机组是通风系统的动力装置，通常由一台双速电机和两台离心式通风机组成，如图 6-3 所示。

为了使电机和通风机所产生的噪声尽量少地传入客室，在安装通风机组时，应采用有效的隔声、减振措施，如在通风机组的安装座上加装橡胶减振器、在通风机机壳上敷设阻尼涂料、在主风道与通风机连接风管处采用由人造革制成的软风道等。

图 6-3　通风机组

2. 风道

风道系统用于空调机组向客室内传送新风，其安装在车辆客室内顶板的上方空间内，通常在车体范围内都有布置，并相对于客室纵向中心对称布置如图 6-4、6-5 所示。

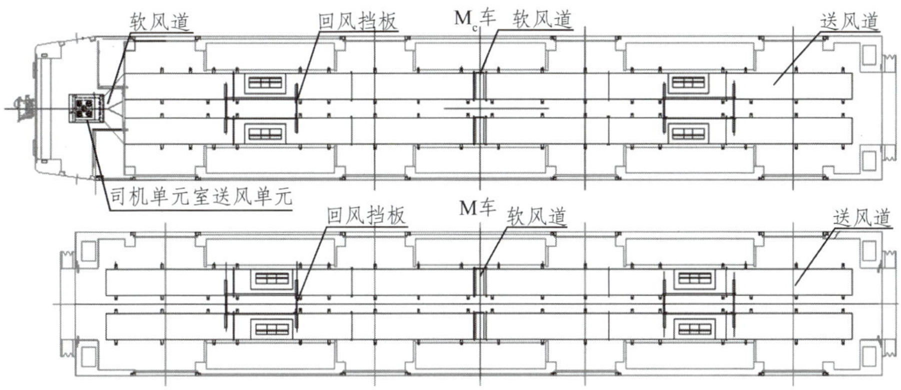


图 6-4　风道布置图

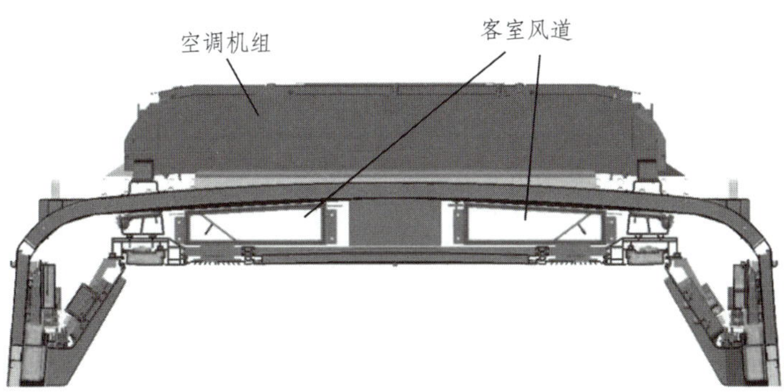


图 6-5　风道布置断面图

来自空调机组处理过的空气先进入主风道，在主风道中空气一边流动，一边通过主风道送风口进入静压箱，在静压箱中进行动、静压的转换，从而达到压力平衡状态。在此平衡的压力下，通过静压箱的出风口重新转换成动压，以均衡的速度射出，最终达到均匀送风的目的。

现在的城轨车辆通常不设置专门的回风道，由送风道、客室顶板及两个挡板之间形成的通道作为回风道。回风道用以抽取车内循环空气。回风道内的空气一部分通过车顶的静压排气孔排至车外，另一部分进入空调机组与新风混合后，经过冷却过滤由通风机送入主风道，在客室内形成空气循环。

排风道用以排除客室内废气，是排气口与车顶静压排风器之间的通道。当车内无正压时，排风装置的调节风门保持关闭状态；当车内有正压时，废排装置的调节风门打开。采用自然排风的方式，解决了排风机的检修，减少了维护量。

3. **风口**

风口包括新风口、送风口、回风口、排风口。新风口是吸收车外新鲜空气的入口。它一般装有新风格栅（防止杂质进入车内）、新风滤网（见图 6-6）和新风调节装置。

图 6-6　新风滤网

送风口（见图 6-7）是向客室分配空气的风口。送风口大多装有送风器和风量调节装置，不仅可使客室内送风均匀、气流组织分配合理，还可以根据需要调节送风量的大小。送风口一般还装有送风滤网。

图 6-7　送风口

回风口是吸收室内循环空气的入口。一般情况下，客室内部分空气应作为回风。回风口应设置调节挡板来调节回风和新风的混合比例。

排风口（见图 6-8）是排除客室内废气的出口。车内废气从长椅下，经内墙板后侧导向车顶，由车顶静压排风器排出车外。

图 6-8　排风口

4. 空气过滤器

空气中的灰尘不仅会影响乘客的舒适和健康，还会影响某些空气处理设备（如加热器、冷凝器）的处理效果，因此在通风系统中必须设置空气过滤器。空气过滤器是利用过滤材料将空气中的悬浮颗粒除掉的设备。城轨列车一般设有新风过滤器（见图 6-9）、回风过滤器（见图 6-10），并且装在空气处理器的前端，以减少后续设备表面积灰。

图 6-9　新风滤网

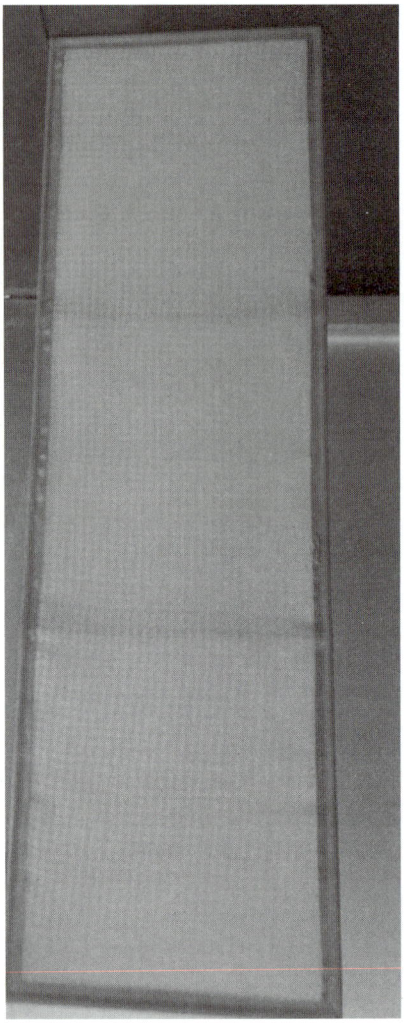

图 6-10　回风滤尘网

# 任务 2　空调机组工作原理及结构认知

## 一、任务导入

查阅关联知识和网络知识，完成以下问题。

1. 城轨车辆上使用的单元式空调和家庭使用的分体式空调其结构、功能和原理是否有区别？有什么区别？

2. 空调装置需要定期对内部进行清洁的原因是什么？

3. 空调装置制冷效果不佳的可能原因有哪些？

## 二、任务目标

了解空调机组制冷原理，掌握单元式空调装置的结构组成及各部件功能及工作原理。

## 三、任务内容

<table>
<tr><td>任务描述</td><td colspan="4">查阅图书馆和网络上相关资料，阅读单元六任务 2 中“七、任务关联知识”；掌握空调的制冷原理及结构组成，制作 PPT，各小组展示汇报。</td></tr>
<tr><td>任务要求</td><td colspan="4">以小组为单位，每组 3~5 人，剖析三、任务内容，制订工作计划，明确成员分工，规范有序完成任务。小组选派代表进行汇报分享。分享时采用普通话，口齿清晰，声音洪亮。</td></tr>
<tr><td rowspan="5">任务分组</td><td>组长</td><td></td><td>学号</td><td></td></tr>
<tr><td rowspan="4">组员</td><td>姓名</td><td colspan="2">学号</td></tr>
<tr><td></td><td colspan="2"></td></tr>
<tr><td></td><td colspan="2"></td></tr>
<tr><td></td><td colspan="2"></td></tr>
</table>

## 四、任务实施

以小组为单位，在课前完成《城市轨道交通车辆的空调装置工作原理及结构组成》PPT 制作，要求版式新颖，内容正确。在课中由各小组进行展示汇报，老师结合任务完成情况进行点评和相关知识点的讲解。以制冷原理、空调装置结构组成描述的准确性（50%）、PPT 制作质量（25%）、PPT 汇报讲解表现（25%）评定成绩。

## 五、任务评价

根据各组任务完成情况，填写评价表。

评价表

| 序号 | 评价项目 | 分值 | 自我评价 | 互相评价 | 教师评价 | 总评 |
|---|---|---|---|---|---|---|
| 1 | 学习准备 | 0~10 | | | | |
| 2 | 是否在规定时间完成 | 0~10 | | | | |
| 3 | 是否有序规范安全 | 0~20 | | | | |
| 4 | 是否主动参与互动 | 0~10 | | | | |
| 5 | 展示汇报 | 0~30 | | | | |
| 合计 | | 100 | | | | |

## 六、任务拓展

查阅相关知识，分析空调机组的结构和工作原理，编制轨道车辆空调机组定期维护保养工艺文件。

## 七、任务关联知识

城轨车辆通过空调机组进行制冷，为便于安装、维护，城轨车辆空调系统基本采用单元式空调机组，即除了一些控制部件外，空调系统的主要部件都集中于一个空调机组内。空调机组将处理过的空气送入送风道内，具有通风、制冷、紧急通风、除尘以及摄入新风等功能。

制冷和空调是相互联系而又彼此独立的两个领域。为了使某一物体或某一区域的温度低于环境温度，并维持所需的低温，就需要不断地从其中取出热量，并转移到周围介质中去，这个过程就是制冷过程。空调就是空气调节，也就是将外界空气（湿空气）经过一定的处理并用一定的方式送入室内，使室内空气的温度、相对湿度、气流速度和洁净度等，控制在一定范围内。因此要掌握城轨车辆空调制冷设备的原理与维修，就必须了解制冷与空调的基本原理。

### （一）制冷的基本原理

根据制冷产生的环境温度的不同，制冷技术大致可分为普通制冷（环境温度到 −153.15°C）、深度制冷（−153.15°C 到 −253.15°C）、低温和超低温制冷（−253.15°C 到接近绝对零度，即 −273.15°C）3 种。城轨车辆空调中的制冷属普通制冷。制冷的方法很多，所获得的低温温度范围也不同。普通制冷常用的制冷方法有相变、节流、膨胀、涡管、电热制冷等。

1. 相变制冷

物质在状态变化过程中，如熔解、汽化和升华等，都要吸收热量，因此都有制冷作用。利用相变制冷，系统所能达到的温度取决于物质相变的温度，而系统所获得的制冷量，取决于该物质的相变潜热。为了连续获得一定的制冷量，使系统保持所要求的低温，就必须不断补充相变物质。而相变物质的补充方式有单向和循环两种方式，固体熔解和升华属单向制冷，液体汽化可实现循环制冷，因为汽化后的相变物质可采用一定方法使之重新液化，供循环使用。由于汽化、液化的潜热很大，因而制冷能力很强。

目前，广泛采用的相变循环制冷方式有下面两种：

（1）蒸气压缩制冷循环。将蒸发器出来的蒸气冷却加压后，重新冷凝为液体，然后再蒸发，如此不断循环，这就是蒸气压缩制冷循环。城轨车辆空调制冷装置就采用这种制冷方式。蒸气压缩制冷循环原理如图 6-11 所示。将制冷用的工质充灌在一个密封的系统内，液态工质经节流装置节流降压后，在蒸发器中等压汽化吸热，变为低温、低压蒸气，然后经过压缩机绝热压缩成高温高压蒸气，最后在冷凝器中液化放热，并再进入节流装置，从而完成一个制冷循环。

（2）吸收式制冷循环。吸收式制冷循环利用热源所提供的热能，使工质产生循环，其工作原理如图 6-12 所示。它用吸收器和发生器等部件代替压缩机，并采用两种工质，低沸点的工质称制冷剂，高沸点工质称吸收剂，而其他部件的作用和原理与蒸气压缩制冷循环基本相同。

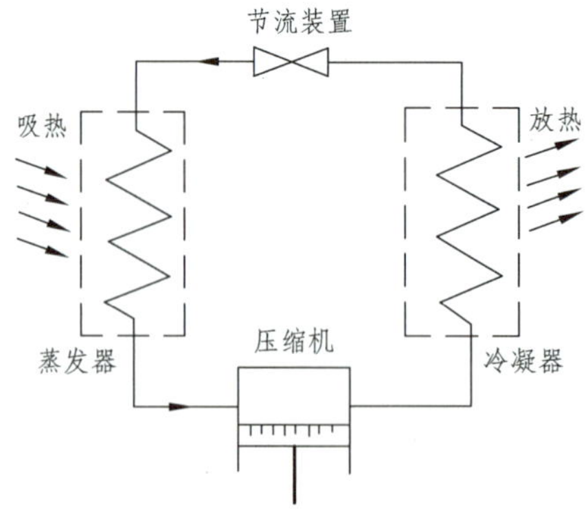


图 6-11　蒸气压缩制冷循环原理图

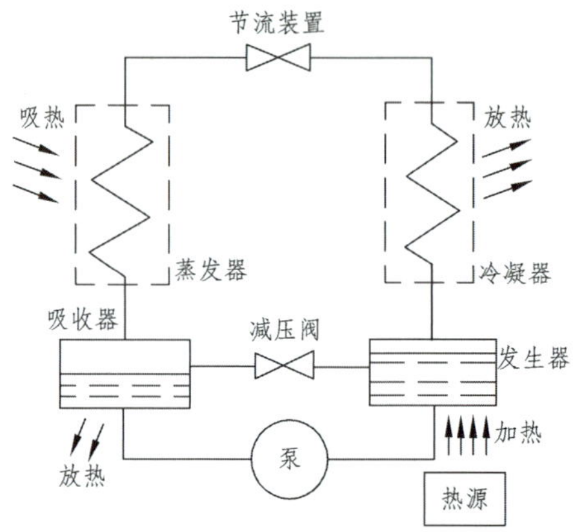


图 6-12　吸收式压缩制冷循环

吸收式制冷循环存在两个循环回路，它的工作过程为：液态制冷剂经节流装置节流降压后，在蒸发器中等压蒸发吸热，变为低压、低温的制冷剂蒸气后进入吸收器，被吸收剂强烈吸收，形成高浓度的制冷剂溶液，并放出溶解热。制冷剂溶液由泵送入发生器中，被热源加热升温，产生高压制冷剂蒸气，送到冷凝器中冷凝成液态制冷剂，而发生器中剩下的稀溶液经减压后又回到吸收器中。

2. 节流制冷

一定压力的流体在管内流动过程中，若管子的某一部分的横截面积突然缩小，则流体会由于局部的作用而降压，这种现象称为节流，节流后流体温度会降低。因此，节流后的低温气体可以作为制冷源，而且节流降温还可能使气体液化。

3. 膨胀制冷

高压气体绝缘膨胀一方面可以降低温度，产生制冷作用；另一方面膨胀过程还会对外做功，回收能量，提高制冷装置的效率。气体在节流与膨胀过程都有降温制冷作用，但气体绝热节流制冷的初温必须低于转换温度，而气体绝热膨胀后温度总是降低的。因此实际应用中常根据需要来选择适当的制冷方式。例如，在高温高压或高温中压时，通常选用绝热膨胀制冷；而在温度较低时，采用节流制冷效果较好；至于气体液化，往往将两种方法结合起来，组成气体液化系统。

### （二）空调装置的工作原理

1. 制冷循环过程

城轨车辆空调制冷装置一般常使用 R134a、R407c 作制冷剂，并广泛采用蒸气压缩制冷方式，它的制冷循环包括节流、蒸发、压缩和冷凝 4 个过程。而蒸发器、压缩机、冷凝器和节流阀是蒸气压缩制冷系统的 4 个必不可少的基本部件，如图 6-13 所示。

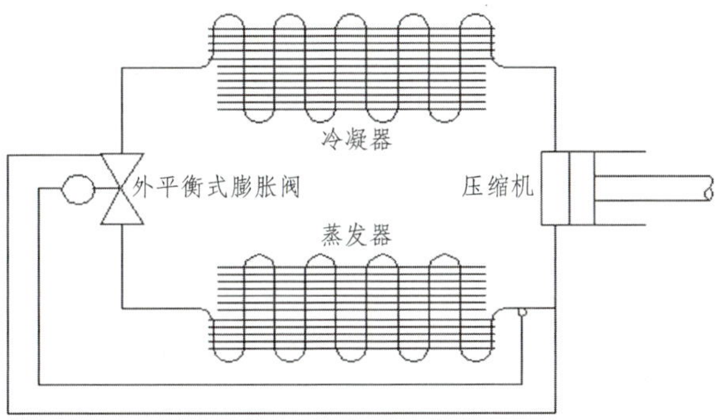


图 6-13　蒸汽压缩制冷循环系统图

（1）蒸发过程。蒸发过程是在蒸发器中进行的。液态制冷剂在蒸发器中蒸发时吸收热量，使其周围的介质温度降低或保持一定的低温状态，从而达到制冷的目的。蒸发器制冷量大小主要取决于液态制冷剂在蒸发器内蒸发量的多少。气态制冷剂流经蒸发器时不发生相变，不产生制冷效应，因而应限制毛细管的节流汽化效应，使流入蒸发器的制冷剂必须是液态制冷剂。另外，蒸发温度愈低，相应的制冷量也略为降低，并会使压缩机的功耗增加，循环的制冷系数下降。

（2）压缩过程。压缩过程在压缩机中进行，这是一个升压升温过程。压缩机将从蒸发器流出的低压制冷剂蒸气压缩，使蒸气的压力提高到与冷凝温度对应的冷凝压力，从而保证制冷剂蒸气能在常温下被冷凝液化。而制冷剂经压缩机压缩后，温度也升高了。

（3）冷凝过程。冷凝过程在冷凝器中进行，它是一个恒压放热过程。为了让制冷剂蒸气能被反复使用，需将蒸发器流出的制冷剂蒸气冷凝还原为液态，向环境介质放热。

冷凝器按工作过程可分为冷却区段和冷凝区段。冷凝器的入口附近为冷却区段，高温的制冷剂过热蒸气通过冷凝器的金属盘管和散热片，将热量传给周围的空气，并降温冷却，变成饱和蒸气。冷凝器的出口附近为冷凝区段，制冷剂由饱和蒸气冷凝为饱和液体放出潜热，并传给周围空气。

（4）节流过程。电冰箱的节流阀是又细又长的毛细管。由于冷凝器冷凝得到的液态制冷剂的冷凝温度和冷凝压力要高于蒸发温度和蒸发压力，在进入蒸发器前需让它降压降温。液态制冷剂通过毛细管时由于流动阻力而降压，并伴随着一定程度的散热和少许的汽化，因此节流过程是一个降压降温的过程。节流汽化的制冷剂量越大，蒸发器中的制冷量就越少，因而必须减少节流汽化。

2. 制热方式

空调制热方式有两种：一种是电热，即电流通过电热丝发热；另一种是热泵制热，即气态制冷剂冷凝放热。在制冷循环中，冷凝器进行的冷凝过程是一个放热过程，蒸发器内进行的蒸发是一个吸热过程，如果将室内侧的蒸发器改作冷凝器，而将室外侧的冷凝器改作蒸发器，空调器就从制冷状态转变为制热状态，而热泵型空调器就是根据这个原理设计的，如图 6-14 所示。空调器制冷系统中，加一个电磁四通换向阀，以切换高低压制冷剂在管道中的流向，使空调器既能制冷，又能制热。

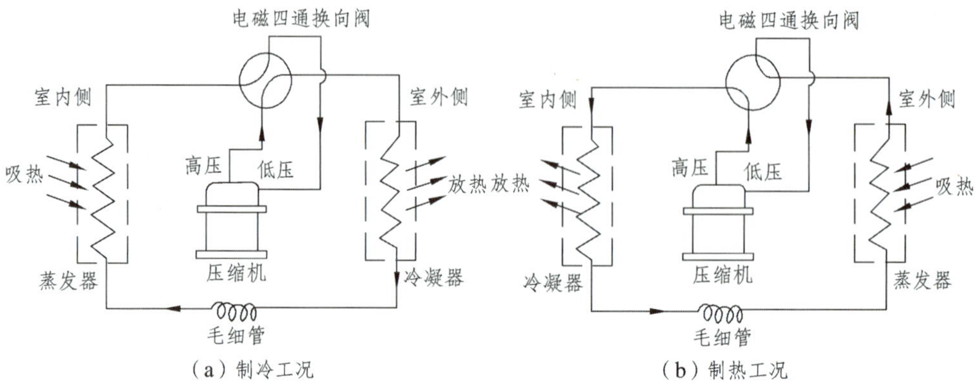


图 6-14　热泵型空调器运行原理

一般南方地区的城轨车辆空调冬天不需要制热采暖（司机室设有电加热采暖），北方地区可采用电加热制热方式。

## （三）单元式空调机组结构

空调机组主要由压缩机、冷凝器、节流装置及蒸发器 4 大部件组成，通过管道连接，形成一个封闭的循环系统，如图 6-15 所示。此外，为了保证制冷系统安全、有效地工作，还配有干燥过滤器、气液分离器、温度传感器等辅助设备。

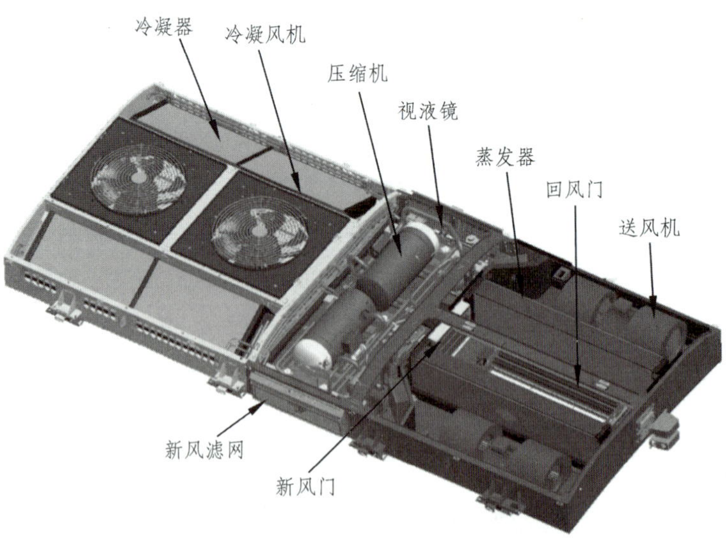


图 6-15　空调机组主要部件

空调机组安装在车辆顶部，采用下送下回方式，空调机组处理后的空气经贯穿整节车厢的风道和均匀分布的出风口送入客室。新风从机组箱体两侧导入，新风和回风在回风腔内混合，由蒸发器冷却并通过送风机送入客室内。空调机组的室外冷凝风从机组顶部进入，通过冷凝器后，再从机组两侧面排出。

1. 制冷循环过程

如图 6-16 所示，经压缩机压缩的高温高压气体制冷剂在冷凝器内被冷凝风机吹入的空气冷却为液态制冷剂。然后，液态制冷剂经过干燥过滤器，再经毛细管节流为低压的液体（有少量气体）制冷剂进入蒸发器，与（回风和新风）混合空气进行热交换，从而使混合空气冷却和干燥。最后，冷却干燥的空气通过车顶风道被吹入客室。与此同时，在蒸发器内被蒸发的制冷剂变成低温低压气体，经过气液分离器被吸入压缩机，从而进入下一个制冷循环。

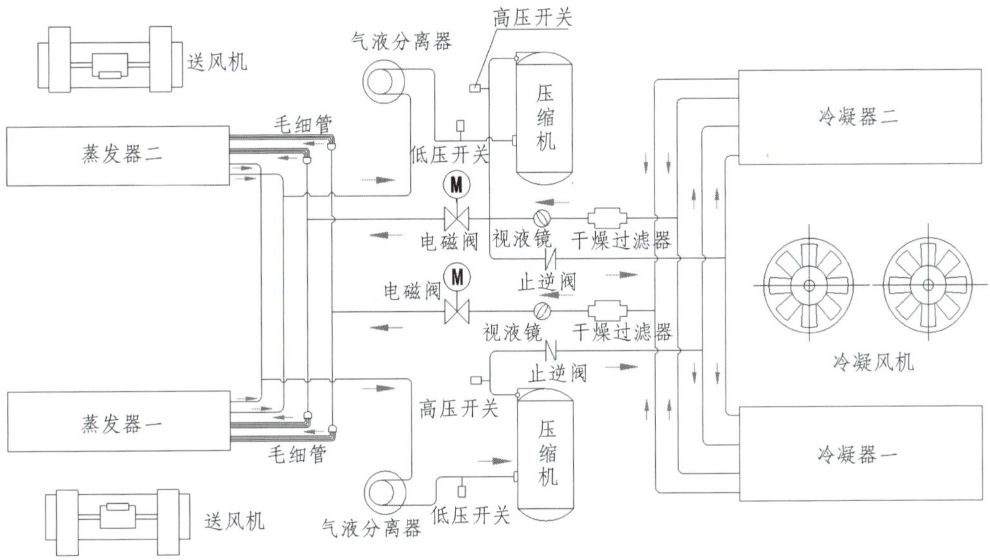


图 6-16　制冷循环系统

2. 空调机组的主要设备

1）压缩机

压缩机（见图 6-17）是蒸气压缩式制冷装置中的一个重要部件。压缩机将制冷剂蒸气压缩成高温、高压的蒸气，并将其送入冷凝器，它是推动制冷剂在制冷系统中不断循环的动力，起着压缩和输送制冷剂蒸气的作用。

图 6-17　压缩机

现城轨车辆空调选用的制冷压缩机主要有两种类型：螺杆式压缩机和旋涡式压缩机。

（1）螺杆式压缩机具有结构简单、易损件少、压比大、对湿压缩不敏感、平衡性能好等特点。螺杆式压缩机机体内装有一对相互啮合、具有转向相反的螺旋形齿的转子其齿面凸起的转子称阳转子，齿面凹进的转子称阴转子，齿槽、机体内壁面和端盖等共同构成了工作容积。由于螺杆具有较好的刚度和强度，吸、排气口又无阀片，故一旦液体制冷剂通过时，不容易产生“液击”。

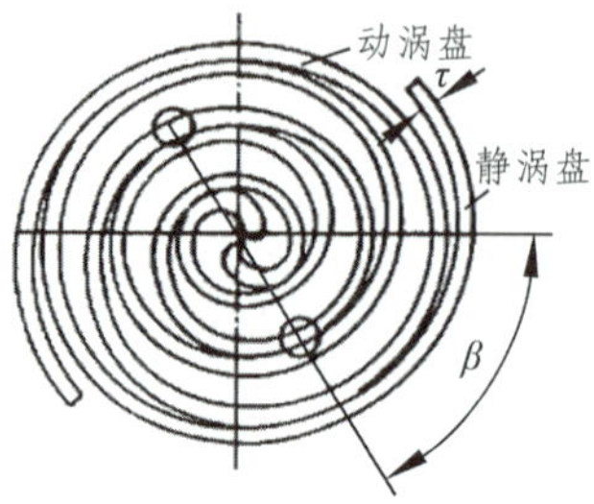


图 6-18　涡旋压缩机机组

（2）涡旋式压缩机。该类压缩机活动的部件比较少，也没有动态吸入和排出阀（结构见图 6-18）。此外，该类压缩机振动小，噪声低，并且能抵抗在制冷系统中常见的由液击、满液启动和浮漂物所引起的应力。涡旋式压缩机属容积式压缩机，压缩机部件由动涡盘和静涡盘组成。涡旋式压缩机具备低噪声、低振动、高可靠性的特点，涡旋式压缩机结构主要零件仅有 5 个，与往复式压缩机的三十多个主要零件相比，显得结构更简单，因此故障几率更少；并且涡旋式压缩机具有高效率高、功能消耗低、输出平缓、启动力矩小等特点。

2）冷凝器

冷凝器（见图 6-19）的作用是使从压缩机出来的高温、高压制冷剂蒸气向冷却介质（如水或空气）放热，冷凝成高温（约 50 ℃）、高压的液体。

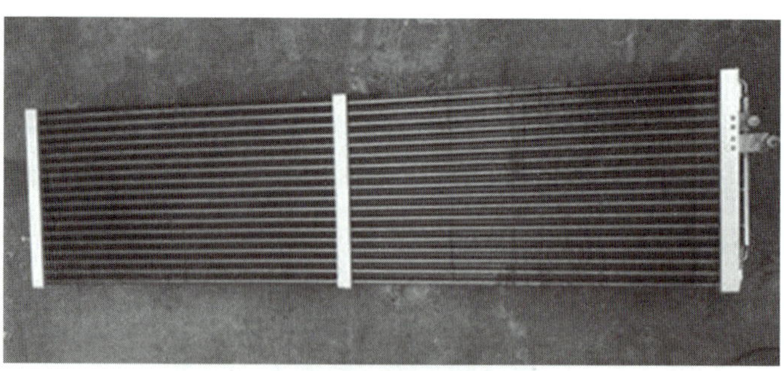

图 6-19　冷凝器

冷凝器和蒸发器结构相似，一般是由铜管、铝散热片或通散热片与带有不锈钢端板/支撑板构成的。蒸发器、冷凝器的换热主要通过空气流过蒸发器、冷凝器时，起翅片吸收空气中的热量或将自身的热量传递给空气来实现。翅片表面积越大、表面情况越好，蒸发器、冷凝器的换热性能就越好。因此蒸发器、冷凝器翅片布置均匀、表面情况良好是保证蒸发器、冷凝器换热性能的主要措施。

3）节流装置

通过冷凝器的制冷剂为高温高压的液体，在制冷剂进入蒸发器前须进行降压处理，变为低温、低压的液体，然后进入蒸发器，节流装置就是对制冷剂液体进行降压的装置。城轨车辆选用的节流装置主要有两种类型：热力膨胀阀和毛细管。

（1）膨胀阀。它是通过控制蒸发器出口气态制冷剂的过热度来控制进入蒸发器的制冷装置流量（见图 6-20）。热力膨胀阀由离开蒸发器的吸气温度和蒸发器均分管处的温度来调节。热力膨胀阀因平衡方式不同（即蒸发压力引向膜片下内腔内的方式不同），分为内平衡式和外平衡式两种。容量是热力膨胀阀的重要特性参数，而影响容量的重要因素包括膨胀阀前后的压力差、蒸发温度、制冷剂过冷度。

图 6-20　热力膨胀阀

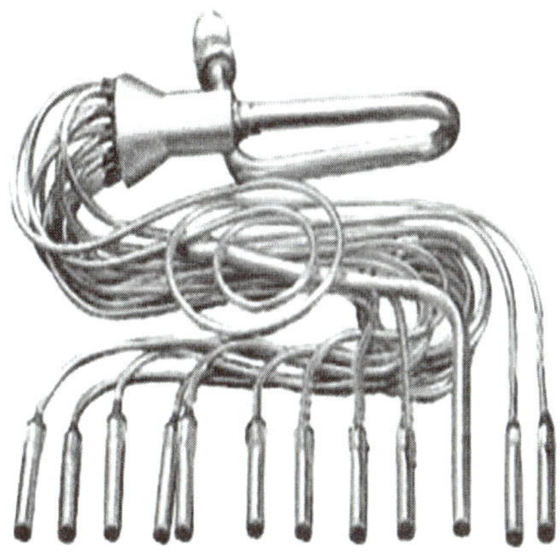

图 6-21　毛细管

（2）毛细管。根有规定长度的小孔径管子（见图 6-21），它没有运动部件，依靠其流动阻力沿长度方向产生的压力降，来控制制冷剂的流量和维持冷凝器和蒸发器的压差。其结构简单、造成方便、价格低廉；没有运动部件，本身不易产生故障和泄漏；

4）蒸发器

蒸发器（见图 6-22）的结构与冷凝器相似，其作用是使制冷剂液体吸收被冷却介质——空气的热量，空气的温度随之降低，同时制冷剂液体汽化成低温、低压的蒸气，并被压缩机吸入。因此，蒸发器是制冷系统中产生和输出冷气的设备。

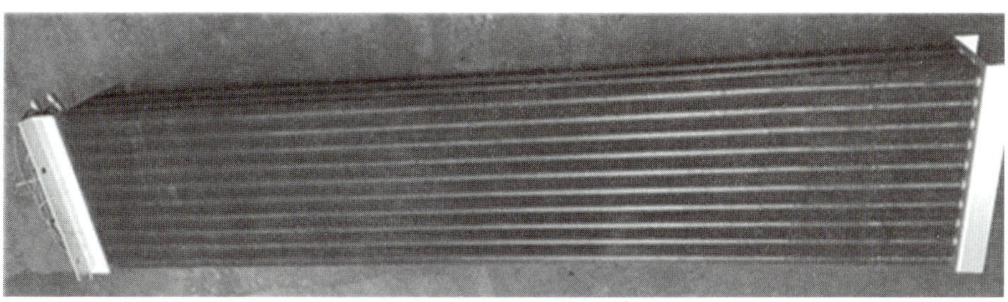

图 6-22　蒸发器

### 3. 空调机组的辅助设备

城轨车辆空调系统其他辅助部件包括制冷剂、干燥过滤器、气液分离器、送风机、冷凝风机、温度传感器、电加热器（部分没有）、空调控制器等部件。

1）制冷剂

制冷剂又称制冷工质，它是在制冷系统中不断循环并通过其本身的状态变化以实现制冷的工作物质。制冷剂在蒸发器内吸收被冷却介质（水或空气等）的热量而汽化，在制冷器中将热量传递给周围空气或水而冷凝。它的性质直接关系到制冷装置的制冷效果、经济性、安全性及运行管理。

现城轨车辆空调用的制冷剂主要有两种类型：R134a 和 R407c。R134a 制冷剂是一种环保型的制冷剂，属于中温制冷剂，它的标准沸点为 -26.2 ℃，凝固温度为 -10 ℃，其热力性能与 R12 接近。R407c 制冷剂是一种非共沸混合冷剂，它是由 HFC32/125/134a 按 23/25/52 的混合比率混合而成的。在气液共存时，气相和液相的组成不同，充填时需加以注意。另外，制冷剂的漏出也分气相侧漏出和液相侧漏出两种情况，其中气相侧漏出使组成变化较大。基于以上两方面的原因，对于以 R407c 为制冷剂的城轨车辆空调系统，当发现侧漏比较严重时，不能采取充填制冷剂的方法，而应先将泄漏点找出修复好，然后将全部制冷剂抽出，并将制冷回路内部抽真空，然后再重新注入新的 R407c 制冷剂。

2）干燥过滤器

干燥过滤器（见图 6-23）可以吸收制冷回路上可能存留的少量潮气和杂质，从而防止系统在膨胀阀的节流口发生堵塞，提高系统运行的可靠性。

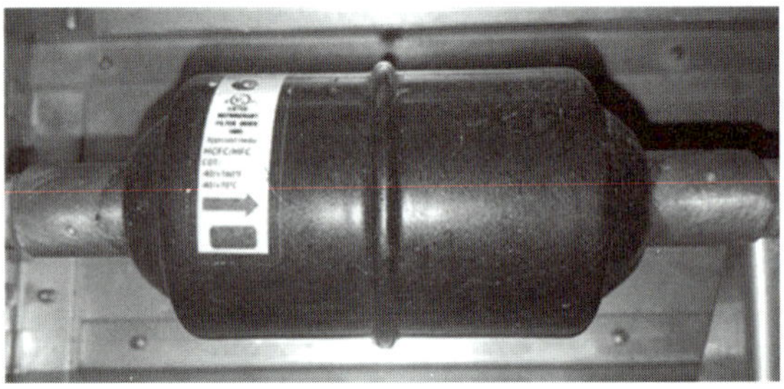

图 6-23　干燥过滤器

3）气液分离器

为避免压缩机吸入制冷剂液体，在压缩机的回气管上可设置气液分离器（见图 6-24）。从蒸发器出来的制冷剂气液混合体进入气液分离器，其中气体上升到顶部进入压缩机，而液体则先流入底部，再逐渐汽化后进入压缩机。

图 6-24　气液分离器

4）送风机、冷凝风机

为了使蒸发器、冷凝器与空气之间更好地进行热交换，空气由送风机、冷凝风机的电扇强迫通过蒸发器盘管、冷凝器盘管。送风机时过滤后的新风、回风混合空气循环流过蒸发器，蒸发器吸收空气中的热量使空气冷却后再被送入客室，从而将客室温度降低，保证客室温度适宜。冷凝风机使环境空气循环流过冷凝盘管，冷凝盘管把来自压缩机的高温高压的制冷蒸汽机中的热量传给环境空气，从而使高温高压的制冷剂蒸汽机凝成液态。

城轨车辆空调的冷凝风机通常是使用轴流式风机（见图 6-25），即吹风方向与电扇主轴方向一致。轴流式风机工作时，动力机驱动叶轮在圆筒形机壳内旋转，气体从集流器进入，通过叶轮获得能量，提高压力和速度，然后沿轴向排出。轴流式风机主要由叶轮、机壳和集流器部件组成。

图 6-25　轴流式风机

送风机通常是使用离心式风机（见图 6-26），离心式风机工作时，动力机（主要是电动机）驱动叶轮在蜗形机壳内旋转，空气经吸气口从叶轮中心处吸入。由于叶片对气体的动力作用，气体压力和速度得以提高，并在离心作用下沿着叶道甩向机壳，从送气口排出。因气体在叶轮内的流动主要是在径向平面内，故又称径流通风机。离心式通风机主要是由叶轮和机壳组成。

图 6-26　离心式风机

5）风门及执行器

风门包括新风门（见图 6-27）和回风门（见图 6-28），用于调节新风和回风比例，为车内人员提供更好的舒适度。

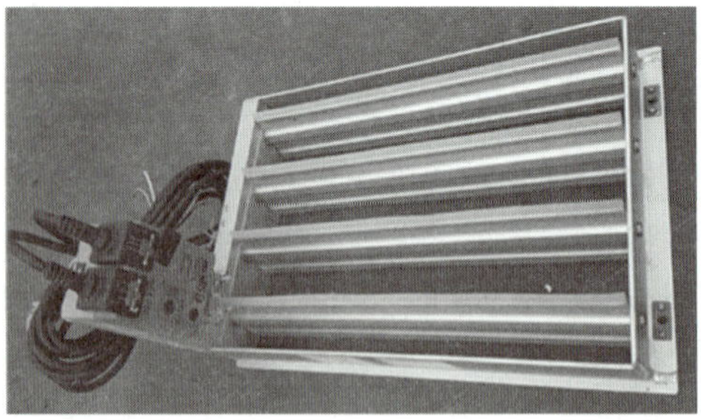

图 6-27　新风门

图 6-28　回风门

6）温度传感器

为了保证客室舒适性，空调系统须设置温度传感器检测送风、回风和新风的温度有效地控制空调机组制冷量（见图 6-29 和 6-30）。通过温度传感器，空调控制器监控不同的温度并选择最好的运行模式，为乘客提供最舒适的环境。

图 6-29　新风温度传感器

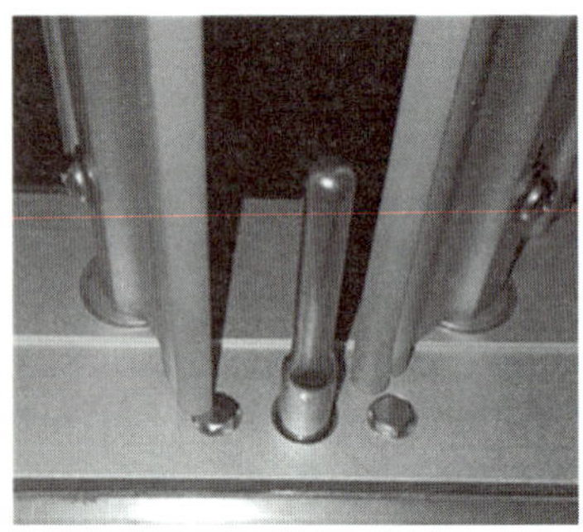

图 6-30　回风温度传感器

7）高低压保护开关

高低压保护开关（见图 6-31、6-32）用于监测空调系统压力，若空调系统压力过高，高压开关自动断开，空调机组停止工作，从而达到保护空调机组的功能，低压开关类似。

图 6-31　高压保护开关

当制冷系统的压力异常低时，低压开关动作，停止压缩机的运转，保护制冷系统。低压开关的复位方式为自动复位。

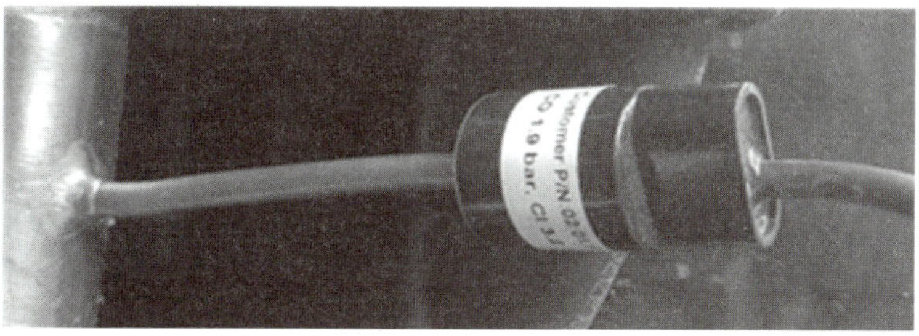

图 6-32　低压保护开关

8）电加热器

加热是指车内的循环空气及新鲜空气由通风机吸入，并在电加热器前混合，通过电加热器加热，温度升高后，再由通风机送入车内通风道各格栅，向车内送热风，使车内温度上升。电加热器（见图 6-33）安装于空调蒸发腔侧，蒸发器与通风机之间。

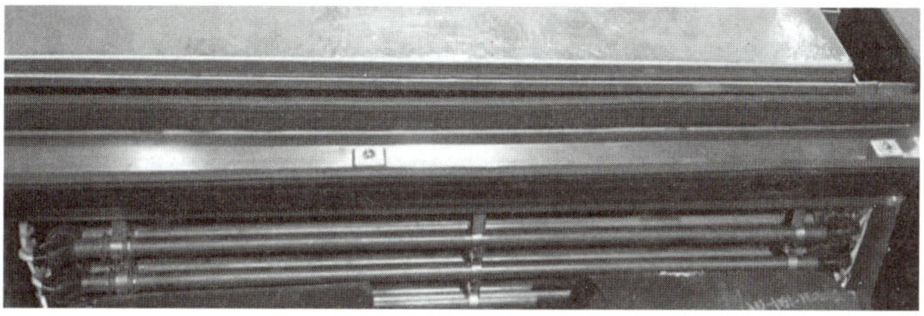

图 6-33　电加热器

9）空调控制器

空调机组的运行控制由空调控制器（见图 6-34）来实现，空调控制器可对空调机组的运行模式和温度值进行设定，实现通风、半冷、全冷、紧急通风及停机等功能模式。并能完成故障的诊断和记录。

图 6-34　空调控制器

## （四）空调机组的工作模式

空调控制器根据设定温度以及采集的新风和回风温度通过 UIC553 曲线自动设定目标温度，且可以在安装在客室内的空调控制柜内的触摸屏上调整目标温度。空调控制系统根据目标温度与客室回风温度的值依照制冷温度控制采用制冷模式温度曲线控制空调系统工作模式（见图 6-35）。常见的工作模式包括：预冷、全冷、半冷、通风、紧急通风模式。

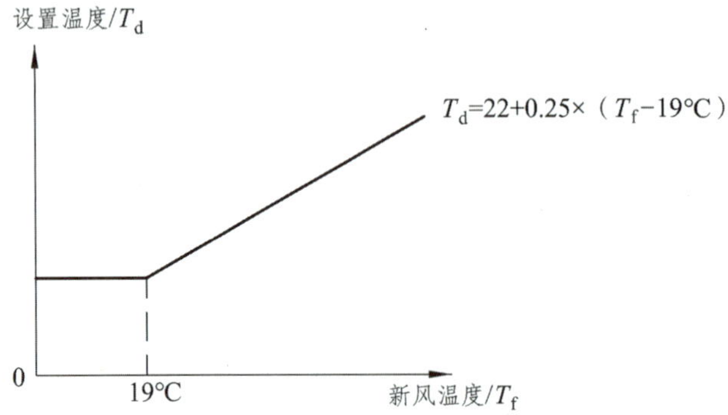


图 6-35　UIC553 曲线

1. 预冷模式

预冷模式下新风阀关闭，回风阀打开，空调机组在全回风状态下运行，能够迅速降低车内温度。机组内的设备工作状态为：2 台通风机运行，延时 2 秒，2 台冷凝风机运行；再延时 2 秒，1 台压缩机运行；再延时 2 秒，另 1 台压缩机运行。此功能在夏季温度高的情况下车辆出库前或者车辆长时间停放在线路上需要运营时进行使用，也能够根据 MVB 指令，在乘客较少时调整挡板的开度，以节约能源。

2. 全冷模式

全冷模式下新风阀打开，回风阀打开。机组内的设备工作状态为：2 台通风机运行，延时 2 秒，2 台冷凝风机运行；再延时 2 秒，1 台压缩机运行；再延时 2 秒，另 1 台压缩机运行。此功能在车辆室内温度过高需要快速制冷或者需要进行型式试验时使用。

3. 半冷模式

2 台通风机运行，延时 2 秒，2 台冷凝风机运行；再延时 2 秒启动累计运行时间较少的压缩机及其液路电磁阀。此功能在车辆正常制冷时使用。

4. 通风模式

2 台通风机运行。此功能在列车只有一个辅助电源设备运营，或者只需要通风功能时使用。

5. 紧急通风模式

在车载辅助 380V 交流电源系统发生故障时，通过蓄电池供电的紧急逆变器自动开始工作，向空调机组通风机提供交流电源，空调系统启动紧急通风状态，通风机向车内送风。此时回风调节挡板将回风口关闭，新风调节门全打开，仅向客室输送新鲜空气。当 380V 交流电源恢复正常后，空调系统将自动恢复正常运行状态。

# 课程思政小课堂

### 【榜样力量】罗昭强：从电工到“工人院士”

罗昭强（见图 6-36）是一名高铁技术工人。10 多年前，他还是一名崭露头角的维修电工，如今，他已成为名动海内外的高铁调试大师、工人发明家，相继捧回了中华技能大奖、国家科技进步奖等，并光荣当选为全国劳动模范。

图 6-36 罗昭强

1990 年，罗昭强以全班第一的成绩从技校维修电工专业毕业，上班头一天，雄心勃勃的他，却被兜头盖脸浇了一盆冷水：“当时有台立车出现故障，我主动请缨前去修理，在现场蹲了一上午也没弄好。但师傅来后，只见他在一个螺丝上拧了两圈，故障就神奇地消除了！”

挫折，让懦弱者消沉，让坚强者奋起。此后，业余时间，这个 18 岁的小伙子不是泡图书馆，就是泡书店，甚至每天骑两个半小时自行车跑到其他企业义务当“小工”，只为广泛学习电子、液压、机械、编程等 10 多门学科的知识。“当工人，就要当一个好工人；学技术，就要把技术学精。”罗昭强说，“当时，我的人生小目标，就是走在车间通道上，能对身边的电气设备原理了如指掌，可以挺胸抬头走过。”终于在 2005 年，在原中国北车第二届职业技能大赛中，捧回了维修电工组冠军奖杯，被授予“全国技术能手”。

2015 年，罗昭强再次转换赛道——转岗至高铁生产调试一线。动车组调试处于高铁制造的核心地位，作为调试工，要能找出并医好车辆存在的所有显性和隐性疾患，让车辆以最佳状态生龙活虎地上线运营，这意味着必须对高速动车组涉及的所有技术门门通晓。罗昭强再次从“学徒”重新做起，49 道调试工序，一道道跟、一点点学，手机、iPad 里存满了资料，每天早晚坐班车时他都在背图纸。经过疯狂充电，仅用了半年多时间，罗昭强便以惊人毅力完成了人生又一跃，凭借一身列车故障判断和逻辑分析绝活，成为业界首屈一指的高铁调试大师。他率领团队先后完成“复兴号”中国标准动车组、京张智能高铁等国家和企业重点项目的试制和调试攻关工作，取得了数十项调试方法的创新，保证了动车组“零故障”出厂。并且在他倾情传帮带下，很多徒弟已经成长为技术能手、创新好手。为把自己多年所学，倾囊传授给慕名而来的年轻人，罗昭强亲自动手编写教材，《轨道车辆制修工基本技能系列丛书》《大国工匠工作法—动车组调试》已经由中国工人出版社出版。

图 6-37　罗昭强

目前罗昭强（见图 6-37）已经是中国中车首席技能专家，享受“国务院特殊津贴”，成为中国第一代高铁工人的杰出代表，被誉为“高铁创新第一人”。先后获得“全优秀共产党员”“全国劳动模范”“中华技能大奖”“全国五一劳动奖章”“全国技术能手”“吉林工匠”“高铁工匠”“吉林省技能大奖”“吉林省特等劳动模范”“吉林省劳动模范”“长春市十大最具影响力的长春工匠”等荣誉称号。领衔的工作室已成为“国家技能大师工作室”“全国示范性劳模和工匠人才创新工作室”，并于 2014 荣获全国工人先锋号。

# 参考文献

[1] 张波，唐春林. 城市轨道交通机械基础[M]. 成都：西南交通大学出版社，2019.

[2] 唐春林，张波，陈健健. 城市轨道交通车辆设备检修[M]. 成都：西南交通大学出版社，2016.

[3] 李广军，倪志江. 城市轨道交通车辆构造[M]. 成都：西南交通大学出版社，2021.

[4] 旷利平，黄艺娜. 城市轨道交通车辆构造与运用[M]. 成都：西南交通大学出版社，2019.

[5] 张程光，吴奇. 城市轨道交通车辆构造[M]. 北京：人民交通出版社，2023.

[6] 肖艳芳. 城市轨道交通车辆构造[M]. 北京：中国铁道出版社，2023.